Lutz E. von Padberg | Christianisierung im Mittelalter

Lutz E. von Padberg

Christianisierung
im Mittelalter

Carsten Peter Thiede 1952 – 2004 zum Gedächtnis

© 2006 by WBG (Wissenschaftliche Buchgesellschaft), Darmstadt
Die Herausgabe des Werkes wurde durch die Vereinsmitglieder
der WBG ermöglicht.
Gestaltung und DTP:
juhu media, Susanne Dölz, Bad Vilbel
Gedruckt auf säurefreiem und alterungsbeständigem Papier
Printed in Germany

Besuchen Sie uns im Internet: www.wbg-darmstadt.de

ISBN 13: 978-3-534-17595-6
ISBN 10: 3-534-17595-6

Inhaltsverzeichnis

Vorwort

Europa ein christlicher Kontinent? Als große Staatsmänner wie Winston Churchill, Konrad Adenauer und Robert Schuman in den fünfziger Jahren des 20. Jahrhunderts die Vereinigung Europas auf die Tagesordnung der Nachkriegspolitik setzten, zog sich das Bekenntnis zu dem christlichen Fundament Europas wie ein roter Faden durch ihre Grundsatzreden. Heute, im 21. Jahrhundert, hat sich die Zahl der Mitgliedsstaaten der Europäischen Union erheblich erweitert. Noch ist der Prozess der Osterweiterung nicht abgeschlossen und es wird sogar daran gedacht, die geographischen Grenzen des Kontinents zu überspringen. Vor dem Hintergrund nationaler, kultureller und religiöser Vielfalt stellt sich heute die Frage nach den allen gemeinsamen Grundlagen umso dringlicher. Die damalige Berufung auf das historische Erbe des Christentums ist weithin abgelöst worden von der auf abstrakte Begriffe wie Menschenwürde, Freiheit, Demokratie, Gleichheit und Rechtsstaatlichkeit. Diese Werte haben sich aus dem Humanismus entwickelt, der wiederum, was leicht vergessen wird, im Christentum als dem kulturellen Erbe Europas begründet ist. Wenn man also nach einer europäischen Identität fragt, welche die der Nationen übersteigt, muss man der historischen Wahrheit die Ehre geben und darf das christliche Fundament nicht aus dem Blick verlieren. Deshalb ist es nicht nur legitim, sondern auch notwendig, den Blick in die Vergangenheit zu wenden und nach den Wurzeln der europäischen Geschichte zu fragen.

Aufgabe des Historikers ist es, die Fragen der Gegenwart als Problemstellungen zu erkennen und zu bearbeiten, ohne dabei bestimmte Antworten als Parteigänger legitimieren zu wollen. Deshalb muss er das stets von einer deutenden Wirklichkeitswahrnehmung bestimmte Quellenmaterial kritisch sichten, ordnen und so präsentieren, dass der Leser sich selbst ein Urteil bilden kann. Reine Objektivität ist dabei freilich nicht möglich, ist doch der Historiker sowohl von der Aussagebereitschaft seiner Zeugen als auch von seiner eigenen Eingebundenheit in die Geschichte geprägt. Das ist auch bei dem hier vorgelegten Buch zu beachten.

Die Beschreibung von Mission und Christianisierung im europäischen Mittelalter folgt dem Weg der Glaubensboten, der sie fast ein Jahrtausend lang vom Frankenreich bis in die baltischen Länder durch den gesamten Kontinent führte. In chronologischer und geographischer Ordnung konzentriert sich die Darstellung dabei auf jene Gebiete, die bis zum Ende des Römischen Reiches noch nicht vom Christentum erreicht gewesen sind. Die Ausbreitung des christlichen Glaubens hing in starkem Maße ab von den Leistungen einzelner Missionare. Einige von ihnen sind in separaten Porträts vorgestellt, die getrennt vom Text der Darstellung als Serie von Missionarsbiographien gelesen werden können. Das beigegebene Bildmaterial dient nicht nur auflockernder Illustration, sondern der Erhellung der geschilderten Begebenheiten.

Das Buch möchte die Vergangenheit lebendig werden lassen und versteht sich deshalb als Erzählung einer abwechslungsreichen Geschichte. Zur Erhöhung der Lesbarkeit wurde auf den üblichen wissenschaftlichen Anmerkungsapparat verzichtet, die Fußnoten dienen allein dem Nachweis wörtlich zitierter Quellen. Deshalb ist ferner die Diskussion etwa von Detailproblemen und strittigen Datierungen nicht möglich. Die Studien etlicher Fachkollegen, in Auswahl in den Literaturhinweisen zusammengestellt, sind dankbar benutzt worden. Auch auf eigene Forschungsarbeiten wird immer wieder zurückgegriffen, was sich aufgrund der thematischen Verwandtschaft mit früheren Büchern zwangsläufig ergibt.

Ich widme dieses Buch in dankbarer Erinnerung meinem Freund und Kollegen Carsten Peter Thiede (1952–2004), der in zahlreichen Werken die Frühgeschichte des Christentums erforscht hat und immer der Überzeugung war, dass damals das Fundament für die Entwicklung Europas gelegt worden ist.

Everswinkel, am 7. November 2005
Lutz E. v. Padberg

I.

Anfänge: Römisches Erbe und germanische Neubildungen

Der Limes bildete im 4. Jahrhundert die religiöse Grenze, zumindest der Theorie nach. Im Südwesten der vom Rhein über den Main bis zur Donau reichenden Befestigungslinie blühte das spätantike Römerreich, im Nordosten lebten die kulturlosen Barbarenvölker. Gewiss, im kleinen Grenzverkehr gab es mancherlei Austausch, zumal sich die Händler weder von politischen noch von religiösen Grenzen in ihren Geschäften stören ließen. Aber grundsätzlich war Europa religionsgeographisch zweigeteilt. Die Germanenstämme jenseits des Limes folgten ihren Göttern, während das Römische Reich sich seit dem Religionswechsel Konstantins des Großen (306–337) im Jahre 312 für den Gott der Christen entschieden hatte. Als dann noch Kaiser Theodosius der Große (379–395) in einem Edikt vom 28. Februar 380 alle Völker des Reiches auf die Trinitätslehre einschwören ließ und 392 jede Form des heidnischen Kultes verbot, war die Wende endgültig vollzogen. Fortan sollte jeder Mensch mit römischem Bürgerrecht Christ sein, und das Reich stand unter dem Schutz des einen mächtigen Gottes.

Dieser Schutz schien jedoch nicht lange vorzuhalten, denn schon verdunkelte sich im Westen der Horizont. Schlagkräftige Germanenstämme zogen aus dem Osten heran, überrannten den Limes. Die verschiedenen Heerhaufen, die sich zum Kampf gegen Rom zusammentaten, waren nicht mehr aufzuhalten und setzten sich sogar auf römischem Boden fest. Am letzten Tag des Jahres 406 überschritten Wandalen, Sueben und Alanen den Rhein bei Mainz und drangen tief nach

Gallien ein. Die Wandalen schafften es sogar bis Nordafrika, wo sie 429 den ersten selbstständigen Germanenstaat auf römischem Boden schufen, widerwillig von Rom anerkannt. Die Burgunder ließen sich am linken Rheinufer nieder, die Franken setzten sich am Niederrhein fest, die Hunnen rückten in Gallien ein, die Alamannen kamen ins Elsass sowie in die Pfalz und die Bayern waren plötzlich auch da. Diese Entwicklung, die die Alte Welt untergehen ließ, nennt man gemeinhin Völkerwanderung, ein eher beschönigender Begriff, denn mit friedlichem Wandern hatte diese dramatische Entwicklung nichts zu tun.

Was aber bedeutete dieser Einbruch der Germanen für das noch junge Christentum in der Provinz Gallien? Kleine christliche Gemeinden wird es dort schon gegen Ende des 1. Jahrhunderts gegeben haben, nachgewiesen ist ihre Existenz etwa im Rhônetal für die zweite Hälfte des 2. Jahrhunderts. Trotz immer wieder aufflackernder Verfolgungsphasen konnte sich das Christentum weiter ausbreiten. Über das Leben dieser kleinen Christengruppen ist kaum etwas bekannt, auch nicht über ihre missionarischen Aktivitäten. Nach der Wende der römischen Religionspolitik unter Konstantin bekamen sie Auftrieb, und die Christianisierung geriet in eine dynamische Phase. Um die Mitte des 4. Jahrhunderts gab es bereits in etlichen Städten entlang des Rheins von Köln bis Basel Bischöfe, ebenso im Alpen-Donau-Raum. Die Bischöfe stiegen zu Repräsentanten der romanisch-christlichen Bevölkerung auf und nahmen, nicht zuletzt aufgrund ihrer Herkunft aus der Oberschicht, neben karitativen und sozialen Aufgaben auch mehr und mehr Funktionen weltlicher Amtsträger wahr. Trotz der Missionsbemühungen beispielsweise der Bischöfe Martin von Tours (371–397) und Victricius von Rouen († vor 410) gelang jedoch eine flächendeckende Christianisierung vor allem der Landbevölkerung nicht, so dass sich das spätantike Heidentum vielerorts halten konnte.

Mit dem Einmarsch der Germanen veränderte sich die Situation schlagartig. Not und Tod kamen über die Bevölkerung, Kulturland wurde aufgegeben, die Infrastruktur irreparabel beschädigt, das Alltagsleben gestaltete sich härter. Die Lebensformen wurden primitiver, die aufwändigen Steingebäude wurden von schlichten Holzbauten abgelöst. Besonders schwer aber wurde die Kirche getroffen. Vor allem in den Grenzgebieten brach ihre Organisation zusammen und die Gemeinden hatten viel zu leiden. Die Masse der über den Rhein drängenden Germanen war und blieb heidnisch, und da sie sich jetzt mit der im alten Glauben verharrenden Stammbevölkerung vermischen konnte, gerieten die Christen in arge Bedrängnis. In vielen Gebieten kam es zu einer Repaganisierung, und es sollte Generationen dauern, bis das Christentum zurückkehrte. Die neuen Machthaber waren allerdings von der römischen Verwaltungsstruktur beeindruckt und nutzten sie zum Aufbau ihrer eigenen staatlichen Gebilde, weswegen im Inneren Galliens sogar manche Bischofssitze ihre Funktionen auf politischem und administrativem Gebiet beibehalten konnten. Im Laufe der Zeit kam es sogar zu einer gewissen Angleichung provinzialrömischer und barbarischer Lebensformen. Daraus entstand eine galloromanisch-germanische Mischkultur, die später das Erscheinungsbild des fränkischen Reiches bestimmen sollte.

Noch verwickelter wurde die Lage durch den Übertritt mancher Germanenstämme wie der Goten und der Burgunder zum Christentum arianischer Prägung. Das führte dazu, dass im Westen des zusammenbrechenden Reiches römische Christen, arianische Christen und Heiden nebeneinander und durcheinander existierten, eine unüberschaubare Gemengelage also. Die Entwicklung lief auf gentile Landeskirchen unterschiedlicher Orientierung hinaus, und das Ideal einer einheitlichen Reichskirche war damit zunächst gescheitert. Rom hielt zwar auch in der Zeit der Krise daran fest, aber das interessierte die neuen Herrscher kaum. Gefragt war nun die missionarische Kompetenz der Christen. Sie konnten es eigentlich nicht hinnehmen, dass ihre während der Verfolgungszeiten so mühsam aufgebauten Gemeinden in den Wirren der Völkerwanderungszeit untergehen sollten. Das taten sie auch nicht, verzichteten allerdings aus Selbstschutz auf allzu auffällige Mission. Erst in der Bevölkerung der Mischkultur des 5. Jahrhunderts boten sich dann neue Chancen für Wiederaufbau und Neugründungen, freilich unter erschwerten Bedingungen. Für den Westen Europas sollten sie von den Franken ausgehen, die zu dieser Zeit jedoch selbst noch Heiden waren.

Die Franken traten zunächst als Plünderer und Piraten hervor. Mitte des 3. Jahrhunderts setzten sie sich am Niederrhein fest, griffen immer wieder auf römisches Gebiet über und entwickelten sich schließlich im 5. Jahrhundert zu einem Machtfaktor, dessen Staatenbildung als einzige die germanischen Reiche der Völkerwanderungszeit überdauern sollte. Ihr Anführer Childerich († 481/482) war zum Sprengelkommandanten des Heermeisters Syagrius († nach 486) aufgestiegen, des letzten Repräsentanten der römischen Restherrschaft in Gallien. Wie sein Siegelring mit der Umschrift CHILDERICI REGIS zeigt, hatte Childerich sogar königlichen Rang errungen. Sein Sohn Chlodwig (481/482–511), ein zupackender Heerführer mit politischem Weitblick, suchte jedoch nicht die Kooperation mit den alten Machthabern, sondern den Entscheidungskampf. Nachdem er sich gegen innere Widerstände durchgesetzt hatte, besiegte er 486/487 in der Schlacht bei Soissons Syagrius. Damit war die jahrhundertelange Herrschaft der Römer in Gallien zu Ende.

Nun konnte Chlodwig seine machtpolitischen Fähigkeiten voll ausspielen und beseitigte zunächst alle anderen fränkischen Kleinkönige. Als er 496/497 in der berühmten ersten Schlacht gegen die Alamannen bei Zülpich in ernsthafte Bedrängnis geriet, versprach er in einem Gelübde, im Falle des Sieges zum Christentum überzutreten. Chlodwig gewann die Schlacht und ließ sich Weihnachten 498 von Bischof Remigius von Reims (459–533, geb. 437) taufen. Obwohl von den arianischen Reichen der Burgunder und Westgoten umgeben, entschied er sich für die römische Kirche. Das war ein Entschluss von weltgeschichtlicher Tragweite, die Chlodwig

Siegelring Childerichs, vor 481/482. Das reich ausgestattete Grab wurde 1653 beim Bau eines Armenhauses in Tournai gefunden, die Beigaben wurden 1831 gestohlen.

so kaum bewusst gewesen sein dürfte. Er dachte wohl in erster Linie an einen möglichen Ausgleich mit der provinzialrömischen Bevölkerung, der sich auch schnell einstellte, und an einen geplanten Übergriff auf das südgallische Westgotenreich. Da aber die geschichtswirksame Zeit der arianischen Germanenstaaten ablief, lag die Zukunft bei der katholischen Kirche, und deshalb stellte Chlodwigs Taufe die Weichen für die weitere Entwicklung Europas. Das war jetzt noch nicht abzusehen, aber der Franke hatte es innerhalb kurzer Zeit geschafft, sein Reich zu einem angesehenen Machtfaktor im Spiel der Kräfte auszubauen.

Welche Bedeutung hatte der Aufstieg der Franken für das Christentum in Gallien? Nun, Chlodwig war zwar Heide, hatte aber von seinem Vater gelernt, dass sich gute Kontakte zur provinzialrömischen Elite und damit auch zur katholischen Kirche auszahlen konnten. Deshalb pflegte er von Beginn seiner Herrschaft an die Beziehung zu Bischof Remigius von Reims. Außerdem heiratete er um 493 die Katholikin Chrodechilde († 544), eine Nichte des burgundischen Königs Gundobad (480–516). Konfessionelle Mischehen zwischen Heiden und Christen waren also durchaus möglich, und sie zeigen, wie pragmatisch man die Religionsfrage anging. Das wird auch für

Chlodwigs Taufe, nördliches Querhaus der Kathedrale von Reims, um 1225/1230

Chlodwigs Übertritt zum Christentum gelten, obschon ihm persönliche Motive nicht abgesprochen werden dürfen. Wie dem auch sei, das Ergebnis missionarischer Bemühungen seitens der Kirche war seine Taufe nicht, eher ein Akt nüchterner Planung. Das heißt nun nicht, Chlodwig habe nur mit dem Glauben gespielt. Im Gegenteil, gläubig waren alle Menschen seiner Zeit und die gesamte Lebenswelt stand für sie unter religiösen Bedingtheiten. Allerdings war ihr Glaube nicht individuell und dogmatisch geprägt, sondern basierte auf dem gemeinschaftlichen Kultvollzug und zielte darauf, die Gottheit günstig zu stimmen und so den größten Nutzen aus ihrer Verehrung zu ziehen.

Chlodwig selbst hat seine Taufe nicht kommentiert. Der Bericht darüber stammt von Bischof Gregor von Tours (538/539–594) und ist erst rund 75 Jahre später aufgeschrieben worden.[1] Außerdem spiegelt er natürlich die

katholische Sicht der Dinge, und die wollte Chlodwig in ein günstiges Licht stellen. Gleichwohl hat Gregors Erzählung eine gewisse Wahrscheinlichkeit für sich, auch wenn er den Ablauf der Feierlichkeiten verdächtig nach dem Vorbild Konstantins gestaltet hat. Denn er beschreibt, dass für Chlodwig in traditionell germanischer Manier die Erfahrung göttlicher Schlachtenhilfe entscheidend war. Im Kampf gegen die Alamannen 496/497 bei Zülpich geriet der Franke in solche Bedrängnis, dass er sich schließlich mit der Bitte um Sieghilfe an Christus wandte. In diesem von Gregor erfundenen Gebet betont Chlodwig ausdrücklich, er habe seine Götter angerufen, doch diese hätten ihn im Stich gelassen. Was wie ein dramatisierender Einschub Gregors klingt, hat durchaus realen Hintergrund. Denn aus der Bildüberlieferung wie etwa der Pressblechscheibe aus Pliezhausen ist bekannt, dass vor entscheidenden Schlachten in

Kultübungen göttliche Kampfhilfe zu gewinnen versucht wurde, deren Erweis man sich ganz konkret im Eingreifen übernatürlicher Sieghelfer vorstellte. Chlodwig verhielt sich genau so, wie ein germanischer Heerführer dies zu tun pflegte. Und wenn die eigenen Götter versagten, konnte man es durchaus einmal mit Christus versuchen. Da prompt der Sieg eintrat, lag es nahe, sich fortan an diesen stärkeren Gott zu halten. Auf solchen Nützlichkeitserwägungen basierten die meisten Herrscherbekehrungen des früheren Mittelalters. Die Quellen berichten unbefangen davon, weil ein solches Denken den Christen nicht unvertraut war. Zwar ist im Neuen Testament von dem göttlichen Sieghelfer nicht die Rede, aber seit Konstantins Tagen war das Kreuz auch Siegeszeichen für den Krieg. Wie öfter in der frühmittelalterlichen Christianisierungsgeschichte fließen hier germanisch-heidnische und spätantik-christliche Vorstellungen zusammen. Entscheidend war eben das Motiv des stärkeren Gottes. Das mag man kritisieren, eine Chance für die Entwicklung des Christentums bei den Franken aber war es durchaus.

Das haben auch die Kirchenleute der Zeit so gesehen. „Euer Glaube ist unser Sieg"– so jubelte in einem an Chlodwig gerichteten Glückwunschbrief aus Anlass seiner Taufe der katholische Metropolit des arianischen Burgunderreiches, Avitus von Vienne (494–518).[2] Damit dachte er nicht nur daran, dass Chlodwigs Wende zum Katholizismus ihm in Burgund helfen würde, was zwar richtig war, aber noch einige Jahre dauern sollte. Avitus blickte vielmehr in die Zukunft und dachte in europäischen Kategorien. Nun, so hoffte er, werde das Abendland christlich-katholisch. Auch das war richtig, sollte sich indes über einige Jahrhunderte hinziehen. Dafür entfaltete Avitus schon einmal die Idee eines christlichen Königtums. So wie im Osten am Weihnachtstag in Christus das Licht über die Welt erschienen sei, so jetzt als dessen Abglanz im Westen der wiedergeborene König. Das regional begrenzte Königtum der Germanenstämme wird abgelöst durch das unbegrenzte christliche Imperium, geprägt durch die Entsprechung von

himmlischer und irdischer Herrschaft. Avitus sprach daher alle Aspekte an, die auch später beim Religionswechsel von Königen wichtig blieben: die Gefahr, sektiererischen Einflüssen zu erliegen; die Notwendigkeit, sich von den heidnischen Vorfahren und ihrem Glauben zu distanzieren; die Pflicht, für die Christianisierung des eigenen Volkes zu sorgen, und vor allem die Aufforderung zur Mission unter den Heidenvölkern. Der neue Gott, so dürfte Chlodwig schnell klar geworden sein, gewährte nicht nur Schlachtensieg, sondern erwartete auch einigen Einsatz.

Am leichtesten zu erfüllen war das in der Innenpolitik. Galloromanen und Franken verschmolzen nun zu einer Einheit und konnten dadurch auch nach außen geschlossener und damit machtvoller auftreten. Darüber hinaus wurde das römische Christentum nun wieder das, was es vor der fränkischen Invasion gewesen war: Staatsreligion. Es bestand kein

Pressblechscheibe aus Pliezhausen, Baden-Württemberg, spätes 7. Jh. In einer für den Reiterkämpfer kritischen Situation springt der göttliche Sieghelfer hinten auf sein Pferd und führt ihm den Speer.

Das Frankenreich
um 500

Chorschranke aus Gondorf, Kreis Mayen-Koblenz, um 600. Die Muschelkalk-Platte zeigt das Brustbild eines Mannes, der mit seiner Rechten auf einen Codex weist und auf dessen Schultern zwei ihm zugewandte Tauben sitzen. Gemeint ist wahrscheinlich der Evangelist Johannes.

interner religiöser Gegensatz mehr, der König selbst galt als Gesalbter Gottes und damit Anführer der Staatsreligion, womit sich an der kultischen Position des Herrschers vor und nach der Wende kaum etwas geändert hatte. Die fränkische Kirche musste freilich erst einmal aufgebaut werden, denn man konnte nicht einfach an den Verhältnissen vor der Völkerwanderungszeit anknüpfen. Das war schon deshalb nicht möglich, weil die kulturelle und ethnische Vielfalt im Frankenreich immens war. Während im südlichen Gallien die spätantike Kultur weitgehend erhalten blieb, sah es in den fränkischen Kernlanden sowie im alamannischen und bayerischen Gebiet schon dürftiger aus, und das jenseits der Grenzen des ehemaligen Imperiums liegende Thüringen war völlig barbarisch. Dieses kulturelle Gefälle wirkte sich natürlich auch auf die Kirche aus. Denn das Christentum als Hochreligion war eigentlich auf bestimmte kulturelle Voraussetzungen angewiesen, und die fehlten in den rechtsrheinischen Gegenden, deren Bevölkerung mit der spätantiken Kultur kaum in Berührung gekommen war, völlig. Wo man aber weder schreiben noch lesen konnte, da musste sich das Christentum erst einmal die Bedingungen für Mission und Christianisierung schaffen. Das war ein schwieriger und langwieriger Prozess, der die Kirche vor erhebliche Anforderungen stellte.

Chlodwig selbst hatte die Bildung einer unter seiner Königsherrschaft stehenden fränkischen Landeskirche im Sinn. „Die" fränkische Kirche gab es im Grunde noch gar nicht, nur zahlreiche von den Bischöfen und den lokalen Eliten beherrschte kultische Zentren, die von der königlichen Zentralgewalt zu-

sammengehalten wurden. Dabei waren die Beziehungen zu Rom locker, man konzentrierte sich vor allem auf den eigenen Horizont. Die eigentliche Christianisierung der Franken stand also noch bevor, und sie war ein mühevolles Geschäft. Das konnte gar nicht anders sein, da vollkommen neue Traditionen herausgebildet werden mussten, wobei auch das Christentum selbst durch die Aufnahme von ihm eigentlich fremden Vorstellungskomplexen verändert wurde. Grundsätzlich ist jedoch festzuhalten, dass sich die fränkische Gesellschaft nicht nur als christlich bezeichnete, sondern es wohl auch wirklich sein wollte. Wie weit ihr das tatsächlich gelang, ist ein anderes Problem. Im Bewusstsein der Bevölkerung spielten jedenfalls Kultur und Liturgie des Christentums mehr und mehr eine bestimmende Rolle, trotz des nach wie vor fortbestehenden Heidentums.

Das alles ist durch Chlodwigs Entscheidung für das Christentum angestoßen worden. Die entscheidende Frage war nun, ob sich der neue Glaube auch würde halten können. Dazu aber durfte sich die fränkische Kirche nicht auf sich selbst beschränken, sie musste auch missionarische Aktivitäten entwickeln. Das war schon deshalb nötig, weil man jetzt zu den Stämmen der Friesen, Sachsen und Slaven an der Nordostgrenze des Reiches in einem religiösen Gegensatz stand, was zukünftig zu ernsthaften Problemen führen konnte. Um dort aktiv zu werden, musste freilich zuerst das verschüttete Christentum in den eroberten Gebieten von Thüringen, Alamannien, Rätien und Bayern wieder belebt werden. Allzu großen Missionseifer zeigten die Franken jedoch nicht, und deshalb mussten die Anstöße aus dem Ausland kommen.

II.

Sonderweg am Rande Europas: Irland

1. Unsicherer Beginn

Irland lag im frühen Mittelalter am Rande der Welt. Seine Bewohner, ein Gemisch aus keltischen Einwanderern und der Urbevölkerung, führten in vielerlei Hinsicht eine eigenständige Existenz. Da die Römer auf ihren Eroberungszügen nicht auf die Grüne Insel gekommen sind, blieb sie von deren Kultur ebenso unberührt wie von den Umwälzungen der Völkerwanderungszeit. Mit der Insellage mag es zusammenhängen, dass die Iren kulturell und politisch sowie dann auch kirchlich eigene Wege gingen, obwohl es schon früh Kontakte zum Kontinent gegeben haben muss. Denn neben Inschriften in irisch-gälischer Sprache entstammen die ältesten Schriftzeugnisse dem Lateinischen als Ausdruck der christlichen Liturgie und Gelehrsamkeit. Dieses Streben der Iren nach lateinischer Bildung ist ein einzigartiges Phänomen der Zeit, mussten sie sich doch diese Sprache erst einmal aneignen, um sie in der Entwicklung ihrer Literatur anwenden zu können. Daraus entstand schließlich eine Schriftkultur von hohem Rang. Die gesellschaftliche Struktur Irlands war von einem extremen Partikularismus beherrscht, denn das Land zerfiel in rund 150 Kleinkönigtümer, aus denen allmählich fünf Provinzialkönigtümer herauswuchsen. Auch wenn man sich nie auf ein gesamtirisches Herrschertum einigen konnte, blieb Irland doch eine kulturelle und religiöse Einheit.

Ein großes Rätsel ist noch immer, wie das Christentum zu den Iren gekommen ist. Verlässliche Quellen gibt es nicht, und so bleibt der Beginn der Mission auf der Insel ungewiss. Nachdem um 410 die römischen Legionen aus Britannien abgezogen worden waren, unternahmen die Iren immer wieder Raubzüge an die schutzlose Westküste von Schottland und Britannien, die sie bald politisch zu beherrschen begannen. Da es im römischen Teil Britanniens schon spätestens seit dem 3. Jahrhundert Christengemeinden gab, werden die Iren wahrscheinlich auf diesem Wege mit dem neuen Glauben bekannt geworden sein. Ironie der Geschichte: Die Eroberer wurden von der Religion der Eroberten „erobert". Direkt nachweisbar ist das alles jedoch nicht.

Das erste sichere Datum der irischen Geschichte im 5. Jahrhundert ist das Jahr 431. Es stammt von Prosper Tiro von Aquitanien (um 390–463 [?]), der in der Kanzlei des späteren Papstes Leo (440–461) in Rom arbeitete und dort nach 440 eine Chronik verfasst hat. Er berichtet, dass Papst Coelestin (422–432) einen gewissen Palladius († nach 431) zum Bischof geweiht und zu den an Christus gläubig gewordenen Iren entsandt habe, um dort die Irrlehre des Pelagius (350/354–nach 418), eines gebürtigen Briten, zu bekämpfen.[1] Damit ist nicht nur die Existenz von Christen in Irland bezeugt, sondern auch die gewisser kirchlicher Strukturen. Archäologische Befunde bestätigen diese Vermutung spätestens für das Ende des 4. Jahrhunderts. Kurzum, das Rätsel der ersten Christen in Irland bleibt weiterhin ungelöst. Damit nicht genug, auch über die Wirksamkeit des Palladius auf der Insel geben die Quellen keine verlässliche Auskunft. Er stammte wohl aus einer adligen Familie in Gallien und war für seine Aufgabe gerüstet, weil er als Reisebegleiter von Bischof Germanus von Auxerre (418–448) Erfahrungen in Britannien gesammelt hatte. Deshalb dürfte sich seine Arbeit auch auf das Gebiet der irischen Midlands und auf Leinster konzentriert haben, wo enge Beziehungen zu den Briten gepflegt wurden.

2. Das Werden eines Nationalheiligen

Auch wenn die Christianisierung Irlands schon im 4. Jahrhundert begonnen hat, so gilt doch Patrick als der Apostel der Iren. Viel ist über ihn geschrieben worden, doch weder seine eigenen Werke noch andere Quellen geben sichere Nachrichten über Hintergründe, Ge-

schichte und Umstände seiner Arbeit. Nicht einmal die Lebensdaten sind klar, man weiß nur, dass er im 5. Jahrhundert gewirkt hat. Geboren irgendwann vor 410, soll er 432 als Missionar nach Irland gekommen und dort 463 oder 493 gestorben sein, bekannt ist nur der Todestag, ein 17. März. Unsicher ist auch, ob er sich längere Zeit in Gallien in den dortigen Mönchskreisen aufgehalten hat. Immerhin besteht Einmütigkeit über die Echtheit der beiden von Patrick verfassten Werke, nämlich einer kurzen Autobiographie (*Confessio*) und einem rätselhaften Brief (*Epistola ad milites Corotici*). Sie sind in einem ganz eigenartigen Latein abgefasst, das noch den ungebildeten Landmenschen erkennen lässt, der sich nur mühsam in einer Sprache verständlich machen konnte, die er nicht wirklich beherrschte. Trotzdem sind sie als unschätzbares Zeugnis des alten Irland kleine Meisterstücke in durchaus planvoller Komposition. Es sagt viel über die innere Haltung Patricks aus, dass er ein Mann eines einzigen Buches, der Bibel war. Mit ihr muss er sich so umfassend beschäftigt haben – immerhin war sein Großvater Presbyter und sein Vater Diakon –, dass er bisweilen gleichsam biblischer als die Bibel selbst schrieb. Durchaus selbstbewusst benutzte er ihre Formulierungen, um seine Berufung und Mission gleichwertig neben die eines Moses und eines Paulus zu stellen. Nur über Details seiner Arbeit berichtet er nicht so ausführlich, wie man es gerne lesen würde.

Patricks Leben war abenteuerlich. Auf dem Landgut seines Vaters wohl in der Nähe eines Marktfleckens an der Mündung des Severn aufgewachsen, wurde er als 16-Jähriger von irischen Kriegern während eines Raubzugs aus Britannien verschleppt und musste sechs lange Jahre in Irland als Viehhirt arbeiten. Dann erfuhr er in einem Traum, dass ihm die Flucht in die Heimat gelingen werde. Tatsächlich entkam Patrick den Seeräubern, schlug sich über 200 Meilen durch Irland zur Küste durch, fuhr mit dem Schiff drei Tage über die See und irrte nach der Landung noch 28 Tage durch die Wildnis, bis er endlich sein Elternhaus erreichte. In einem weiteren Traum erschien ihm später ein Mann namens Victo-

Eisenglocke des hl. Patrick, 6.–8. Jh. Bronzeüberzogene Eisenglocken sind in Irland mehrfach gefunden worden, diese ist ungewöhnlich, weil sie aus zwei mit Nieten verbundenen Blechen besteht. Das Reliquiar der Eisenglocke entstand um 1100. Vorderseite mit in Kreuzform angeordneten Filigranfeldern, in denen sich ineinander verflochtene Tiere befinden.

rius, der einige Briefe bei sich trug. In einem sei die „Stimme der Iren" zu vernehmen gewesen, die Patrick anflehte, in Irland zu missionieren, was er dann auch gehorsam tat.[2] Viel mehr historische Angaben lassen sich aus der Autobiographie nicht erheben, zumal keinerlei Jahreszahlen verzeichnet sind. Vor allem über die Vorbereitung und nähere Durchführung seiner Missionsreise lässt Patrick sich nicht aus, dies verbot ihm vermutlich seine Demut. Gleichwohl berichtet er davon, viele tausend Menschen bekehrt, getauft und gefirmt, Geistliche ordiniert sowie Mönche und Nonnen aufgenommen zu haben. Mehrfach betont er überdies, Bischof in Irland gewesen zu sein.

So bleibt also trotz der Selbstzeugnisse Patricks die Frühgeschichte des Christentums in Irland weithin im Dunkeln. Auch die Quellen des 7. Jahrhunderts helfen nicht weiter, denn ihre Autoren waren schlecht informiert und vermischten deshalb unbekümmert Nachrichten über den Gallier Palladius mit denen über den Briten Patrick. Denkbar wäre allerdings auch, dass die beiden zeitgleich nebeneinander gewirkt haben oder dass es zwei Patricks gegeben hat. Diese Unsicherheiten ändern nichts an der Tatsache, dass Patrick eine bemerkenswerte Persönlichkeit gewesen ist und seine planvolle Missionsarbeit einzigartig für die Zeit war. Getreu dem Missionsbefehl Christi verkündigte er das Evangelium „bis in die äußersten Gegenden, wo weiter kein Mensch mehr war, und wo noch nie jemand hingekommen war zu taufen".[3] Damit war das Ideal der Peregrinatio geboren, der Pilgerschaft in die Fremde um Christi willen, das für die späteren irischen und angelsächsischen Missionare bestimmend sein sollte.

Die Erinnerung an Patrick muss so faszinierend gewesen sein, dass er schon bald zum

Heiligen aufstieg und sich seine Verehrung vom 6. Jahrhundert an ausbreitete. Besondere Förderung erfuhr der Kult durch die Kirche von Armagh, die zur Untermauerung ihrer Metropolitanansprüche behauptete, von Patrick selbst gegründet worden zu sein. Im Book of Armagh sammelte sie deshalb Material über den Heiligen und reicherte es durch Propaganda an. Immerhin gelang es ihr so, die führende Rolle in der Verehrung Patricks an sich zu ziehen und ihn zum Gründer der irischen Kirche zu stilisieren. Die bronzeüberzogene Eisenglocke, die Patrick gehört haben soll, wurde zu einer der bedeutendsten Reliquien Irlands, für die um 1100 ein kostbares Reliquiar angefertigt worden ist. Bald rankten sich auch Wundergeschichten um seine Person. So soll er alle Schlangen und giftigen Tiere von der Insel vertrieben haben. Die komplizierten Geheimnisse der Trinität habe er den Heiden mit Hilfe eines Kleeblattes erklärt. Auch auf dem Kontinent verbreitete sich der Kult um Patrick, der heute in Irland als Nationalheiliger gilt.

3. Klöster und Bildung

Die Besonderheit der irischen Entwicklung liegt darin, dass sie sich bei der Kontaktaufnahme mit der Lebenswelt der lateinischen Kirche nicht von ihr kulturell überfremden ließ, sondern eigenständige Formen schuf. Das hängt zum einen mit dem Fehlen einer spätantiken Tradition, zum anderen mit der Lebendigkeit der bodenständigen Kultur zusammen. So konnte auch das dezentrale politische Ordnungsgefüge des Landes die Organisationsstruktur der Kirche bestimmen, denn sie folgte nicht dem römischen Diözesansystem, sondern wies die Gemeinden den großen Klostergemeinschaften zu, die sich um ihre Gründungsheiligen gruppierten. Diese Klöster prägten das Erscheinungsbild der irischen Kirche.

Schon Patrick hatte von Mönchen und Nonnen auf der Insel berichtet, aber erst vom 6. Jahrhundert an entstand eine ganze Reihe von Klöstern, die später nicht zuletzt wegen ihrer künstlerischen Produktion Berühmtheit erlangen sollten. Die heilige Brigida (ca. 455–ca. 525) gründete das Doppelkloster Kildare, Finnian (†um 550) Clonard, Ciarán (†um 550) Clonmacnoise und Comgall (†um 601) das auch für den Kontinent wichtige Kloster Bangor. Der bekannteste Klostergründer aber war der einer Königsfamilie entstammende Columba der Ältere, dessen irischer Name Colum Cille „Taube der Kirche" bedeutet (520/522–597). Neben Durrow und Derry geht das auf einer Hebrideninsel vor der schottischen Küste gelegene Kloster Iona auf ihn zurück.

Aus verschiedenen Quellen lässt sich rekonstruieren, welche Struktur diese bedeutenden Klöster hatten und wie sie die Entwicklung der irischen Gesellschaft beeinflussten. In der Regel war die Klosteranlage von einer Wallmauer umgeben, innerhalb deren die von zwei oder drei Mönchen bewohnten Zellen, eine Reihe kleinerer Kirchen, Refektorium, Wirtschaftsgebäude sowie Schule und Hospiz lagen. Hinzu kamen Werkstätten für Tischler, Schmiede und Bronzegießer sowie Obst- und Gemüsegärten. Der Raumbedarf dieser Anlagen war beträchtlich. In den sogenannten Vorstädten sollten Pilger, Kranke, Verfolgte sowie Witwen, Kinder und Alte Zuflucht und Gastlichkeit finden. Solche Klöster entwickelten sich rasch zu Siedlungszentren, die auch weltliche Förderer anzogen. Dadurch stieg ihre Bedeutung für die Gesellschaft und sie erlangten eine Sonderstellung, von der die irischen Kleinkönige nur träumen konnten. Denn die Klosteranlagen besaßen das Bildungsmonopol, verfügten über eine große Zahl von Arbeitskräften, die sie zur Kultivierung des Landes nutzten und mit deren Hilfe sie Überschüsse erwirtschaften konnten, und waren fähig, technische Neuerungen wie den Wendepflug oder die Wassermühle einzusetzen. Darüber hinaus gelang es ihnen, durch Schenkungen und Güterübertragungen ausgedehnten Landbesitz zu erwerben. Im 7. und 8. Jahrhundert wurden die Baupläne für diese Klosteranlagen standardisiert, Holzgebäude durch Steinbauten ersetzt, die Einfriedungen verstärkt sowie Wege und Plätze gepflastert.

Das hatte nicht nur praktische Gründe wie die Zunahme des Handels und die Einrichtung fester Märkte, sondern auch ideelle, wollten die Mönche ihre heiligen Stätten doch nach ihrer Vorstellung vom himmlischen Jerusalem gestalten. Alles hatte seine fest gefügte Ordnung. Im Zentrum der Anlagen lebte die Elite der Geistlichkeit, darum herum die Mönche und im Randbereich das immer mehr anwachsende Laienvolk, so dass mit der Zeit regelrechte Städte entstanden. Für Ruhe und Ordnung sorgten die Vorschriften des kanonischen Rechts und als ihr Nebenprodukt das Zivilrecht, das die Gesellschaft im Sinne einer Stadt Gottes auf Erden formen sollte.

Diese Entwicklung veränderte die Organisationsstruktur der irischen Kirche. Palladius und Patrick hatten aufgrund ihrer Herkunft aus Gallien und Britannien die römische Bischofsverfassung nach dem Diözesanprinzip eingeführt. Als sich dann aber die Klöster zu den eigentlichen Zentren des kirchlichen Lebens entwickelten, sank die Bedeutung der Bischöfe und die der Äbte wuchs. Sie waren nun die beherrschenden Figuren, sie leiteten die Klöster und kümmerten sich um die Seelsorge der Bevölkerung, ihnen unterstand ein zum Bischof erhobener Mönch, der die erforderlichen Weihen vornehmen durfte. Angesichts dieser Machtfülle konnte es nicht ausbleiben, dass bestimmte Klöster eine Vorrangstellung über die von ihnen gegründeten Tochterklöster beanspruchten. Daraus entstanden Klosterverbände, die ganze Provinzen beherrschten.

Berühmtheit bis in die heutige Zeit erlangten die Schreibstuben mancher irischer Klöster, denn sie produzierten illuminierte Bücher von atemberaubender Schönheit. Die Bibel als die von Gott selbst verfasste heilige Schrift stand bei der Handschriftenproduktion im Mittelpunkt, ihr brachten die irischen Mönche höchste Verehrung entgegen und schrieben sie deshalb sorgsam mit höchster künstlerischer Ausstattung ab. Die Qualität dieser meist zwischen dem späten 7. und frühen 9. Jahrhundert entstandenen Handschriften sucht im übrigen Europa ihresgleichen. Benötigt wurden diese Evangeliare in den Klöstern

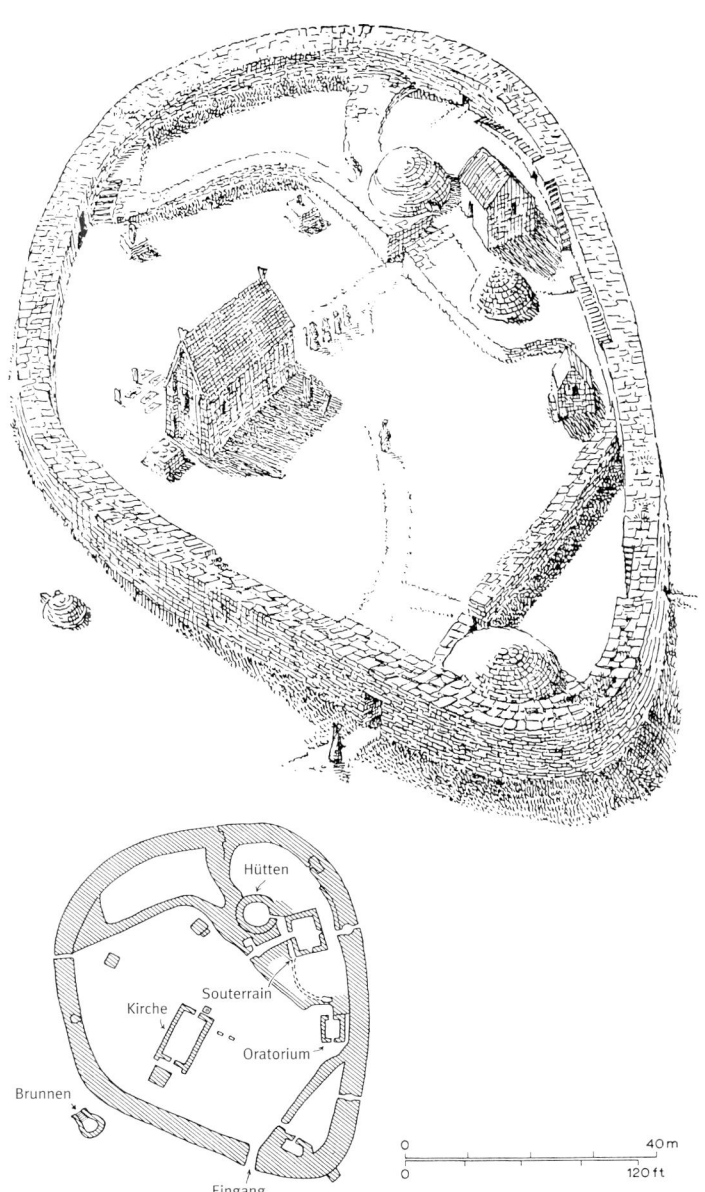

für Studienzwecke und vor allem für die Liturgie. Die prächtigen Luxusexemplare wie das Book of Kells wurden vor allem an kirchlichen Festtagen am Altar verwendet. Außerdem brauchten die Missionare Bibeln, die sie mit auf Reisen nehmen konnten und die daher als „Taschenevangeliare" im praktischen Kleinformat angefertigt worden sind. Die Herstellung solcher Handschriften war alles ande-

Rekonstruktion einer einfachen irischen Klosteranlage

Hütten

Souterrain

Kirche

Oratorium

Brunnen

Eingang

0   40 m
0   120 ft

Book of Kells, um 800, fol. 290v. Evangelistensymbole

Book of Kells, fol. 34r. Chi-Rho-Initiale als Christusmonogramm am Beginn des Matthäusevangeliums

Book of Kells, fol. 33r. Ornamentseite

re als einfach und außerdem höchst kostspielig. Für ein Exemplar benötigte man das Pergament einer Herde von etwa 150 Kälbern, was sich nur reiche Klöster leisten konnten. Zu den Tierhäuten kamen die Kosten für die teuren Farben zur Gestaltung der Bildseiten. Die Maler des Book of Kells beispielsweise verwendeten rote Farbe, die entweder aus rotem Blei oder aus Kermes gewonnen wurde, einer im Mittelmeergebiet lebenden Schildlaus. Für spezielle Blautöne benutzten sie Lapislazuli, ein im Mittelalter dem Gold gleichwertiger Stein, der von ausländischen Kaufleuten aus Bergwerken im Gebiet von Badaghschan in Afghanistan am Fuße des Himalaya besorgt werden musste. Aufbewahrt wurden die Handschriften üblicherweise in Ledertaschen, die an den Wänden der Klosterzellen hingen.

Die Schreiber und Künstler müssen fromme Menschen gewesen sein, denn mit diesen Handschriften wollten sie Gott ehren und einen Abglanz seiner Herrlichkeit schaffen. Dementsprechend hatten sie einen hohen gesellschaftlichen Rang. Trotzdem wurde ihre anspruchsvolle Tätigkeit in den Klosterregeln als Arbeit bezeichnet, und in manchen Handschriften haben sie in Randbemerkungen ihrer Unzufriedenheit über fehlerhaftes Material, schlechte Lichtverhältnisse, Kälte und mangelnde Übung Luft gemacht. Ein besonderes Problem war offensichtlich erzwungene Eile. So soll der Legende nach der heilige Cronán dem Schreiber Dimma im Kloster Roscrea in der Grafschaft Tipperary nur einen Tag für die Abschrift der Evangelien zugebilligt haben. Dem armen Mann kam ein Wunder zu Hilfe, denn 40 Tage lang ging die Sonne nicht unter, und das reichte ihm.

Zur Verherrlichung des göttlichen Wortes wurden dekorative Elemente eingefügt wie die Bilder der Evangelisten Matthäus, Markus, Lukas und Johannes und der ihnen zugeordneten Symbole Mensch, Löwe, Stier und Adler, daneben Konkordanzen und kunstvolle Gestaltungen der Anfangsworte der Evangelien, die die Buchstaben geradezu lebendig werden ließen. Ferner gab es sogenannte Teppichseiten oder nur aus Ornamenten bestehende Blätter ohne Textbezug, die unbefangen keltische Muster aus vorchristlicher Zeit aufnahmen. Sie symbolisierten bei Heiden und Christen, dass durch das vollmächtige Wort eines Druiden oder Priesters die bedrohliche Macht der Natur gebannt werden könne.

Jede dieser Handschriften ist eine Kostbarkeit für sich und ein glänzendes Zeugnis für die auch künstlerische Sonderstellung der irischen Kirche. Aufgrund ihrer Pracht wurden diese Bücher auch mit Eigenschaften verbunden, die man den Reliquien von Heiligen zusprach, und kamen bisweilen selbst in den Rang der Wundertätigkeit. So war man im 17. Jahrhundert der Meinung, das Wasser, in das das Book of Durrow getaucht wurde, könne kranke Rinder heilen. Ob die Kühe gesund geworden sind, ist nicht überliefert, aber der Versuch hat bei diesem ältesten der noch vorhandenen illustrierten Evangelien aus Irland bis heute sichtbare Flecken hinterlassen. Der angelsächsische Gelehrte Beda (672/673–735) war sogar der Meinung, in Wasser getauchte Schnipsel von irischen Handschriften seien ein wirksames Mittel gegen Schlangen, denn immerhin gebe es auf der Insel keine Schlangen. Daneben wurden die Bücher zu magischen Zwecken eingesetzt, etwa bei Krankenheilungen, gegen Dürrezeiten und selbst als siegverheißender Talisman in Schlachten. Solche primitiven Verfahrensweisen sind eindeutige Belege für die Übernahme heidnischer Bräuche ins Christentum, mit denen man aber offenbar keine Probleme hatte. So wird dann auch die berühmteste Evangelienhandschrift, das schon im Mittelalter bewunderte, Anfang des 9. Jahrhunderts entstandene Book of Kells bis heute von den Iren als ihr kostbarstes Nationalheiligtum verehrt.

4. Buße und Peregrinatio

Das Leben eines irischen Mönchs war alles andere als leicht. Askese bestimmte sein Dasein, und die war äußerst hart. Um durch die Abtötung des Leibes und seiner Begierden Gott näher zu kommen, gab es allerhand Übungen: langes Stehen mit in Kreuzform ausgebreiteten Armen, strenges Fasten, lange Nachtwachen, Ausharren in eiskaltem Wasser, Kniebeugen und Stockschläge schon bei den geringsten Vergehen. Außerdem war ein umfangreiches Gebetspensum zu bewältigen, das nicht selten aus dem Rezitieren des gesamten Psalters mit allen 150 Psalmen bestand. Ständig murmelte man Beschwörungen gegen den Teufel und alles nur denkbare Unheil, legte durch apotropäisch verstandene Gebetsformeln einen Schutzpanzer um sich. Durch unablässiges Gebet, asketische Übungen und unerschütterlichen Glauben in Form eines unblutigen Martyriums hofften die Mönche, sich selbst zu reinigen und sich bei Gott so verdient zu machen, dass er ihnen seine Kraft schenkte und sie befähigte, die Dämonen zu besiegen und Wunder wirken zu können. Wie, so fragt man sich natürlich, kamen die Iren zu einer solch harten Frömmigkeitsform? Auch hierfür liegen die Gründe wieder einmal im Dunkeln. Möglicherweise hat die Lehre des Pelagius prägend gewirkt. Der nach mehreren Prozessen als Häretiker verurteilte Brite schätzte die Bedeutung der göttlichen Gnade für die Erlösung des einzelnen Menschen gering ein und vertrat die Ansicht, jeder müsse durch eigene Leistung dazu beitragen. Deshalb legte er großen Wert auf religiöse und asketische Bemühungen. Die starke Konzentration der irischen Kirche auf die Bibel einschließlich der punktgenauen Befolgung jüdischer Festvorschriften aus dem Alten Testament, eigenwillige Ansichten zu den Sakramenten, ein spezielles Christusbild und eben die scharfe Askese sind Elemente irischer Religiosität, die auf Pelagius zurückgehen könnten. Diese Zusammenhänge gewinnen an Wahrscheinlichkeit, wenn Pelagius, was durchaus denkbar ist, nach 418 in seine Heimat zurückgekehrt sein sollte.

Die Verfügungsgewalt über die durch Askese gewonnene göttliche Kraft lag bei dem Asketen selbst, und er konnte sie auch für andere wirksam werden lassen. Das verlieh diesen Gottesmännern eine geistliche Machtposition, so dass sich das harte asketische Leben für sie durchaus zu lohnen schien. Vor allem wurden sie für die Bevölkerung zu Heilsmittlern und Fürsprechern, was ihren Wert steigerte und die Klöster zu begehrten Zentren der Seelsorge aufsteigen ließ. Spitzenleute wie Colum Cille, so behauptet zumindest seine kurz vor 700 entstandene Vita, waren als universale Helfer vielfach einsetzbar. Er vermochte in die Zukunft zu schauen, wirkte Wunder bei Geburtswehen und Seestürmen, konnte Regen herbeibeten und hat gegen Blitz und Feuersbrunst einen wirksamen Hymnus verfasst.

Wenn die Leute solche Hochleistungsasketen um Hilfe angingen, mussten sie ihnen natürlich ihre Sünden bekennen und dafür Buße leisten. Die in den irischen Klöstern entwickelte Bußpraxis hat sich im ganzen christlichen Abendland ausgebreitet. Alle Übertretungen mussten gebeichtet werden, und in Bußbüchern, einer vollkommen neuen Gattung, wurde aufgelistet, welche Kompensationsleistung der Christ dafür zu erbringen hatte. Abweichend von der Praxis der frühen Kirche konnte dies ständig wiederholt werden. Es wurde also gleichsam nach Tarif abgerechnet. Entscheidend für das gesamte Mittelalter war dabei, dass die Buße in erster Linie als Strafe und nicht als bessernde und heilende Aufgabe verstanden wurde. Nicht nach der Intention, sondern nach der Tat wurde gefragt, und damit traten äußere Werke und Leistungen in den Vordergrund. Frömmigkeit wurde zählbar. Weil es nicht so sehr auf die ethische Besserung, sondern auf den Tarifausgleich ankam, konnte man sich von der Bußleistung freikaufen und einen Stellvertreter die eigenen Sünden abbüßen lassen. Auf die Tat folgten also Strafe und Buße, nach Reue wurde kaum gefragt. Den Schlusspunkt der damit angestoßenen Entwicklung bildete der Ablasshandel, der rund 1000 Jahre später das Ende des Mittelalters einläuten sollte. Es waren die irischen Mönche, die diese folgenschwere Veränderung bewirkt haben.

Mit der Tarifbuße hängt eine zweite geschichtswirksame Besonderheit der irischen Kirche zusammen, die Peregrinatio, die asketische Heimatlosigkeit. Sie ist entstanden durch die Einwirkung des altirischen Strafrechts auf die Kirchenbuße. Nach diesem

Recht konnte ein Übeltäter bei besonders schweren Vergehen verbannt werden. Dahinter steckte die Ansicht, dass ein solcher mit Bösem behafteter Mensch ein potenzieller Unruhestifter blieb. Er musste von seinem heimatlichen Boden verjagt werden, damit er nicht Land und Leute mit seiner Bosheit ansteckte. Diese Vorstellung hat man zunächst als besonders schwere und wirksame Form der Askese auf die Tarifbußen übertragen. Ein Mörder konnte danach beispielsweise ein zehnjähriges Exil als Kirchenstrafe aufgebürdet bekommen.

Irische Mönche begannen nun, in ihrem asketischen Eifer solchen Verlust der Heimat freiwillig auf sich zu nehmen. Als Vorbild diente ihnen dabei Abraham, der auf Gottes Ruf hin Verwandtschaft und Vaterland verlassen hatte (Gen 12,1). Die Mönche taten dies für ihr eigenes Seelenheil. Während für Colum Cille noch der Wechsel von Irland nach Schottland ausreichte, richtete sich das asketische Streben bald in die weitere Ferne. Dann kam noch ein für die zukünftige Geschichte ganz entscheidender Aspekt hinzu. Man wollte nicht einfach nur in fremden Ländern bei fremden Völkern leben, sondern dort auch das Evangelium verkündigen. Im Sinne des Missionsbefehls Christi verband man also die asketische Leistung der Peregrinatio mit dem positiven Auftrag der Mission.

Dieses Ideal war so erfolgreich, dass es sich gleich zweifach raumgreifend auswirkte. Erstens wanderten manche irischen Mönche ins Frankenreich und stießen dort eine monastische Renaissance an und zweitens wirkte ihr Vorbild stilbildend für die Angelsachsen, die sich in großer Zahl aufmachten, um auf dem Kontinent Mission zu treiben. So haben die irischen Missionare auch einen entscheidenden Anstoß zur weiteren Christianisierung Europas gegeben.

III.

Aufbau einer neuen Landeskirche: Angelsachsen

1. Päpstliche Initiative

Der Zusammenbruch des römischen Imperiums in der Völkerwanderungszeit hatte die Situation der Reichskirche dramatisch verändert. Mit der Dekomposition der Alten Welt war die von den Päpsten bestimmte Einheit des Glaubens zunächst dahin, und auch die Bemühungen um Ausbreitung des Christentums gerieten ins Stocken. Denn das durch die Umsetzung des Missionsbefehls Christi geschichtswirksam gewordene Konzept der christlichen Universalität sah sich plötzlich dem Gentilismus der germanischen Stämme gegenüber, die mit der Idee des Monogenismus nichts anzufangen wussten. Für die Christen war Adam der eine Stammvater aller Menschen, durch den die Sünde in die Welt gekommen war, und Christus derjenige, durch den alle erlöst werden konnten. Die Heiden kannten ein solches Zusammengehörigkeitsgefühl nicht, für sie begann jenseits der eigenen Welt die Fremde, die sie nicht interessierte. Wenn sich das Christentum weiterhin als die Religion der Ökumene verstehen wollte, war mit dem Zusammenbruch der bisherigen geordneten Verhältnisse die Bewährungsprobe gekommen. Die christliche Religion musste den Gentilismus überwinden und den Absolutheitsanspruch Christi sichtbar vertreten, ein Unterfangen, auf das sie sich erst allmählich einzustellen vermochte.

Papst Gregor der Große (590–604) war der Mann, der diesem Anspruch energisch Geltung verschaffte, indem er sowohl die Mission förderte als auch bemüht war, die neu entstandenen Landeskirchen der germanischen Reichsbildungen unter die Oberhoheit Roms zu bringen. Vor allem seiner Initiative ist es zu verdanken, dass die Idee der Universalität des Christentums wieder an Bedeutung gewann. Mit der Autorität des Apostels Petrus im Rücken kämpfte er für die kirchliche Einheit. Das Papsttum wurde dadurch zu dem entscheidenden Kontinuitätsfaktor zwischen Spätantike und Mittelalter und trug wesentlich zur Entwicklung eines christlichen Europas bei.

Um 540 geboren, stammte Gregor aus einer alteingesessenen römischen Familie und war bis zum Stadtpräfekten aufgestiegen, als er sich 575 zur Lebensform des Mönchtums bekehrte und den Palast seiner Eltern in ein Kloster umwandelte. Ein Leben in beschaulicher Stille war ihm allerdings nicht beschieden, denn bald wurde er in den Kirchendienst berufen und nach einer Zwischenstation als Diplomat in Konstantinopel 590 zum Papst gewählt. Charakteristisch für Gregor ist der von ihm selbst formulierte Titel „Knecht der Knechte Gottes", denn als „Mönchspapst" wollte er nicht herrschen, sondern den Menschen nützen. Das hat er in der Tat vielfältig getan, so etwa durch seinen beispielhaften Einsatz für die Sozialhilfe, den Schutz der Juden, die Förderung des Mönchtums, seine nachhaltig weiterwirkenden Schriften und seine Missionsinitiativen. Zu Recht trägt er als einer von bis heute nur zwei Päpsten den Beinamen „der Große". Gregor war ein Mann der Ethik, der seine geistliche Macht nutzte, um den Menschen die gnädige Herablassung Gottes nahe zu bringen. Nicht zuletzt durch seinen regen Briefverkehr – 866 Briefe sind erhalten, rund 20 000 dürfte er während seines Pontifikats geschrieben haben – vermittelte Gregor den Kirchenleuten das Bewusstsein, im Sinne des einen universalen Glaubens zur geistlichen Herrschaft in Europa berufen zu sein.

Gregor selbst ging mit gutem Beispiel voran, zwar nicht als Missionar, aber als Initiator einer der bedeutendsten Unternehmungen zur Ausbreitung des Christentums im frühen Mittelalter überhaupt, der Mission bei den Angelsachsen. Sein wohl stärkster Beweggrund war sein apokalyptisches Endzeitbewusstsein. Gregor wollte die Wiederkunft Christi gleichsam herbeizwingen, wusste aber, dass zuvor das Evangelium bis an die Enden der Erde gebracht werden müsse. Das und

sein grundsätzliches seelsorgerliches Bemühen um die Bekehrung der Menschen waren die Triebfedern seiner missionarischen Grundhaltung. Darüber hinaus verfolgte Gregor auch weitreichende taktische Pläne, denn er hat die Angelsachsenmission im Zusammenhang mit seiner Politik gegenüber der fränkischen Kirche konzipiert. Durch die Kontakte zu Herrschern und Bischöfen versuchte Gregor Einfluss zu gewinnen, um die Erneuerung

Elfenbeinplatte, Lotharingien, Ende 10. Jh. Gregor d. Gr. als vom hl. Geist in Form einer Taube inspirierter Autor, darunter drei Kopisten

Kirche von Silchester, Hampshire, 4. Jh. Grabungsbefund, dreischiffige Anlage mit Mosaikboden. Die nach Westen und nicht, wie später grundsätzlich üblich, nach Osten ausgerichtete Apsis deutet auf eine frühe Entstehungszeit.

Rekonstruktion der Kirche von Silchester

der bislang von Rom weitgehend unabhängigen fränkischen Kirche zu fördern. Diese Hoffnung erfüllte sich jedoch nicht, denn das sollte erst im 8. Jahrhundert den angelsächsischen Missionaren gelingen.

2. Brückenkopf Roms in Kent

Schon früh hatte das Christentum in England Fuß fassen können. Bis zum ab 122 errichteten Hadrianswall zwischen der Mündung des Tyne und dem Solway Firth reichte die britannische Provinz des Römischen Reiches, und deshalb werden von dieser Zeit an auch Chris-

ten den Weg auf die Insel gefunden und kleine Gemeinden gegründet haben. Zwar sind die Zeugnisse aus dem 2. und 3. Jahrhundert rar, aber immerhin gibt es sie. So ist in Water Newton in Northamptonshire, in der Nähe der römischen Stadt Durobrivae, 1975 ein Silberschatz zutage gefördert worden, dessen Besitzer offenbar Christ war, zeigt doch ein Silbergefäß deutlich das Christusmonogramm zwischen den Buchstaben Alpha und Omega. Und in Silchester, Hampshire, ist eine in die Zeit um 300 zu datierende Kirche mit Baptisterium gefunden worden, die zu den ältesten Gottesdienstgebäuden nördlich der Alpen gehören könnte. Die von Jahr zu Jahr zunehmenden Ausgrabungsfunde aus allen Teilen Britanniens, vor allem die vielen Gegenstände mit dem Christusmonogramm, zeigen deutlich, dass die britische Kirche um 400 fest im Land verankert war.

Von der Mitte des 5. Jahrhunderts an bis zum Ende des 6. Jahrhunderts veränderte sich die Lage jedoch dramatisch, die Quellenlage wird dürftiger und die Geschichte der Kirche liegt im Dunkeln. Was war geschehen? Durch die bedrohliche Situation an der Ostgrenze des römischen Imperiums sah die Heeresleitung sich genötigt, in großem Umfang Truppen aus Britannien abzuziehen. Als dann der Niedergang Roms unaufhaltsam wurde, rückten die römischen Soldaten im Jahr 409 schließlich ganz ab. Sofort nutzten Pikten und Iren diese Schwächung aus und bedrängten die Briten mit Raubzügen. Dann kam es zu einer folgenschweren Fehlentscheidung. Denn den schon weithin christianisierten Romanobriten fiel nichts Besseres ein, als gegen die Eindringlinge Schutztruppen vom Kontinent auf die Insel zu rufen. Angeln, Jüten, Sachsen und Friesen rückten an und wurden zunächst kontrolliert angesiedelt. Nur hatte man dummerweise zweierlei nicht bedacht. Erstens waren diese Germanengruppen Heiden, die nicht daran dachten, ihren Glauben aufzugeben. Und zweitens waren sie auf Dauer nicht bereit, als Söldner fremden Herren zu dienen. So kam es bis zur Mitte des 5. Jahrhunderts zu mehreren Invasionsschüben, und die Stammbevölkerung geriet ins

Hintertreffen. Bis zur nächsten und bis heute letzten Eroberung der Insel im Jahre 1066 waren die Angelsachsen in weiten Teilen Englands die vorherrschende Bevölkerungsgruppe. Die christlichen Romanobriten wurden nach Wales und Cornwall verdrängt oder vermischten sich mit den Eindringlingen, wobei sie bald ihren Glauben verloren zu haben scheinen. Im 6. und 7. Jahrhundert entstanden daraus die sieben Königreiche Kent, Sussex, Essex, Wessex, East Anglia, Mercia und Northumbria, deren Zusammenhalt dadurch garantiert werden sollte, dass jeweils einer der Herrscher eine Art Oberkönigtum ausübte. Ende des 6. Jahrhunderts hatte sich der König

von Kent, Æthelberht (560–616), diese Position gesichert.

Er sollte der erste christliche König Englands werden, und das kam so: Papst Gregor der Große hatte die kühne Idee, die alten Kirchenprovinzen Britanniens wiederherzustellen. Das zeugt nicht gerade von intimer Kenntnis der dortigen Verhältnisse, die Insel war eben weit weg, verdient aber schon deshalb allen Respekt. Was mag Gregor zu seinem Plan, Missionare nach England zu schicken, bewogen haben? Einer nett erfundenen Legende nach soll er einst beim Bummel über den römischen Markt Sklaven angetroffen haben, deren Volksnamen *Anguli* er als *angeli*,

Der hl. Beda als
Schreiber. Aus der
Vita Sancti Cuth-
berti des Beda
Venerabilis, spätes
12. Jh.

Engel, verstand. Wenn, so Gregors Schluss, es dort schon einen Stamm mit einem solch frommen Namen gebe, müsse den Leuten auch das Evangelium verkündigt werden.[1] Mehr für sich hat die Vermutung, dass eine Königin den entscheidenden Anstoß gegeben hat. Æthelberht von Kent hatte spätestens um 580 Bertha (†um 600), eine Tochter des Frankenkönigs Charibert I. (561–567), geehelicht. Dabei handelte es sich um eine konfessionsverschiedene Ehe, denn Æthelberht war Heide und Bertha Christin. Bestandteil des Ehevertrages war die Zusicherung, dass sie ohne Einschränkungen ihren Glauben ausüben durfte. Dazu hatte sie den fränkischen Bischof Liudhard mit auf die Insel gebracht, und er wird die erste kleine Christengemeinde in Kent aufgebaut haben. Nun wurden Herrscherehen in der damaligen Zeit nie ohne politischen Hintersinn geschlossen. Mag Æthelberht an eine Intensivierung des Handels gedacht haben, so hatten die Franken hegemoniale Gelüste. Wenn er sich nun auf nähere Kontakte mit der christlichen Welt einlassen wollte, dann sollte das aber direkt über Rom laufen, um jede Abhängigkeit zu vermeiden. Kurzum, die ermutigenden Signale an Gregor werden wohl von Æthelberht selbst gekommen sein.

Der Papst jedenfalls nahm die Hinweise freudig auf und sandte unter der Leitung von Prior Augustinus (†604) 40 römische Missionare auf die lange Reise nach England. Unterwegs wurden sie „von feiger Angst befallen und wollten lieber nach Hause zurückkehren als zu dem barbarischen, wilden und ungläubigen Volk gehen, dessen Sprache sie nicht einmal beherrschten", so berichtet Beda Venerabilis (672/673–735) in seiner 731 abgeschlossenen Kirchengeschichte des englischen Volkes, der wichtigsten Quelle für diese Zeit.[2]

Der Trupp schickte Augustinus nach Rom zurück, um die Aufgabe des Unternehmens zu erreichen. Gregor wollte davon nichts hören und redete ihm energisch ins christliche Gewissen. So landeten die Missionare schließlich im Frühjahr 597 auf der zu Kent gehörenden Insel Thanet und ließen Æthelberht wissen, sie brächten eine „sehr gute Nachricht, die denen, die sie befolgten, ewige Freuden im Himmel und das zukünftige Reich ohne Ende beim lebendigen und wahren Gott ohne jeden Zweifel verspreche".[3] Zweifel an der guten Nachricht scheint der König nicht gehabt zu haben, aber gleichwohl ging er die Sache mit äußerster Vorsicht an. Denn, so entgegnete er, „schön sind zwar die Worte und Versprechungen, die ihr vorbringt; aber weil sie neu und ungewiss sind, kann ich ihnen nicht meine Zustimmung geben unter Aufgabe der Dinge, denen ich so lange Zeit mit dem ganzen Volk der Engländer gedient habe".[4] Das war klug, denn wie jeder heidnische Herrscher konnte Æthelberht nicht einfach den althergebrachten Kult aufgeben, bevor er nicht auch die konservativeren Herren seiner Gefolgschaft von dem Nutzen eines Religionswechsels überzeugt hatte. Immerhin gab er, wenn auch vorerst nur in dem Gebiet um Canterbury, den Missionaren die Erlaubnis zur Verkündigung des Evangeliums. Ein Anfang war gemacht.

Augustinus, gest. am 26. Mai 604, Prior des St. Andreas-Klosters in Rom, Leiter der Gruppe von rund 40 Mönchen, die Papst Gregor 596 zur Mission bei den Angelsachsen entsandt hat. Nach dem Religionswechsel von König Æthelberht von Kent entfaltete Augustinus eine erfolgreiche Missionsarbeit in dessen Herrschaftsbereich. Gregor, der ständig mit ihm in Briefkontakt stand, erhob ihn 601 zum Erzbischof von Canterbury. Mit den Vertretern der britischen Restkirche kam Augustinus nicht überein, weshalb spätere Historiker ihn oft als Kleingeist von hochmütigem Auftreten bezeichnet haben. Gleichwohl gebührt ihm das Verdienst, den Grundstein für die romorientierte angelsächsische Landeskirche gelegt zu haben. Beigesetzt ist Augustinus in dem von ihm gegründeten St. Peter-und-Paul-Kloster (später St. Augustin) in Canterbury.

Beda zum Auftreten von Augustinus und seinen Mitarbeitern: *Sie begannen das apostolische Leben der frühen Kirche nachzuahmen, nämlich indem sie sich beharrlich Gebeten, Vigilien und Fasten hingaben und das Wort des Lebens verkündeten.* (Historia ecclesiastica I 26, S. 83)

Reliquiarschnalle aus dem Königsgrab von Sutton Hoo, Suffolk, vor 627. Die mit reicher Tierornamentik verzierte Schnalle ließ sich aufklappen und könnte zur Aufbewahrung von Reliquien genutzt worden sein.

Bald stellten sich Erfolge ein, und Augustinus konnte Papst Gregor jubelnd berichten, zu Weihnachten 597 seien mehr als 10 000 Angeln getauft worden. Nachdem auch der König bekehrt war, so Beda, „erhielten sie die erweiterte Erlaubnis, überall zu predigen und Kirchen zu bauen oder zu restaurieren".[5] Augustinus wurde zur Belohnung zum Bischof erhoben. Schnell wurde von Rom Verstärkung auf die Insel geschickt und der Aufbau einer Bistumsorganisation in Angriff genommen. Trotzdem entwickelte sich die Durchsetzung des neuen Glaubens nur zögernd, offensichtlich existierten Heiden und Christen in Kent für einige Jahre schiedlich-friedlich nebeneinander. Mit Rücksicht auf die Unbeweglichkeit des Volkes war Æthelberht ohnehin der Meinung, der „Dienst für Christus müsse freiwillig, nicht erzwungen sein".[6] Man kann eben ein ganzes Volk nicht im Handumdrehen bekehren, dafür fehlten schon die strategischen Voraussetzungen wie genügend Priester und Pfarreien. In Rom sah man das anders, deshalb drängte Gregor den König der Kenter zu energischerem Vorgehen. Unverblümt legte er Æthelberht nahe, die Mission mit allen nur denkbaren Mitteln voranzutreiben, und verlangte die Zerstörung der heidnischen Kultstätten.

Gregor war ein kluger Missionstaktiker, deshalb empfahl er seinen Kirchenleuten, die als friedliche Prediger sowieso nicht so hart handeln konnten wie ein König, gleichzeitig ein behutsameres Vorgehen. Man solle, so schrieb er an den nach Kent entsandten Abt Mellitus, der später erster Bischof von London (601/604–617) und dann Erzbischof von Canterbury (619–624) wurde, den rauen Gemütern der Heiden nicht gleich alles Vertraute wegnehmen. Die im Volk so beliebten heidnischen Lustbarkeiten seien durch Kirchweih- und Heiligenfeste zu ersetzen. Die Götterbilder müssten zwar unbedingt zerstört, aber die Heidentempel könnten, wenn sie gut gebaut seien – so des Papstes überraschendes denkmalschützerisches Argument –, erhalten und in christliche Kultorte umgewidmet werden, um den Leuten den Zugang zu erleichtern.[7] Das war zwar zuvorkommend gemeint, dürfte aber die Unterscheidungsfähigkeit der Bevölkerung überschätzt und mit dazu beigetragen haben, dass die Gefahr eines heidnischen Rückfalls bestehen blieb.

Immerhin, als Æthelberht 616 starb, war nicht nur Kent christlich, sondern aufgrund seiner Initiative auch das Nachbarreich Essex seines Neffen Sæberht (vor 604–616/617). Das war schon aus machtpolitischen Gründen notwendig, denn natürlich stellten die heidnischen Nachbarkönigreiche eine Bedrohung des christlichen Kent dar. Zur Sicherung des neuen Glaubens mussten die Herrschaftsverhältnisse stabilisiert werden, und deshalb hat Æthelberht auch seinen Nachfolger als Oberkönig, den machtvollen König Rædwald von East Anglia (†616/627), zum Schritt ins Taufbecken bewogen. Bei Rædwald spielten indes weder Gattin noch Gefolgschaft mit, und so ließ er, wie Beda tadelnd berichtet, in ein und demselben Heiligtum einen Altar für das christliche und einen weiteren Altar für das heidnische Opfer errichten.[8] Die Machtelite von East Anglia hat dennoch dieses Experiment einer großen Koalition der Religionen akzeptiert, war sie doch der Meinung, Christus müsse sich mit den Lokalgöttern arrangieren. Deshalb hat sie Rædwald in sein prachtvolles Grab in Sutton Hoo pagane wie christliche Beigaben gelegt. Dazu gehört neben einem silbernen Löffelpaar mit der griechischen Inschrift „Saulos" und „Paulos" eine kostbare goldene Gürtelschnalle, die zwar mit heidnischer Tierornamentik verziert ist, zugleich aber als Behälter für eine Reliquie genutzt worden sein könnte.

Die Lage in den Königreichen Kent, Essex und East Anglia zeigt sowohl die Erfolge der Mission als auch ihre Schwierigkeiten. Mühsam war es, den neuen Glauben bis in das letzte Dorf zu tragen und vor allem die Menschen zu einem christlichen Lebensstil anzuleiten. Das alles brauchte Zeit, und deshalb kam es in den folgenden Jahrzehnten nicht nur zu Erfolgen, sondern auch zu Rückschlägen.

3. Rückschläge und Erfolge

Folgt man Bedas angelsächsischer Kirchengeschichte, so konnte nichts den Siegeslauf des Christentums aufhalten, weil das dem Willen Gottes für die Engländer entsprach. Geschichte war für ihn eben eine Verlängerung der Heilsgeschichte. Von Rückschlägen berichtet er nur widerwillig, konnte sie aber auch nicht ganz verschweigen. Dass es sie gegeben haben muss, versteht sich von selbst, denn so leicht lässt sich die religiöse Umerziehung eines Volkes nicht bewerkstelligen. Überdies ist durch die Hinwendung zum Christentum mit den heidnischen Priestern ein ganzer Berufsstand arbeitslos geworden, von denen gewiss

etliche in Lauerstellung lagen und auf für sie günstigere Zeiten warteten. Genau das geschah in Kent, dem ersten Brückenkopf Roms bei den Angelsachsen.

Nach dem Tod König Æthelberhts von Kent übernahm dessen Sohn Eadbald (616–640) die Regierungsgeschäfte. Nach Bedas Bericht „fügte er dem noch sehr zarten Wachsen der Kirche großen Schaden zu", weil er es ablehnte, den Glauben Christi anzunehmen.[9] Das lässt aufhorchen. Sollte es Æthelberht tatsächlich nicht geschafft haben, seinen Sohn und Nachfolger von der Notwendigkeit des Religionswechsels zu überzeugen? Hat er, um die Königsherrschaft auf jeden Fall in der Familie zu halten, mit Blick auf einen denkbaren Rückfall seinen Sohn bewusst von der Taufe ferngehalten? Für den Vater erscheint ein solches politisches Kalkül eher unwahrscheinlich, der Sohn aber könnte auch aus persönlicher Abneigung gegen das Christentum durchaus so gedacht haben. Wie dem auch sei, es kam zu einem Rückfall ins Heidentum, denn Eadbald „gab denen die Gelegenheit, zum früher Erbrochenen zurückzukehren, die unter der Herrschaft seines Vaters durch königliche Gunst oder Furcht die Gesetze des Glaubens und der Sittenreinheit übernommen hatten".[10] Das hatte Folgen, denn auch im benachbarten Essex konnten die alten Kräfte triumphieren. Dessen König Sæberht hatte sich von Æthelberht zum Religionswechsel überreden lassen.

Wie in Kent, begannen nach Sæberhts Tod seine Söhne Sæweard, Seaxbald und Seaxred 616/617 in Essex „den Götzendienst, den sie zu seinen Lebzeiten ein wenig eingestellt zu haben schienen, öffentlich auszuüben und den untertanen Völkern freie Erlaubnis zur Götzenverehrung zu geben".[11] Bischof Mellitus von London wurde aus dem Land vertrieben, zog nach Kent und wollte seine Amtskollegen Laurentius von Canterbury und Justus von Rochester überreden, mit ihm die Insel zu verlassen. Laurentius bekam der Fluchtplan schlecht, denn in der Nacht vor der Abreise erschien ihm Petrus, „geißelte ihn mitten in der Nacht lange Zeit ziemlich schwer und fragte ihn mit apostolischer Strenge, warum er die Herde verlasse, die er ihm selbst anver traut hatte". Die handfeste Ermahnung, so erzählt Beda, zeigte Wirkung. Am Morgen begab sich Laurentius zu König Eadbald und „zeigte, nachdem er die Kleider zurückgeschlagen hatte, durch welch starke Schläge er gezeichnet war". Das wiederum überzeugte den König sogleich, er verfluchte den Götzenkult und war fortan „darauf bedacht, die Angelegenheit der Kirche in allem zu besorgen und zu begünstigen".[12] Vollkommen scheint ihm das jedoch nicht gelungen zu sein, denn erst von seinem Sohn und Nachfolger Eorcenberht von Kent (640–664) wird berichtet, dass er als „erster der Könige der Engländer mit herrscherlicher Autorität anordnete, in seinem ganzen Reich die Götzenbilder abzuschaffen und zu zerstören".[13]

In Essex dauerte es bis zur endgültigen Durchsetzung des Christentums unter König Sigeberht II. (653–664) sogar noch länger. Und selbst dann blieb die Spannung zwischen den Religionen noch bestehen, denn als eine verheerende Seuche einen Teil des Landes heimsuchte, fiel der Teilkönig Sighere (664–nach 675) mit Adel und Volk vom Glauben ab. „Sie begannen Tempel, die vernachlässigt worden waren, wiederherzustellen und Götzenbilder zu verehren, als ob sie damit vor der Seuche geschützt werden könnten".[14] König Wulfhere von Mercia (658–675), der die Oberhoheit über Essex innehatte, machte dem Rückfall allerdings rasch ein Ende.

Bedas Berichte über Kent und Essex zeigen, dass die junge Kirche mit erheblichen Schwierigkeiten zu kämpfen hatte. Erstens ging in der Übergangsepoche für das Christentum von den nicht zerstörten heidnischen Kultstätten eine latente Gefahr aus, konnten sie doch in Krisenzeiten schnell reaktiviert werden. Zweitens waren heidnische Priester nicht immer sofort zum Religionswechsel bereit, sondern warteten ab, um unter Umständen den Kult wieder aufnehmen zu können. Drittens schafften es die von der Haltung ihrer Großen und ihres Volkes abhängigen Herrscher trotz intensiver Bemühungen nicht, innerhalb einer Generation das Heidentum ganz zu beseitigen. Viertens veränderte sich die Grundeinstellung der archaischen Gesellschaft kaum.

Man vertraute auf die sakrale Mittlerstellung des Königs und folgte ihm, wenn er zum alten Glauben zurückkehrte. Und fünftens blieb die religiöse Vorstellung unverändert, dass es vor allem auf die lebenspraktische Effizienz des richtigen Ritus ankam, weshalb die Leute in Krisenzeiten schnell bereit waren, es erneut mit den herkömmlichen Kultformen auszuprobieren. Solange diese Punkte noch relevant waren, war auch die junge Kirche in ihrer Existenz gefährdet.

Dennoch ging es voran, und die Bekehrung von König Edwin von Northumbria (616/617–633) brachte um 627 einen wichtigen Durchbruch. Beda erzählt die Geschichte ausführlich, weil sie prototypisch für viele Herrscherkonversionen gewesen sein dürfte. Die Angelegenheit zog sich seit 625 über drei Jahre hin, beginnend mit einer Brautwerbung. Edwin wollte Æthelberg, die Tochter des kentischen Königs Æthelberht, heiraten. Die aber war bereits Christin, und deshalb schickte ihr für sie verantwortlicher Bruder Eadbald die Brautwerber mit ablehnendem Bescheid wieder nach Hause. Edwin jedoch ließ nicht locker und „versprach, überhaupt nichts gegen den christlichen Glauben, dem die Jungfrau anhing, zu tun, ja sogar zu erlauben, dass sie Glauben und Verehrung ihrer Religion mit allen, die mit ihr kämen, Männern und Frauen, Priestern und Dienern, in christlicher Weise ausübe. Und er schloss nicht aus, dass auch er dieser Religion beitreten werde, jedoch nur, wenn sie bei Prüfung durch die Weisen als heiliger und Gott würdiger befunden werden könnte".[15] Nun konnte Hochzeit gefeiert werden. Æthelberg brachte Bischof Paulinus (625–644) mit an den Königshof, so dass fortan in York Heidentum und Christentum nebeneinander bestanden. Man kann sich leicht vorstellen, welche Orientierungskonflikte durch diese Situation heraufbeschworen worden sind. Auch wenn Beda nicht davon berichtet, so werden sich gewiss Paulinus und Coifi (um 627), der Oberpriester der Northumbrier, manches religiöse Streitgespräch geliefert haben. Intensiv wurde am Hof die Frage diskutiert, „welche Religion zu beachten sei".[16] Edwin ließ sich sogar von Paulinus im Glauben unterrichten und beriet sich mit seinen Weisen, „was ihrer Meinung nach in dieser Angelegenheit zu tun sei", aber dennoch zog die Sache sich hin.[17]

Den endgültigen Religionswechsel führte dann die dramatische Stammesversammlung des Jahres 627 herbei. Nach Bedas Bericht muss Edwin zu diesem Zeitpunkt bereits entschieden gewesen sein, zumal er persönlich auf den Opferdienst schon seit längerem verzichtet hatte. Nun aber forderte er kraft seiner religiösen Kompetenz eine Entscheidung. Jeder Ratgeber musste erklären, „wie ihm die bis dahin nicht vernommene Lehre und die Verehrung der Gottheit, die gepredigt wurde, erschien".[18] Zuerst war Oberpriester Coifi an der Reihe. In seiner Ansprache prangerte er die Machtlosigkeit der alten Götter an. „Schon längst habe ich eingesehen, dass das, was wir verehren, nichts ist, weil ich nämlich um so weniger fand, je eifriger ich in diesem Kult die Wahrheit suchte. Nun aber bekenne ich offen, dass in dieser Predigt jene Wahrheit strahlt, die uns die Gaben des Lebensheils und der ewigen Seligkeit zu bringen vermag".[19] Diese frommen Worte hat ihm Beda in den Mund gelegt, was jedoch nichts an der Tatsache ändert, dass Coifi als religiöser Mensch so gedacht haben dürfte. Seine Konsequenz aus der Einsicht in die Machtlosigkeit der alten Götter war dramatisch: „Daher schlage ich vor, König, dass wir die Tempel und Altäre, die wir ohne Nutzen geweiht haben, schnell der Verdammung und dem Feuer übergeben".[20] Die wahrscheinlich vorher mit Edwin abgesprochene Kehrtwende wurde nun zum Programm: Abschaffung des Götzendienstes, Verkündigung des Evangeliums, Annahme des Christentums. Nach der Entscheidung beeilte sich Coifi, den Beweis für die neue religiöse Orientierung anzutreten, und zerstörte die Kultbilder in dem östlich von York gelegenen northumbrischen Zentralheiligtum Godmunddingaham. Die Leute hielten ihn für wahnsinnig, aber als sie sahen, dass Coifi bei der Aktion nicht der Himmel auf den Kopf fiel, erkannten sie die Machtlosigkeit der alten Götter und verstanden, dass ein neues Zeitalter angebrochen war.

Leider berichtet Beda nicht, was im christlichen Northumbria aus dem nun arbeitslosen Oberpriester Coifi geworden ist, der wohl kaum zum Kirchendiener umgeschult werden konnte. Denkbar ist auch das, aber wäre es so gewesen, hätte sich Beda eine solche Gelegenheit zur Verherrlichung des christlichen Sieges sicher nicht entgehen lassen.

Nun kam es in Northumbria darauf an, den neuen Glauben auch im Volk zu verankern. Edwin ging mit gutem Beispiel voran und ließ sich am Ostertag des Jahres 627 taufen. Dazu wurde in York schnell eine Holzkirche errichtet, die bald von einem repräsentativen Steinbau ersetzt werden sollte. Paulinus hatte viel zu tun. „So groß soll damals die Glaubensleidenschaft und der Wunsch nach der Heilstaufe beim Stamm der Northumbrier gewesen sein, dass Paulinus, als er einmal mit dem König und der Königin zur Königshalle kam, die Yeavering heißt, dort 36 Tage mit ihnen blieb und sich der Aufgabe des Glaubensunterrichts und des Taufens widmete. Während all der Tage machte er von morgens bis abends nichts anderes, als das aus allen Weilern und Orten dort zusammenströmende Volk in der Heilsbotschaft Christi zu unterrichten und die Unterrichteten im Fluss Glen, der ganz nahe war, im Bad der Vergebung zu reinigen".[21] Ausgrabungen in Yeavering haben ergeben, dass Paulinus sich dabei genau an die Vorgaben von Papst Gregor gehalten hat, indem er die drei in der Königshalle befindlichen Götterstatuen zerstören ließ, um das Gebäude dann für kirchliche Zwecke nutzen zu können.

Edwins Friedensherrschaft endete jäh, als er am 12. Oktober 633 in der Schlacht von Hatfield im Kampf gegen Penda von Mercia (625/633–655) und Cædwalla von Gwynnedd getötet wurde. „In dieser Zeit fand ein großes Morden in Kirche und Stamm der Northumbrier statt", wie Beda bitter registriert.[22] Der folgenden heidnischen Restauration machte bald König Oswald (634–642) ein Ende und etablierte das Christentum endgültig in Northumbria. Er war einst im irischen Exil getauft worden, und deshalb holte er irische Kleriker zur Unterstützung ins Land, was sich allerdings als Problem erweisen sollte.

4. Ausbau und Konsolidierung

Die Begegnung der Angelsachsen mit dem Christentum seit der Landung der ersten römischen Missionare auf der Insel im Jahre 597 verlief spannungsreich, rasche Erfolge und verzögernde Rückschläge wechselten einander ab. Das ist nicht weiter verwunderlich, denn die Annahme des neuen Glaubens bedeutete einen Bruch mit der bisherigen Kultur und forderte einen Neuanfang. In der Konfrontation der beiden Religionen prallten die unterschiedlichen Kulte mit ihren jeweiligen Benutzungsregeln aufeinander, und dabei konnten Konflikte naturgemäß nicht ausbleiben. Aber im Laufe des 7. Jahrhunderts wurden doch die Widerstände überwunden, so dass schließlich alle Königreiche zumindest nominell als christlich gelten konnten.

In Kent, wo die ganze Geschichte begann, galt der neue Glaube seit der Regierungszeit von König Eorcenberht uneingeschränkt. In Essex konnte er nach mancherlei Krisen erst in der zweiten Hälfte des 7. Jahrhunderts endgültig durchgesetzt werden. East Anglia hatte zwar schon früh unter König Rædwald Kontakt mit der Kirche, aber erst nach dem Herrschaftsantritt von König Sigeberht im Jahre 630/631 konnte die Christianisierung durchgeführt werden. Northumbria galt seit der Regierung von König Oswald ab 634 als christlich. Das Königreich Mercia stand lange unter der Herrschaft des Heiden Penda, der aber immerhin seit 652 die Missionspredigt in seinem Land gestattete, so dass sich unter seinen Söhnen Peada (654–656) und Wulfhere das Christentum durchsetzen konnte. Auch in Wessex war nach der ersten Aufnahme des neuen Glaubens unter König Cynegisl (611–643) eine heidnische Reaktion erfolgreich, bevor er sich unter Cenwealh (643–674) zu stabilisieren vermochte. Relativ spät vollzog schließlich auch Sussex in der Zeit von König Æthelwalh (vor 674–680/685) den Religionswechsel.

In der zweiten Hälfte des 7. Jahrhunderts kam es darauf an, das Christentum bei den Angelsachsen zu stabilisieren, also den Übergang von der Mission als der Erstbegegnung von Heiden und Christen zur Christianisierung als der christlichen Erziehung des Volkes zu vollziehen. Das war alles andere als leicht, denn es ist im Grunde einfacher, auf den Marktplätzen eine zum Religionswechsel einladende Predigt zu halten als dauerhafte kirchliche Strukturen aufzubauen. Das verlangte eine ungeheuere Kraftanstrengung, musste doch von der Versorgung der Ortschaften mit Priestern und deren Ausstattung mit liturgischem Gerät über den Kirchenbau bis hin zur Schaffung von Diözesanverbänden alles gleichsam aus dem Nichts geschaffen werden. Eine solche Leistung beanspruchte nicht nur viel Zeit, sondern bedurfte auch vielfältiger sachlicher und personeller Hilfe. Sie musste von Rom und vor allem von den Landesherren gewährt werden, denn nur von ihnen konnten Finanzmittel und Grundstücke kommen, um Kleriker ausbilden und Kirchengebäude errichten zu können. Sie haben diese Hilfe in der Regel gerne gegeben, wussten sie doch um den Nutzen einer gut funktionierenden Kirchenordnung für die Stabilisierung ihrer Herrschaft.

An erster Stelle all dieser Bemühungen stand die Versorgung möglichst vieler Orte mit Priestern, so dass jeder Bewohner in erreichbarer Nähe eine Kirche vorfinden konnte. Dahalb musste in unmittelbarem Zusammenhang mit der Mission sofort mit der Einsetzung von Priestern, der Errichtung von Kirchengebäuden auf dem Lande und der Gründung von Klöstern als Zentren der Klerikerausbildung begonnen werden. Waren in heidnischer Zeit die Kultplätze meist außerhalb in der Natur, so rückten nun die Kirchen aus Holz oder Stein in das Zentrum der Siedlungen, ein für alle unübersehbarer Kulturwandel, der gewiss mit Herausforderungen und Schwierigkeiten verbunden war. Um dauerhafte Erfolge zu erzielen, war nach dem Verbot der paganen Kulte die Schaffung neuer sakraler Räume eine dringende Notwendigkeit, um dem Volk Kristallisationspunkte der Verehrung anbieten zu können.

Vorbildlich in Rat und Tat war dabei Papst Gregor der Große. Als die Mission in Kent weitgehend abgeschlossen war, entsandte er

Peterskirche von Monkwearmouth, spätes 7. Jh. In das 674 von Benedict Biscop gegründete Kloster ist Beda 680 als Oblate aufgenommen worden und verblieb dort und in Jarrow bis zu seinem Tod 735.

weitere Mitarbeiter sowie „all die Dinge, die für den Gottesdienst und den Dienst der Kirche notwendig waren, nämlich heilige Gefäße und Altargewänder, auch Kirchenschmuck und Priester- und Klerikerkleider, desgleichen Reliquien der heiligen Apostel und Märtyrer und auch sehr viele Bücher".[23] Dieser Bericht Bedas setzt voraus, dass Augustinus und seine Mitstreiter bereits Ausbildungsstätten gegründet, kirchlichen Nachwuchs herangezogen und Kirchen erbaut hatten. Für die weitere Entwicklung ordnete Gregor die Einrichtung der Erzbistümer London und York mit jeweils zwölf ihnen unterstellten Bistümern an. Auch wenn dieser Strukturplan am grünen Tisch entstanden war und in keinerlei Weise den tatsächlichen Möglichkeiten entsprach, verdeutlicht er gleichwohl das zeitnahe Bemühen um organisatorischen Aufbau. Leicht zu bewerkstelligen waren diese Aufgaben nicht. Die Gründung von Bistümern in Missionsgebieten war stets eine Option für die Zukunft,

denn keiner konnte wissen, ob sich der neue Glaube wirklich halten und ausbreiten würde.

Neben diesen organisatorischen und strukturellen Maßnahmen kam der geistlichen Bildung des Volkes der höchste Stellenwert zu, denn auf lange Sicht konnte die Mission nur dann als erfolgreich bezeichnet werden, wenn es in dem Prozess der Christianisierung gelang, den neuen Glauben auch in den alltäglichen Verhaltensweisen der Bevölkerung zu verankern. Neben dem Kampf gegen die sich beharrlich haltenden Überreste paganer Vorstellungen, wie sie sich in der gleichzeitigen Produktion von Götterfiguren und christlichen Kreuzen (Stanton) zeigen, beinhaltete das vor allem die Vermittlung von Glaubenslehre und christlicher Ethik sowie die Einschärfung kirchlicher Vorschriften. Eine Methode dabei war es, die religiösen Bedürfnisse des Volkes auf die Verehrung der Heiligen und ihrer Reliquien zu lenken. Dazu wurden etliche Heiligenviten geschrieben, die den

Stanton-Kreuz, angelsächsisch, 1. Hälfte 7. Jh. Gleicharmiges Kreuz aus einer Goldscheibe, auf der aus Almandinen bestehende Zierfelder befestigt sind. Die in Stanton bestattete Frau wurde in heidnischer Manier in ihrer Tracht beigesetzt, bekannte sich aber zum Christentum.

Klerikern als Vorlage ihrer Predigten dienen konnten. Sie übersetzten die Bibel in das alltägliche Leben, indem sie deren Aussagen imitierten und inszenierten. Das und die volkssprachige Bibeldichtung waren schon deshalb von zentraler Bedeutung, weil die pagane Gesellschaft aus den mündlich überlieferten Heldenliedern ihre Verhaltensnormen ableitete. Jetzt galten neue Regeln, die der Bevölkerung erst einmal vermittelt werden mussten. Auch dafür waren lange Zeiträume erforderlich, und es konnte nicht ausbleiben, dass manche religiösen Vorstellungen gleichsam unter verändertem Vorzeichen erhalten blieben. Wenn die Kirche Erfolg haben wollte, musste sie in den Fundamenten der Glaubenslehre kompromisslos sein bei gleichzeitiger Elastizität in nebensächlichen Fragen.

Beispielhaft zeigt sich dieses flexible Vorgehen in einem Missionsbüchlein, das Papst Gregor der Große im Juli 601 seinen Leuten nach England geschickt hat, nachdem ihn zuvor Augustinus in einer ganzen Reihe von zum Teil kleinlichen Problemen um Rat gebeten hatte. Der Papst antwortete ausführlich und empfahl seinem Missionar, bei kultischen Bestimmungen in eigener Verantwortung zu handeln. „Ich bin dafür, dass du das, was du entweder in der römischen Kirche oder in der

der Gallier oder in irgendeiner anderen findest und was dem allmächtigen Gott besser gefallen könnte, sorgfältig auswählst und in der Kirche der Engländer, die im Glauben noch neu ist, das, was du von vielen Kirchen übernehmen konntest, durch eine ausgezeichnete Einführung verbreitest".[24] In Fragen des Eherechts und der Sexualität etwa reagierte Gregor mit pastoraler Rücksichtnahme und gewährte den Neuchristen gewissermaßen eine Übergangsfrist, um sich an die kirchlichen Gebote zu gewöhnen. „In dieser Zeit verbessert nämlich die heilige Kirche einiges durch Eifer, duldet einiges durch Milde, übersieht einiges durch Besonnenheit und erträgt und übersieht nur insofern, als sie häufig das Böse, dem sie entgegentritt, durch Ertragen und Übersehen unterdrückt".[25] Während die Missionare vermutlich aus Angst, kirchenrechtliche Vorschriften zu verletzen, bisweilen zur Gesetzlichkeit neigten, verfolgten die Päpste eine gelassenere Sicht der Dinge. Die Sorge, bei den Benutzungsregeln der neuen Religion Fehler zu begehen, mag vor allem bekehrte Herrscher bewegt haben, die ihrer sakralen Verantwortung weiterhin nachkommen wollten. Deshalb wollten sie möglichst für jedes Problem eine eindeutige Vorschrift haben. Es brauchte eben seine Zeit, die Neuchristen zu christlicher Eigenverantwortung zu erziehen.

Andere Probleme kamen hinzu. So gefährdeten in der zweiten Hälfte des 7. Jahrhunderts in Northumbria die Unterschiede zwischen irischen und römischen Kultgebräuchen den Kirchenfrieden und hätten sich sogar zu einer Krise für die politische Einheit auswachsen können. König Oswald hatte irische Kleriker ins Land gerufen, und auch unter seinem Nachfolger Oswiu (642–670) prägten sie das kirchliche Leben. Da aber Northumbria ursprünglich von römischen Missionaren christianisiert worden war, kam es wegen bestimmter Gebräuche zu Konflikten. Vor allem der Termin des Osterfestes machte Probleme. „So soll es", wie Beda erzählt, „manchmal vorgekommen sein, dass in einem Jahr Ostern zweimal gefeiert wurde, und als der König [Oswiu, nach irischem

Brauch] nach beendetem Fasten den Ostersonntag beging, die Königin [Eanflæd, nach römischem Brauch] mit den Ihren noch beim Fasten war und Palmsonntag feierte".[26] Das konnte nicht angehen, und deshalb berief im Jahre 664 König Oswiu zusammen mit den Bischöfen und Priestern eine Kirchenversammlung in das Kloster Streanaeshealh ein, die als Synode von Whitby bekannt geworden ist. Ziel war die Herstellung der Einheit. Es kam zu einer langen Redeschlacht zwischen den Vertretern der beiden Richtungen, bei der es letztlich um die Frage ging, wer den mächtigeren Fürsprecher auf seiner Seite habe. Die Iren beriefen sich auf den Evangelisten Johannes, während die Römer auf Petrus setzten. Da dieser immerhin die Schlüssel zum Himmelreich besaß, hatten sie die besseren Karten. Oswiu fragte schließlich die Iren, ob sie "etwas von solch großer Kraft vorzuweisen" hätten wie Petrus. Das hatten sie nicht, und deshalb stellte der König fest: "Und ich sage euch, dieser ist jener Pförtner, dem ich nicht widersprechen will; sondern soweit ich weiß und kann, möchte ich seinen Anordnungen in allem folgen, damit nicht dann, wenn ich zufällig zur Pforte des Himmelreiches komme, niemand da ist, der aufmacht, weil der sich abgewendet hat, der erwiesenermaßen die Schlüssel besitzt".[27] Damit war die Sache klar, König Oswiu hatte kraft seiner sakralen Verantwortung die Entscheidung getroffen und fortan feierte man in Northumbria Ostern nach dem römischen Festkalender. Mag der Anlass der Auseinandersetzung auch eine Nebensächlichkeit gewesen sein, so ging es der römischen Partei wohl vor allem darum, den irischen Sonderweg mit seinem bedrängenden Rigorismus endgültig auszuschalten.

Dieser Beschluss von Whitby aus dem Jahre 664 war dann auch das Fundament für die Einheit und Organisation der englischen Kir-

che und somit für deren endgültige Christianisierung, die auf der Synode von Hertford bei London am 24. September 672 durch Erzbischof Theodor von Canterbury (602–690) weitgehend abgeschlossen werden konnte. In seiner Eröffnungsansprache betonte er, dass "die Dinge, die der Einheit des kirchlichen Friedens entsprächen, sorgfältig zu beachten seien".[28] Diese Bemühungen bestärkte eine weitere Synode, die am 17. September 679 in Hatfield bei York ebenfalls unter Theodors Leitung zusammentrat und die angelsächsische Kirche auf den Kurs Roms einschwor.[29] Übrigens fanden diese beiden Versammlungen ohne königliche Beteiligung statt, ein deutlicher Beleg für das gewachsene Selbstbewusstsein der Kirche. Sie konnte es sich leisten, denn nun gab es in England nur noch die eine Kirche, aber noch immer sieben Königreiche.

Um 700 war das Christentum mit seiner Kirchenstruktur in England endgültig gefestigt, die Diözesen waren geordnet und ein kanonisches Verfassungsgerüst war aufgebaut. Wegweisend für die Zukunft war dabei das neu definierte Amt des Erzbischofs, das nur von Rom verliehen werden konnte und damit verhinderte, dass sich einzelne Landeskirchen von der Zentrale abkapselten. Darüber hinaus fasste es mehrere Diözesen zu einem größeren Verband zusammen. Da dieser wiederum mit den Königreichen deckungsgleich war, konnten sich Kirche und Reich zur allseitigen Zufriedenheit gegenseitig stabilisieren. Nach dem Beginn der Mission im Jahre 597 war es innerhalb eines knappen Jahrhunderts gelungen, die angelsächsische Landeskirche aufzubauen. Sie war Rom verbunden und sollte es bleiben, bis König Heinrich VIII. (1509–1547) sich 1534 aufgrund seiner Ehegeschichten von den Päpsten lossagte und die anglikanische Staatskirche gründete.

IV.

Missionsinitiativen in einer barbarischen Gesellschaft: Frankenreich

1. Irische Impulse

Als im Jahre 596 Augustinus und seine Gefährten in Rom zur Mission bei den Angelsachsen aufbrachen, hatten sie nach der ersten Etappe per Schiff den langen Marsch durch das Frankenreich vor sich, der sie von Marseille zur Kanalküste führen sollte. Während diese Gruppe nach Nordwesten zog, machte sich etwa zur gleichen Zeit ein Trupp aus Irland auf den genau entgegengesetzten Weg. Columban der Jüngere (543–615) war es, der kurz nach 590 mit zwölf Jüngern an der Küste der Bretagne landete und sich anschickte, unter den Franken zu wirken. Nötig hatten diese die Mission eigentlich nicht mehr, denn sie galten bereits seit hundert Jahren als Christen, konnten aber wegen erster Verfallserscheinungen durchaus frische Impulse gebrauchen. Dass die Iren auf dem Kontinent nachhaltigen Erfolg hatten, ist überraschend, denn ihre monastische Askese passte so gar

nicht zu der aus der Spätantike überkommenen bischöflichen Kirchenorganisation des Frankenreiches. Außerdem waren es nur wenige Persönlichkeiten, die das irofränkische Mönchtum begründeten und innerhalb weniger Generationen explosionsartig für zahlreiche Klostergründungen sorgten. Man wird diesen Beginn einer neuen Epoche der abendländischen Klostergeschichte nur damit erklären können, dass das irische Konzept der Christusnachfolge auf fruchtbaren Boden fiel. Diese Aufnahmebereitschaft gilt in besonderem Maße für den fränkischen Adel. Das verschaffte den Iren zwar Vorteile, machte sie aber auch von der Unterstützung durch die Führungsschicht des Landes abhängig, so dass Erfolg oder Misserfolg oft nahe beieinander lagen. Bevor jedenfalls die Angelsachsen mit ihrer Romorientierung das Frankenreich auf einen neuen Kurs brachten, beherrschten für ein Jahrhundert die von Rom unabhängigen irischen Mönche das Feld.

Columban der Jüngere also war der Erste. Missionsabsichten hatte er nicht, als er kurz nach 590 festländischen Boden betrat, vielmehr folgte er dem irischen Ideal der Peregrinatio. Damit hatte er bereits als junger Mann begonnen, wie sein Biograph Jonas von Bobbio († nach 659) zu berichten weiß. Als er sich nämlich durch das vollmächtige Wort einer Einsiedlerin zum Verlassen der Welt und damit auch der Eltern berufen fühlte, wollte seine Mutter das verhindern und stellte sich ihm in den Weg. Columban „forderte sie auf, ihn gehen zu lassen. Sie jammerte laut, warf sich auf den Boden und schrie, sie werde es niemals zulassen. Da stieg er über die Schwelle und über die Mutter hinweg und forderte sie auf, sich zu freuen. Zwar werde sie ihn in diesem Leben niemals mehr wiedersehen, denn er werde dorthin gehen, wohin ihn der Weg des Heils führen sollte".[1] Dieser Weg brachte den um 543 geborenen Columban zunächst in das Kloster Bangor an der Nordostküste Irlands. Die nächste Askesestufe erklomm er dann, als er mit der Apostelzahl von zwölf Gefährten die Abgeschiedenheit des Klosters verließ und nach Gallien zog.

Dort fand Columban rasch die Unterstützung von Adel und Königtum. König Gunthram (561–593) überließ ihm ein verfallenes Kastell am Westhang der Vogesen, in dem er das Kloster Annegray einrichtete. Schon bald war es mit 200 Mönchen überfüllt, und Columban gründete wenig später das Kloster Luxeuil, das zum Zentrum der irofränkischen Mönchsbewegung werden sollte, und danach Fontaine. Columbans Grundidee war es, sich durch Askese mit dem erniedrigten und gehorsamen Jesus Christus zu vereinen und das Leben als Weg und Aufstieg zur himmlischen Heimat zu verstehen. Seine Klostergemeinschaft sah er als die eigentliche Kirche an und errichtete daher seine Klöster entgegen der Vorschrift ohne bischöfliche Genehmigung. Indem sie sich dadurch aus der Jurisdiktion des zuständigen Bischofs lösten und nach irischem Vorbild selbst Bischöfe weihten, bildeten sie gewissermaßen eine Kirche in der

Kirche. Damit waren natürlich Konflikte vorprogrammiert. Die etablierten fränkischen Kirchenführer wurden als dekadent angesehen, was zwar übertrieben, aber eben auch nicht ganz falsch war. Vor allem die andere Lebensweise und Kultur der Iren forderte sie heraus. Solange jedoch die Führungsschicht des Landes Columban unterstützte, konnten sie kaum etwas gegen den Ausländer unternehmen. In der Tat wurden vor allem die Adelsfamilien von dem asketischen Programm angezogen, viele ihrer Söhne unterwarfen sich dem strengen Leben und traten in die Klöster ein. Zu dieser Entwicklung mag beigetragen haben, dass die Elite auf diese Weise mit christlichen Mitteln ihre eigene Führungsstellung zu legitimieren und zu festigen versuchte. Heils- und Herrschaftssicherung gingen eine fruchtbare Symbiose ein. Der Erfolg der Klosterbewegung war jedenfalls grandios. Am Ende des 6. Jahrhunderts gab es in Gallien etwa 220 Klöster, ein Jahrhundert später waren es schon rund 550. Die von Columban angestoßene monastische Bewegung hat das Kirchenleben im gesamten Mittelalter nachhaltig beeinflusst.

Aber konfliktfrei vollzog sich diese Entwicklung nicht. Streit gab es mit den fränkischen Bischöfen wegen irischer Sonderbräuche wie des abweichenden Ostertermins. Das ließ sich aushalten, schlimmer wirkten sich jedoch Spannungen mit dem merowingischen Königshof aus. Fast zwanzig Jahre lang hatte Columban unbehelligt arbeiten können, dann zog er sich den unbändigen Zorn der Königin Brunichilde († 613) zu. Anlass der Auseinandersetzung war im Jahre 609 das Verlangen Brunichildes, Columban möge die einem Konkubinat entsprossenen Söhne ihres Enkels segnen. Der Gottesmann aber weigerte sich schroff und entgegnete: „Sei dir bewusst, diese werden nie das königliche Zepter tragen, denn sie stammen ja aus den Bordellen".[2] Das wollte die Königin nicht hinnehmen und setzte schließlich 610 die Ausweisung des Iren durch. Von Nantes aus sollte ihn ein Schiff nach Irland zurückbringen, es wurde jedoch an Land zurückgetrieben. Nach manchem Hin und Her fand Columban bei den Alamannen ein neues Wirkungsfeld. In dem Gebiet des alten provinzialrömischen Rätien lebten Christen und Heiden nebeneinander, und so konnten die Iren hier erstmals wirkliche Volksmission betreiben. Nach einem Jahr am Bodensee zog Columban dann über die Alpen an den langobardischen Hof in Mailand. König Agilulf (†615/616) überließ ihm eine halb zerfallene Basilika in Bobbio am Apennin, die er wiederherstellte und zum Kern eines neuen Klosters machte. Dort ist Columban am 23. November 615 gestorben.

Zu den größten Leistungen des Klosterlebens gehört die Neubewertung der Arbeit. Das viel zitierte *ora et labora*, bete und arbeite, steht zwar nicht in der Mönchsregel des Benedikt von Nursia (um 480–555/560), war aber fester Bestandteil des Tagesablaufs. Fünf bis acht Stunden Handarbeit sah Benedikt vor, denn die Mönche sollten nach biblischem Vorbild von ihrer Hände Arbeit leben. Die arbeitsfreie Zeit, ein Ideal der über Heerscharen von Sklaven verfügenden Antike, galt dem Vater des abendländischen Mönchtums als Müßiggang und Feindin der Seele. In den Klöstern Columbans kam man schon deshalb um Arbeitseinsätze nicht herum, weil sie weit außerhalb der Städte lagen und die Gegend erst einmal kultiviert werden musste. Diese beispielhaft vorgelebte Arbeit wurde zu einem Beleg ernsthafter Christlichkeit und entwickelte sich zu einem allgemein verpflichtenden Ethos. Die Landschenkungen, die manchen großen Klöstern zuflossen, waren allerdings meist Sklavenbetriebe. Hier sorgte die irofränkische Mönchsbewegung für eine allmähliche Wende, denn es bildeten sich Grundherrschaften heraus, auf deren dienst- und zinspflichtigen Unterhöfen Sklaven sesshaft gemacht wurden, was im Endergebnis zur Aufhebung der Sklaverei führte. Kurzum, die Begründung des neuen christlichen Arbeitsethos ist eine der welthistorischen Leistungen des Christentums.

Columban hat all dies natürlich nicht allein vollbracht, eine ganze Reihe von Iren ist unter seinem Einfluss auf dem Kontinent aktiv gewesen. Zu ihnen gehörte sein Gefährte Gallus (†um 650), der, ganz sicher ist es nicht, mit

ihm auf den Kontinent gereist ist. Er hat das columbanische Mönchtum im südalamannisch-rätischen Grenzraum vertreten und sich vor allem in der Gegend um Bregenz darum bemüht, die heidnisch-christliche Mischbevölkerung auf den rechten Weg der Christusnachfolge zu bringen. Gallus führte ein hartes Leben voller asketischer Strenge, schlug den ihm angebotenen Bischofsstuhl von Konstanz ebenso aus wie die Abtsnachfolge in Luxeuil und hielt es für richtiger, als Eremit zu leben. Energisch zog er gegen das Heidentum zu Felde und schaffte sich mit der Zerstörung mancher Götzenbilder nicht nur Freunde. Als er einmal am Bodensee auf drei Alamannen traf, die sich zwar als Christen bezeichneten, aber trotzdem aus einem großen Bierhumpen „Wodans-Minne" tranken, stürzte Gallus ihnen das Gefäß um. Er war wahrhaftig ein tapferer Mann, der es wagte, Deutschen ihr Bier auszuschütten. Ob die Trinker dann brave Christen geworden sind, ist nicht überliefert. Berühmt ist die Legende mit dem Bären. Gallus zog einst mit einem Begleiter an der Steinach entlang. Am Abend suchten sie sich einen Ruheplatz, fingen etliche Fische, entfachten ein Feuer und bereiteten sich eine Mahlzeit. Als sie sich hingelegt hatten, kam ein Bär und fraß die Reste der Mahlzeit auf. „Der von Gott erwählte Gallus sprach zu ihm: ‚Bestie, ich befehle dir im Namen Jesu Christi, lies Holz auf und wirf es ins Feuer.' Sofort drehte sich der Bär um, trug einen gewaltigen Holzklotz herbei und warf ihn ins Feuer. Der Mann Gottes reichte ihm zum Lohn für eine solche Leistung ein Stück Brot".[3] Anschließend gebot Gallus dem Bären, die Gegend zu verlassen und weder Mensch noch Vieh zu bedrängen. Aufgrund dieser hübschen Geschichte wurde der Bär zum Attribut des Heiligen und zum Wappentier von St. Gallen. Mit der Abtei St. Gallen hat Gallus allerdings weniger zu tun, ihre Entwicklung beginnt erst im 8. Jahrhundert mit dem Alamannen Otmar (um 689–759), der 719 dorthin kam. Das bald berühmt gewordene Kloster benötigte jedoch eine große Gründergestalt, und dafür eignete sich Gallus gut. Um 650 ist er in Arbon gestorben, angeblich als 95-Jähriger.

Gallus und der Bär,
Gallus-Legende von
1452

Auch noch andere Schüler Columbans ließen sich zur Mission motivieren. Audomar (†um 670), ein Mönch aus Luxeuil, war seit 639 Bischof von Thérouanne (Dép. Pas-de-Calais) und christianisierte die nordgallische romanisch-fränkische Mischzone. Amandus (um 600–676/684), der Apostel der Belgier, wirkte als Missionsbischof ohne festen Sitz im fränkisch-friesischen Grenzgebiet und unternahm sogar Missionsreisen zu den Basken in den Pyrenäen und den Slaven an der Donau. Ebenfalls im Frankenreich aktiv waren die einer vornehmen irischen Familie entstammenden Brüder Fursa (†649/650), Foillan (†um 655) und Ultan (†nach 655).

Auch wenn die irische Bewegung auf dem Kontinent am Ende des 7. Jahrhunderts an Kraft verlor und von den Aktivitäten der Angelsachsen abgelöst wurde, hat sie doch entscheidende Impulse für die weitere Christianisierung des Frankenreichs gegeben. Eine universalmissionarische Perspektive hatten die Iren um Columban wohl noch nicht, sie waren in erster Linie Asketen und wirkten dadurch anziehend. Aber ihre Klöster haben die weitere Entwicklung der Kirche nachhaltig beeinflusst. So war der Erfolg der Iren durchaus von Dauer, auch wenn sie ihre Führungsrolle mit dem Aufstieg der Karolinger bald an die angelsächsischen Missionare abgeben mussten.

2. Neuanfänge im Südosten

In der Spätantike ist der süddeutsche Raum weitgehend christianisiert gewesen. Auch dort hat die Völkerwanderungszeit zu einem Umsturz geführt, denn die Alamannen, Schwaben und Bayern als die neuen Herren waren Heiden und verdrängten die romanisierte Bevölkerung. Restbestände des christlichen Glaubens werden sich gleichwohl erhalten und zu einem spannungsreichen Nebeneinander der Religionen geführt haben. Sie sind allerdings nur schwer erfassbar. Die ersten schriftlichen Zeugnisse zur Mission in Bayern handeln von Eustasius († 629), Columbans Nachfolger in Luxeuil, der nach 615 im Lande predigte und viele Menschen zum Christentum bekehrt haben soll. Auch nahm nicht zuletzt aus machtpolitischen Gründen der Druck seitens der fränkischen Machthaber zu. Da überdies die Langobarden im Süden die arianische Spielart des Christentums angenommen hatten, gerieten die germanischen Heiden im Südosten in eine Zwickmühle. Trotzdem bleiben die Spuren der irofränkischen Mission hier diffus, und erst um 700 scheint die Konkurrenz der Religionen abgeebbt und die Kirche allmählich zur bestimmenden Macht geworden zu sein.

Im Gegensatz zu der dürftigen schriftlichen Überlieferung hat die Archäologie eindrucksvolle Zeugnisse für die fortschreitende Christianisierung im 7. Jahrhundert geliefert. Spätestens seit dieser Zeit kann es bei Alamannen und Bayern keine einheitliche religiöse Orientierung mehr gegeben haben, denn in einer längeren Phase um 700 wurden allmählich die von allen Bewohnern gemeinschaftlich genutzten Reihengräberfelder zugunsten anderer Bestattungsformen aufgelassen, ein Prozess, der auf einschneidende gesellschaftliche Veränderungen verweist. Interessanterweise verlief diese Entwicklung nicht einheitlich, sondern zeitlich gestreckt und mit unterschiedlichen Akzentsetzungen. Zunächst waren es Familien der sozialen und wirtschaftlichen Oberschicht, die im süddeutsch-alamannischen Raum um 600 ihre Toten auf kleinen separaten Friedhöfen auf eigenem Landbesitz begruben. Bald gingen sie noch einen Schritt weiter und betteten ihre Angehörigen innerhalb oder bei einer Kirche, die sie selbst errichtet hatten. Diese eindeutig christliche Sitte der adligen Bestattung breitete sich im 7. Jahrhundert rasch aus und belegt, welche Fortschritte die Christianisierung in Alamannien und Bayern machte. Baugestalt und Patrozinien dieser Kirchen verweisen eindeutig auf fränkische Einflüsse. Das gilt jedoch nicht flächendeckend, denn in bestimmten Gebieten wurden die Toten auch weiterhin in Gemeinschaftsgräberfeldern oder Privatfriedhöfen bestattet, allerdings mit einem ganz charakteristischen Detail. Es kam nämlich die Sitte auf, einzelnen verstorbenen Christen ein Tuch über den Kopf und Oberkörper zu breiten, auf dem sich ein Gold-, Silber- oder Seidenblattkreuz befand. Sie stammt aus dem italisch-mediterranen Bereich. Offensichtlich gab es Verbindungen zwischen Süddeutschland und Oberitalien, so dass dieser Totenbrauch von christlich gesinnten Angehörigen vor allem der alamannischen Oberschicht in ihre Heimat nördlich der Alpen übertragen worden ist.

Dieser Brauch hat nicht unbedingt etwas mit Mission zu tun, es dürfte sich eher um eine Modeerscheinung handeln, die allerdings einen handfesten Hintergrund hatte. Es stellt sich nämlich die Frage, warum in regional gut abgrenzbarer Weise diese beiden Ausdrucksformen christlicher Bestattung verwendet worden sind. Hier kommt nun die Politik ins

Spiel, denn es spricht viel dafür, dass die mit Goldblattkreuzen ausgestatteten Toten zu Familien gehörten, die Anhänger eines traditionell nach Süden orientierten Christentums waren, während die in Kirchen Bestatteten dem fränkisch geprägten Glauben anhingen. Die „Goldblattkreuz-Christen" gingen offenbar auf Distanz zu der fränkischen Kirche und ihrer Mission, weil sie deren politischen Machtanspruch ablehnten und den drohenden Verlust ihrer Selbstständigkeit vorhersahen. Das aber würde bedeuten, dass es in der Zeit um 700 in Süddeutschland einen Konkurrenzkampf zwischen zwei rivalisierenden kirchlichen Orientierungen gegeben hat. Das wäre ein erneuter Beleg für die Tatsache, dass die Mission immer auch im Schatten machtpolitischer Pläne stand.

Da der fränkische Einfluss in Süddeutschland politisch immer stärker wurde und auch die Mission als Mittel der Machtausdehnung und -festigung herhalten musste, fand die Auseinandersetzung auch in den Grabausstattungen ihren Niederschlag. Die westliche Antwort auf die südliche Sitte der Goldblattkreuze waren vornehmlich die Brakteatenfibeln. Sie zeigen Kreuzdekor, rückwärts auf ein Kreuz schauende Vögel als Symbol der Auferstehung, beidseits eines Kreuzstabes stehende Menschenpaare, Vögel am Lebensbaum oder sogar das Antlitz Christi. Diese Fibeln mit ihrer reichen Ikonographie stammen eindeutig aus dem christlichen Gebiet an Rhein und Mosel und stellen gleichsam Bekenntnisabzeichen der fränkischen Mission dar. Im späteren 7. Jahrhundert breiteten sie sich bei Alamannen und Bayern immer mehr aus und verdrängten die Goldblattkreuze, ein deutlicher Beleg für den Sieg der fränkischen Reichskirche und der hinter ihr stehenden politischen Macht. Sie setzte dann auch die endgültige Schließung der Gemeinschaftsgräberfelder zugunsten einer Bestattung bei einem christlichen Sakralbau durch. Die kleinen Privatkirchen des Adels wurden in Pfarrkirchen umgewandelt und somit in die Struktur einer flächendeckenden Kirchenorganisation überführt. Diese allein über die archäologische Forschung nachweisbare Entwicklung vollzog

sich im 7. und frühen 8. Jahrhundert, und sie war die Grundlage für das Wirken der Missionare. Auch für sie ist die Quellenlage nicht gerade günstig. Vor allem lässt sich nur schwer trennen zwischen ursprünglicher Missionsarbeit und dem Auf- und Ausbau einer Bistumsorganisation.

Bekannte Namen wie Emmeram († um 680), Kilian († um 689), Rupert († 716) und andere täuschen darüber hinweg, dass es aufgrund der eben skizzierten Veränderung viele namenlose Missionare gegeben haben muss, die ihnen den Boden bereitet haben. Diesen Männern hat man keine Vita gewidmet, sie sind nicht zu Heiligen aufgestiegen, und deshalb geraten sie leicht in Vergessenheit. Aber auch von der Arbeit der Berühmtheiten weiß man, wenn überhaupt, nur wenig. So zum Beispiel von Emmeram, der dem Kreis von Luxeuil zuzurechnen ist und seinem Hagiographen Arbeo von Freising († 783) zufolge Bischof von Poitiers war, bevor er sich Ende des 7. Jahrhunderts vom Missionseifer anstecken ließ und zu den heidnischen Avaren ziehen wollte. Über Regensburg ist er allerdings nicht hinausgekommen, denn als er dort Herzog Theodo (vor 696–ca. 717/718) von seinem Plan berichtete, erklärte dieser ihm, das ginge nicht, da er mit den Avaren im Streit liege. Vielmehr solle er sich um die Festigung und Reform der Kirche kümmern. Theodo war ein ideenreicher Mann, pflegte Kontakte zu anderen Herrschern, verteidigte sein Land gegen die Avaren, berief Reformbischöfe wie Emmeram, Rupert und Korbinian (680–um 728/730) und zog 715 als erster bayerischer Herzog über die Alpen nach Rom, um mit dem Papst einen Organisationsplan für seine Landeskirche zu entwerfen. Damit wollte er kirchliche Eigenständigkeit erlangen, was er freilich nie geschafft hat. Übrigens ist es auffällig, dass Theodo in Rom nicht um die Entsendung von Missionaren bat, ein deutlicher Hinweis auf die schon fortgeschrittene Christianisierung des Landes.

Emmeram sollte in Regensburg Theodo bei der Umsetzung dieses Entwurfs helfen, aber auch dazu ist es nicht gekommen. Denn schon nach drei Jahren fand seine Tätigkeit,

Das Frankenreich
im 7. Jh.

über die man praktisch nichts erfährt, ein dramatisches Ende. Uta, die Tochter des Herzogs, hatte sich, „durch ihre böse Begierde und die Einflüsterungen des Teufels verführt", mit dem Sohn eines Richters eingelassen. Als die Folgen offensichtlich wurden, suchten die beiden Rat bei Emmeram. Der ahnte, welches Schicksal Uta erwarten würde, und „bot sich dar, eine fremde Sündenschuld auf sich zu nehmen".[4] Es kam, wie es kommen musste. Die schwangere Tochter wurde vor ihren Vater geführt, scharf befragt und „gestand, dass dies durch sträflichen Umgang mit dem Bischof geschehen sei".[5] Während des Verhörs befand Emmeram sich bereits auf dem Weg nach Rom. Lantpert aber, der Bruder Utas, setzte ihm nach, erwischte den Gottesmann in Helfendorf und ließ ihn zu Tode martern.

Den „Folterknechten schien es nicht genug der Qualen zu sein, sondern nachdem sie beide Füße und die Hände, die schon zuvor der Fingerspitzen beraubt waren, abgeschnitten hatten, scheuten sie sich nicht, schamlos die Geschlechtsteile dieses großen Märtyrers des hochthronenden Gottes wegzureißen".[6] Der zunächst in Aschheim begrabene Leichnam wurde Anfang des 8. Jahrhunderts nach Regensburg überführt, wo sich bald ein Kult bildete, der Emmeram zum bayerischen Stammesheiligen werden ließ.

In Verbindung mit Herzog Theodo steht auch Rupert, der am 27. März 716 verstorbene Bischof von Salzburg. Reiche Schenkungen des Herzogs ermöglichten ihm die Gründung des Frauenstifts Nonnberg, wo er seine Nichte Erintrudis als erste Äbtissin einsetzte. Ruperts

Goldblattkreuz von
Hinschingen, Kreis
Tuttlingen, 8. Jh.
Die Kreuzarme sind
mit Tierornamentik
verziert.

Silberne Brakteatenfibel aus Kirchheim, Ries, spätes 7. Jh. Langkreuz, flankiert von zwei Erzengeln

Hauptziel war die missionarisch geprägte Reform der Kirche im Grenzgebiet zu Slaven und Avaren. Das an ihn erinnernde prachtvolle Prozessions- und Vortragekreuz ist wahrscheinlich von angelsächsischen Missionaren nach Salzburg gebracht worden.

Zu Kilian, einem weiteren berühmten Heiligen Bayerns, gibt es nur wenige verlässliche Daten. Sie entstammen alle einer um 840 verfassten *Passio sancti Kiliani*, die in hagiographischer Stilisierung erkennbar nicht an historischen Fakten, sondern der Rühmung des Bistums Würzburg interessiert ist. In den zeitgenössischen Quellen findet sich nichts, weder der Namen Kilians noch etwas über sein Wirken. Das Einzige, was man einigermaßen gesichert sagen kann, ist, dass Bischof Kilian mit wenigstens zwei Gefährten in Würzburg das Evangelium verkündete und mit ihnen wegen seines ethischen Anspruchs um 689 ermordet worden ist. Aber auch das ist eine Rekonstruktion, basierend auf der Nachricht von der Erhebung der Gebeine dreier Männer in Würzburg um das Jahr 752, die bald zu Patronen des jungen Bistums gemacht wurden. Noch später behauptete man, es handele sich um drei Iren namens Kilian, Kolonat und Totnan, die in einem nicht erklärbaren Konflikt mit dem Herrscherhaus ums Leben gekommen seien. Alles andere sind Mutmaßungen.

Erzählt wird Folgendes: Kilian, ein irischer Mönchsbischof, sei mit einigen Gefährten im späten 7. Jahrhundert in Würzburg aufgetaucht. Da ihnen die Gegend gefiel, hätten sie sich in Rom vom Papst die Predigterlaubnis eingeholt und dann erfolgreich den heidnischen Mainfranken das Evangelium verkündet. Es sei ihnen sogar gelungen, Herzog Gozbert zu taufen. Als Korbinian jedoch den Herzog aufgefordert habe, die nach kirchlichem Eherecht unzulässige Ehe mit seiner Schwägerin Geilana aufzulösen, sei die Sache prekär geworden. Der Herzog sei zum Verzicht bereit gewesen, seine Gattin jedoch in Zorn entbrannt. Ein von ihr gedungener Henker habe Kilian und seine beiden Gefährten enthauptet. Die Rache Gottes sei fürchterlich gewesen. Der Mörder habe sich selbst zerfleischt, Geilana sei von einem bösen Geist zu Tode geschüttelt, Gozbert von einem Knecht erschlagen, sein Sohn Hetan aus dem Land vertrieben worden und das Herzogtum erloschen. Am Grab der Märtyrer aber hätten sich zahlreiche Wunder ereignet, und schließlich habe Burchard (†753), der erste Bischof von Würzburg, ihre Reliquien in den Dom überführt.[7]

So weit die dramatische Erzählung der Passio, an der nur wenig Wahres ist. Die Reise nach Rom etwa ist deutlich nach dem Muster der päpstlichen Missionsbeauftragung für Bonifatius (672/675–754) gestaltet. Vor allem aber hat die archäologische Forschung nachweisen können, dass das Christentum bei den Mainfranken schon recht verbreitet war und Herzog Gozbert als Repräsentant der fränkischen Vormacht ganz sicher zumindest nominell Christ gewesen ist. Auch für den Ehekonflikt lassen sich Vorlagen finden. Zweifelhaft ist schließlich, ob Kilian überhaupt mit einer Missionsabsicht nach Würzburg gekommen ist oder vielmehr die asketische Weltabkehr suchte. Kurzum, Kilians Geschichte ist die Geschichte des Glaubens an ihn. Er verdankt seine bis heute angesehene Stellung als Heiliger dem Glauben der Nachwelt an sein Martyrium und dem Bedürfnis des Bistums nach einem Gründungspatron. Der Kult um Kilian war so erfolgreich, dass er bald als „aller Franken Patron" gerühmt wurde. Seine Erfolgsge-

Rupertuskreuz,
Northumbria,
7./8. Jh. 158 × 94 cm
großes Prozessions-
und Vortragekreuz
aus getriebenem
und vergoldetem
Kupferblech über
Holzkern, verziert
mit Emailscheiben.
Rankenornamen-
tik und naturnahe
Tierdarstellungen
weisen auf den
ostmediterranen
Raum.

▶ Martyrium Kili-
ans, Epitaph des
Berthold Kraft
aus der St. Lorenz-
Kirche, Nürnberg,
um 1475

schichte ging sogar noch weiter. Im Spätmittelalter und in der frühen Neuzeit galt das Schwert als sein Attribut nicht mehr nur als Instrument seines Martyriums, sondern auch als Verweis auf die Herzogswürde der Würzburger Bischöfe. Gleichsam als Präfiguration der Fürstbischöfe wurde Kilian dann in der Gegenreformation zum Helden, der das Schwert des rechten Glaubens führte, um die Untertanen mit Härte zum alten Glauben zurückzubringen. Mit dem Ende des Würzburger Fürstbistums verschwand auch das Schwert, der Heilige trug nun den Kreuzstab, womit der Glaubensbringer wieder in den Vordergrund trat. So kann es einem Heiligen über die Jahrhunderte hinweg ergehen, wenn die historischen Nachrichten zu dürftig sind.

In der Reihe der bayerischen Heiligen folgt sodann Korbinian. Er stammte aus einer vornehmen Familie und ist wohl um 680 in der Nähe von Melun (Dép. Seine-et-Marne) geboren worden. Die einzige Quelle über ihn ist eine Lebensbeschreibung, die Arbeo von Freising um 770 verfasst hat. Nach einer Zeit als angesehener Einsiedler soll Korbinian vor 714 nach Rom gereist sein, wo er die Priester- und Bischofswürde erhalten habe. Das klingt wieder verdächtig nach dem Vorbild des Bonifatius. Als gesichert gilt dagegen eine zweite Romfahrt 715/717, die Korbinian über Alamannien und Bayern zunächst an den Hof von Herzog Theodo in Regensburg und den seines Sohnes, des Teilherzogs Grimoald (vor 715–ca. 725/728) in Freising führte. Dieser wollte Korbinian unbedingt an sich binden, aber der ließ sich nicht beirren und zog mit großem Gefolge über die Alpen. Auf dem Rückweg wurde er mit Nachdruck dazu gedrängt, an den Hof Grimoalds zu gehen. Diesmal willigte Korbinian ein, blieb in Freising und förderte die Christianisierung der Bevölkerung.

Der Letzte in dieser Reihe bayerischer Berühmtheiten ist Pirmin († um 750). Auch in diesem Fall sind verlässliche Lebensdaten des Bischofs und Abtes nur mühselig rekonstruierbar. Die wohl im Umkreis von Hornbach um 850 entstandene Vita weiß über die Herkunft nichts zu sagen und setzt unvermittelt

mit der Nachricht ein, Pirmin, Verwalter des Bischofsamtes im Kastell Melcis, sei nach 721 zur Förderung des Glaubens zu den Alamannen gerufen worden. Wahrscheinlich stammte er nicht aus Irland oder Spanien, sondern aus dem nördlichen Gallien, eventuell aus Meaux. Die deutlich legendenhafte Akzente aufweisende Vita nennt als Todestag einen 2. November, der sich nur auf die Zeit um 750 eingrenzen lässt.

Nach dem von Hrabanus Maurus (um 780–856) verfassten Epitaph lebte Pirmin in bewusster Armut, vertiefte den Glauben der Franken und gründete dazu einige Klöster.[8] Wohl nach 721 beteiligte sich Pirmin als Klosterbischof an der Gründung von Pfungen bei Winterthur und sicher an der auf der Reichenau. Zwar nahm ihn dafür Karl Martell (714–741) 724 in seinen Schutz, aber auch Pirmin wurde wie so viele seiner Kollegen in politische Wirren hineingezogen und schon 727 von dem alamannischen Teilherzog Theudebald (vor 709–746) vertrieben. Im Elsass konnte er mit Hilfe von Graf Eberhard das Kloster Murbach gründen, für das er die „große Klosterfreiheit" erwirkte. Diese Exemtion vom Diözesanbischof mit der Möglichkeit eines eigenen Klosterbischofs verweist auf Vorbilder des irofränkischen Mönchtums, nach denen Pirmin sein Ideal der monastischen Peregrinatio als Abt und Bischof verwirklichte. Schon 730 bestimmte er einen Nachfolger und gründete mit Hilfe der Widonen in Hornbach in der Westpfalz ein weiteres Kloster. Nach der Vita soll Pirmin in einer Anzahl von Klöstern (Gengenbach, Neuweiler, Maursmünster, Arnulfsau-Schwarzach, Schuttern, Niederaltaich, Pfäfers) gewirkt haben.[9]

Pirmins Aktivitäten als Klosterbischof standen in enger Verbindung mit dem politischen Willen der Karolinger, deren Hilfe er sich versicherte. Sein Ziel war weniger die Mission als die Einpflanzung christlicher Gesinnung bei den Franken. Das kommt auch in dem Pastoralbüchlein zum Ausdruck, dessen Verfasser möglicherweise Pirmin gewesen ist. Es handelt sich um ein Handbuch für die pastorale Arbeit an Getauften, deren Glaube gegen heidnische Praktiken durch die Kenntnis der

Heilsgeschichte und den Empfang der Sakramente gefestigt werden soll.[10] Pirmin steht damit an der Wende von der irofränkischen Klosterkultur zu der angelsächsisch geprägten Phase der Karolingerzeit, in der die Mission in enger Verbindung mit der politischen Expansion des aufstrebenden Herrschergeschlechts wieder mehr in den Vordergrund rückte. Jetzt waren nicht mehr Askese und Rückzug ins Kloster gefragt, sondern Tatkraft und Einsatzfreude zur Verkündigung des Evangeliums.

3. Kämpfe im Nordwesten

Die Zeiten änderten sich, vor allem im 8. Jahrhundert, in dem sich Aufregendes, sogar Umstürzlerisches tat. Das Christentum im Frankenreich wie auch in den südöstlichen Regionen war nun sicher gegründet, die Kirche mit ihrer fest gefügten Organisationsstruktur zur Ordnungsmacht geworden, von der die Herrscher nachhaltig und ohne Skrupel profitierten. Das merowingische Herrscherhaus hatte sich indes über Generationen hinweg durch innere Zwistigkeiten und Thronkämpfe zerschlissen, die Macht lag inzwischen faktisch in den Händen des aufstrebenden Geschlechtes der Karolinger. Noch waren sie lediglich Hausmeier, nicht Könige, aber die Entwicklung steuerte auf einen Staatsstreich hin. Auch an den äußersten Grenzen drohte Unheil. Das Byzantinische Reich im Osten wurde von den Arabern bedrängt, die im Spätsommer 717 mit einem gewaltigen Heer gegen Konstantinopel vorrückten und zusätzlich mit einer riesigen Flotte im Marmarameer auftauchten. Die Mauern hielten stand, und nach einjähriger Belagerung mussten die von hartem Winter, Seuchen und Hunger geschwächten Feinde wieder abziehen, aber den Christen ist durch dieses Ereignis die vorwärts drängende Kraft der andersgläubigen Macht schmerzlich bewusst geworden. Nicht anders im Westen, wo die Araber nach der Eroberung und Islamisierung Nordafrikas die Atlantikküste erreichten und im Jahre 711 ihr Feldherr Ṭāriq die später nach ihm benannte Straße von Gibraltar

(Ṭāriq ġabal) überquerte und zügig Spanien eroberte. Das Ausgreifen über die Pyrenäen konnte erst durch den Sieg Karl Martells 732 bei Poitiers gestoppt werden (nur dort fand nach den Quellen die Schlacht statt, nicht bei Tours). Die Christenheit musste die neue islamische Großmacht zur Kenntnis nehmen. Das war noch nicht alles, denn im Norden und Osten des Frankenreiches herrschte noch das Heidentum und bedrohte die Grenzen. Da gab es gegenüber Friesen, Sachsen und Slaven noch viel Raum für expansive Politik und Mission. Die Kirche bereitete sich schon darauf vor, denn eine ganze Reihe von Klöstern wurde am militärisch gefährdeten Nord- und Ostrand des Frankenreiches als Stützpunkte für zukünftige Missionsaufgaben errichtet. Das deutete bereits das kommende Zusammengehen von Militärs und Missionaren an.

Die Friesen, ein westgermanischer Stamm an der Nordseeküste, waren ein freiheitsliebendes Volk. Die Versuche, sie für das Christentum zu gewinnen, scheiterten nicht so sehr an ihrer Abneigung gegen den neuen Glauben als vielmehr an ihrer durchaus zutreffenden Erkenntnis, dass sie damit die Religion ihres mächtigen Nachbarn annehmen und Gefahr laufen würden, ihre politische Selbstständigkeit zu verlieren. Dass die Entwicklung so oder so darauf hinauslief, konnten sie im 7. Jahrhundert noch nicht ahnen. Die Friesen waren auch ein reiches Volk und dadurch ein Objekt der Begierde für die zu Eroberungen neigenden Franken. Denn schon im frühen 7. Jahrhundert lag der Handel in der Nordsee weitgehend in ihren Händen. Gerade aus Sicht der Angelsachsen war Friesland das Tor zum europäischen Kontinent, und so beherrschten die reichen friesischen Kaufleute den Handel zwischen der Insel und dem Festland. Zwar behaupteten die Kirchenleute immer wieder, Heidentum sei gleichbedeutend mit Unterentwicklung, in der Praxis waren die Friesen jedoch der Beweis des Gegenteils. Im Laufe des 7. Jahrhunderts steuerte ihre Gesellschaft auf die Herausbildung einer zentralen Machtinstanz hin, aber diese Entwicklung zu einem eigenständigen Staat wurde behindert durch den zunehmenden Einfluss der fränkischen Herrscher. Eine Konfrontation zwischen Friesen und Franken und damit auch zwischen Heiden und Christen war unausweichlich, sie sollte sich lange hinziehen.

Ein erster Versuch, den Friesen das Christentum zu bringen, wurde von dem Frankenkönig Dagobert I. (623–638/639) um 633 unternommen. Er übertrug dem Kölner Bischof Kunibert (um 590–663[?]) das ehemalige römische Kastell Utrecht mit dem Auftrag zur Friesenmission. Das Bistum Köln hat daraufhin als Keimzelle eine Martinskirche errichtet, aber der Erfolg blieb aus. Mehr noch, die Friesen eroberten um 650 Utrecht und konnten den fränkischen Einfluss bis an die Maas zurückdrängen. Die Kirche wurde zerstört und damit war der christliche Vorposten gefallen. In der Folgezeit gab es mehrere Anläufe von angelsächsischen Missionaren, die jedoch alle ohne größere Wirkung blieben. 678/679 war es Bischof Wilfrid (ca. 634–709), der auf der Reise nach Rom den Winter in Friesland verbrachte und die ehrenvolle Aufnahme durch Herzog Aldgisl nutzte, um viele Friesen „vom Schmutz ihrer Sünden im Quell des Erlösers" zu reinigen.[11] Bevor dieser vielversprechende Anfang Früchte tragen konnte, übernahm nach 679 Aldgisls Sohn Radbod (685–719) die Herrschaft, und der war antifränkisch orientiert und stand deshalb auch dem Christentum ablehnend gegenüber.

Aber der Weg von England auf den Kontinent führte nun mal über Friesland, und deshalb ließen die Angelsachsen mit ihren Bemühungen nicht locker. Das gilt vor allem für das irische Kloster Rathmelsigi, in dem das Konzept einer universalmissionarisch motivierten Heidenmission entwickelt worden war. In diesem Zentrum für die Fernmission wirkte der Mönchsbischof Ecgberct (639–729), der genau wusste, dass es „in Germanien sehr viele Völker gab, von denen bekanntlich die Angeln und Sachsen, die jetzt Britannien bewohnen, Geschlecht und Abstammung herleiten".[12] Das war für ihn Ansporn genug, das Interessenfeld der angelsächsischen Missionarsgruppe abzustecken und den Missionsbefehl Christi bei stammesverwandten Völkern umzusetzen.

Denn unabhängig von römischen oder gar fränkischen Vorgaben verstanden Ecgberct und seine Schüler die apostolische Universalität so, dass sie sich bei der erforderlichen Auswahl der Zielorte ihrer geistlichen Forschungsreisen von geglaubten Stammesbindungen leiten ließen. Dieses Verfahren spricht übrigens auch für ihre missionspraktische Kompetenz, waren doch so soziale, gesellschaftliche und nicht zuletzt sprachliche Barrieren leichter zu überwinden. Diese in Rathmelsigi entwickelten Vorstellungen eröffneten geradezu eine Missionsoffensive auf dem Kontinent, repräsentiert durch Namen wie Willibrord (658–739), die beiden Hewalde (†um 690), Swithberht (†713) und später auch Bonifatius.

Doch zurück nach Friesland. Ecgberct selbst konnte seine Pläne nicht umsetzen, dafür schickte er um 668 seinen Klosterbruder Wihtberht (†nach 689) zu den Friesen. Auch er vermochte nichts auszurichten und kehrte nach zweijähriger erfolgloser Arbeit nach Rathmelsigi zurück. An dem Plan der Friesenmission hielt man trotzdem fest und nun wurde diese Ausdauer auch belohnt, denn mit Willibrord, der 690, also genau 100 Jahre nach der Ankunft Columbans in der Bretagne, mit der biblischen Zahl von elf Gefährten nach Friesland reiste, kam der Durchbruch.

Willibrord wurde 658 in Northumbria geboren und schon als Kind zur Erziehung in das nordwestlich von York gelegene Kloster Ripon gegeben. Nach einer ersten Ausbildung bei Wilfrid studierte er von 678 bis 690 bei Ecgberct in Rathmelsigi und verließ dann seine Heimat, um Christus in der Fremde durch die Verkündigung des Evangeliums zu dienen. Die politische Lage war inzwischen eine andere, denn der fränkische Hausmeier Pippin der Mittlere hatte Herzog Radbod 689 bei Dorestad besiegt und das bis zur Zuidersee reichende Westfriesland (die *Frisia citerior*) erobert. Radbod hielt sich allerdings hartnäckig in Utrecht und widersetzte sich der Christianisierung, erschien ihm doch nun erst recht das Christentum als die Religion der Eroberer. Willibrord war klug genug um einzusehen, dass eine erfolgreiche Mission nur mit Rückendeckung der Franken möglich sein würde. Deshalb begab er sich zu Pippin und ließ sich von ihm mit der Friesenmission beauftragen. Der Herrscher gewährte ihm natürlich jede Unterstützung, um das Christentum zur Stabilisierung des eroberten Gebietes nutzen zu können. Macht und Mission verbanden sich zu gegenseitigem Nutzen, aber Willibrord lag auch an einer päpstlichen Missionsvollmacht. Deshalb reiste er in Absprache mit Pippin 691/692 nach Rom zu Papst Sergius I. (687–701), der ihn zur Verkündigung des Evangeliums zu den Friesen schickte. Diese doppelte Rückversicherung bedeutete für die Mission auf dem Kontinent einen programmatischen Neuansatz: Anders als die irofränkischen Wandermissionare lehnte Willibrord sich einerseits an die fränkische Staatsgewalt an und richtete andererseits seine gesamte Arbeit auf Rom aus. Für die Zukunft band das seinen Erfolg als Missionar im positiven wie im negativen Sinne an die Karolinger. Das war das Fundament für alle kommenden Missionare und zugleich der Beginn der engen Verbindung zwischen der fränkischen Kirche und dem Papsttum. An diesem so ungewohnten und neuen Konzept hatten allerdings selbst Willibrords Gefährten noch Zweifel. Die politische Bindung scheint ihnen unheimlich vorgekommen zu sein, denn nur so ist es zu erklären, dass sie während seiner Romreise ohne Rücksprache mit Pippin aus ihrer Mitte Swithberht nach Britannien schickten, wo er sich zum Bischof weihen ließ. Offensichtlich hofften sie trotz der bisherigen Fehlschläge noch immer auf die Bildung einer unabhängigen Friesenkirche, was jedoch nicht mehr in die politische Landschaft passte.

Willibrord, geb. 658 in Northumbria, gest. am 7. November 739, angelsächsischer Missionar, Erzbischof der Friesen in Utrecht. In den Klöstern Ripon und Rathmelsigi ausgebildet, missionierte Willibrord seit 690 in Friesland. Als Gefolgsmann Pippins bat er 692 in Rom um Beauftragung und wurde 695 von Papst Sergius I. zum Erzbischof geweiht. Willibrord wirkte auch bei den Hedenen und in Thüringen. Als Abt baute er das 698 gegründete Kloster Echternach zu einem bedeutenden Skriptorium

aus. Willibrord war mehrfach der Erste: als herausragender angelsächsischer Missionar auf dem Kontinent, in der engen Verbindung mit den Karolingern, als päpstlich autorisierter Erzbischof und als Vertreter angelsächsischer Kultur. Die von seinem Verwandten Alkuin um 790 verfasste Vita vermittelt einen lebendigen Eindruck seiner Wirksamkeit.

Alkuin über Willibrords Lebensziel: *Es erschien ihm zu gering, nur für sich selbst in heiligem Wandel sich abzumühen, wenn er nicht auch anderen durch die Predigt der wahren Lehre Nutzen brächte.* (Vita Willibrordi c. 5, S. 10)

So aber stellten sich bald Erfolge ein. Den Franken gelang es 695, ihren Herrschaftsbereich über Utrecht hinaus auszudehnen. Pippins Pläne zielten auf die Errichtung einer friesischen Kirchenprovinz in Absprache mit Rom. Deshalb sandte er Willibrord erneut nach Rom, um ihn zum Erzbischof weihen zu lassen. Papst Sergius erteilte die Weihe am 22. November 695, gab Willibrord nach damaligem Brauch den römischen Namen des Tagesheiligen Clemens und bestimmte Utrecht als seinen Sitz. Nun konnte für Willibrord die eigentliche Arbeit beginnen. Nachdem er in Utrecht eine Kirche gebaut hatte, predigte er „weit und breit das Glaubenswort, brachte viele vom Irrglauben ab und errichtete in diesen Gebieten noch mehr Kirchen und auch einige Klöster".[13] Der fränkische Adel unterstützte, auch aus politischen Gründen, seine Arbeit intensiv. So konnte er 698 durch Schenkungen von Irmina von Oeren († nach 704) sowie deren Tochter Plektrudis († 717) und ihrem Mann Pippin II. das Kloster Echternach als geistliches Zentrum und Zentrale der angelsächsischen Mission auf dem Kontinent aufbauen. Im mainfränkisch-thüringischen Gebiet schenkte ihm Herzog Heden der Jüngere († nach 717) 704 als materielle Grundlage Arnstadt, Mühlberg und Großmonra und 716/717 Hammelburg. Ob und wann Willibrord sich dort aufhielt, ist unbekannt, jedenfalls hat er Mitarbeiter als Missionare entsandt.

In Friesland selbst blieb die Lage durch den Widerstand Radbods prekär. Willibrord ließ sich davon jedoch nicht beirren. Alkuin (um

Willibrord,
Codex mit seiner
Vita, 1105

740–804) berichtet in seiner *Vita Willibrordi*, dass er irgendwann vor 714 nach einem Missionsversuch auf der Insel Helgoland, wo er ein heidnisches Heiligtum entweiht hatte, zu Herzog Radbod gebracht worden ist. Ohne Furcht vor dem drohenden Martyrium nutzte Willibrord die Gelegenheit, um Radbod in einer furiosen Predigt zum Religionswechsel zu drängen. „Es ist nicht ein Gott, den du verehrst, sondern der Teufel, der dich mit verderblichem Irrglauben geblendet hat, um deine Seele, König, dem ewigen Feuer zu übergeben. Es gibt nämlich nur einen einzigen Gott, und das ist der, welcher Himmel und Erde und alles, was darin ist, erschaffen hat. Und wer diesen in wahrem Glauben verehrt, der wird das ewige Leben haben. Als dessen Die-

ner beschwöre ich dich heute, dass du dich von der Torheit des alten Irrglaubens, welchem schon deine Vorfahren anhingen, endlich abwendest und im Glauben an den einzigen und allmächtigen Gott, unseren Herrn Jesus Christus, im Wasser des Lebens taufen lässt, dich reinigst von allen deinen Sünden und, nachdem du jegliche Art von Ungerechtigkeit abgelegt hast, dann als Wiedergeborener ein neues Leben in Nüchternheit, Gerechtigkeit und Heiligkeit führst. Wenn du dies tust, dann wirst du mit Gott und seinen Heiligen ewigen Ruhm ernten. Wenn du aber mich verachtest, obwohl ich dir den Weg zum Heil weise, dann sei versichert, dass du ewige Verdammnis und das Feuer der Hölle zusammen mit dem Teufel, dem du dienst, erleiden

Radbod verweigert die Taufe durch Erzbischof Wulfram von Sens, Kupferstich von Matthäus Merian d. Ä., 1630

wirst!"[14] Der Aufbau dieser Kurzpredigt ist mit der Betonung von Antithesen typisch für die Zeit: Irrglaube und Glaube, Ungerechtigkeit und Gerechtigkeit, Satan und Gott, Hölle und Himmel werden einander gegenübergestellt. Natürlich hat niemand diese idealtypische Verdichtung eines christlichen Missionsappells mitstenographiert, und Alkuin hat den Text erst um 790 aufgeschrieben. Aber er war der Meinung, so müsse gepredigt werden, was Willibrord auch getan haben wird. Aufgrund seiner Nachbarschaft zu den christlichen Franken konnte Radbod den Inhalt durchaus verstehen. Er wird allerdings auch den drohenden Unterton gespürt haben und dadurch kaum aufgeschlossener für das Evangelium geworden sein. Vielleicht hat er den Mut Willibrords anerkannt, denn er ließ den Missionar unbehelligt ziehen. Christ ist er jedoch nie geworden.

Für einen Heiden wie Radbod wäre es auch schwer gewesen, sich von den alten Göttern und der damit verbundenen Tradition zu lösen. Das zeigt ein legendärer Bericht über den Versuch der Bekehrung Radbods aus der dem frühen 9. Jahrhundert entstammenden *Vita Vulframni*. Sie schildert in überaus anschaulicher Weise, in welch ungeheuren Loyalitätskonflikt der eigenen Sippe gegenüber ein heidnischer Herrscher durch die Taufe geraten konnte. Radbod, so erzählt der anonyme Verfasser, hatte sich endlich zum Religionswechsel entschieden und schon einen Fuß in das Taufbecken gesetzt, als er von Erzbischof Wulfram von Sens († vor 704) auf Nachfrage erfuhr, dass seine Vorfahren sich in der höllischen Verdammnis befänden. Nach dieser Auskunft sagte Radbod, „er könne nicht die Gemeinschaft seiner ihm vorangegangenen Friesenfürsten entbehren und mit einer kleinen Schar armer Leute in jenem Himmelreich sitzen" und verweigerte deshalb die Taufe.[15] Diese erfundene Szene ist zweifelsohne ein Echo auf tatsächliche Missionserfahrungen in der Übergangsepoche. Sie zeigt den Konflikt zwischen den kollektiven Verpflichtungen der archaischen Gedächtniskultur und dem individuellen Anspruch des Christentums. Ihn aufzulösen war eine der großen Herausforderungen der Missionare in jener Zeit.

Willibrords Hauptarbeitsgebiet in jener Zeit war der Raum westlich und südlich der Zuidersee bis hin zur Insel Walcheren. Einen herben Rückschlag erlitt die Friesenmission, als Pippin II. am 16. Dezember 714 verstarb. In den Jahren zuvor hatten sich beide Seiten um ein erträgliches Nebeneinander bemüht, erkennbar an der Heirat zwischen Pippins Sohn Grimoald II. († 714) und Radbods Tochter Theudesinde wohl im Jahre 711. Von diesem Bemühen um Entkrampfung des fränkisch-friesischen Verhältnisses versprach Pippin sich weitere missionarische Möglichkeiten, während Radbod auf eine Art Bestandsgarantie seines Herrschaftsgebietes hoffte. Das alles war jedoch vergessen, als Pippin starb und im Frankenreich sofort eine Nachfolgekrise ausbrach. Bis sie zugunsten Karl Martells entschieden war, hatte Radbod schon die Gunst der Stunde genutzt und das von den Franken eroberte Friesland zum Teil zurückerobert. Die Friesenmission brach zusammen.

Als dann im Jahre 719 Herzog Radbod starb, stellte Karl Martell den alten Zustand wieder her und Willibrord nahm die Arbeit an dem Aufbau einer friesischen Kirche erneut in Angriff, diesmal unterstützt von Bonifatius. Als 733/734 Karl Martell die fränkische Herrschaft über das Gebiet des heutigen Ijsselmeeres hinaus bis an die Lauwers ausdehnte, wurde auch dieses Kerngebiet des friesischen Siedlungsraums der Mission zugänglich. Das östliche Friesland widersetzte sich jedoch weiterhin dem Christentum, erst Karl der Große (768–814) sollte später dieses Problem lösen. Damit war der Geltungsbereich des Bistums Utrecht abgesteckt. Der schon 695 gefasste Plan, Utrecht zum Erzbistum auszubauen, gelang trotzdem nicht, es blieb als abhängiges Bistum der Erzdiözese Köln unterstellt.

Willibrord zog sich 734 als alter Mann in sein Kloster Echternach zurück, wo er am 7. November 739 gestorben ist. Der Angelsachse aus der Missionsschule von Rathmelsigi war der Prototyp einer neuen Missionarsgeneration. Anders als Columban und seine irofränkischen Nachfolger wechselte er nicht als Asket auf den Kontinent, vielmehr wollte er von vornherein als Missionar tätig werden. Getrieben von dem Willen zur Umsetzung des Missionsbefehls Jesu Christi wirkte er außerhalb der Klöster, und wenn er welche gründete, dann nicht als Selbstzweck, sondern als Mittel zum Zweck. Er war der Erste, der das Scheitern des Plans einer unabhängigen Heidenmission erkannte und sich deshalb sowohl beim Papst als auch bei der christlichen Vormacht auf dem Kontinent Rückendeckung holte. Mit dieser Strategie akzeptierte Willibrord, dass die Mission gleichsam zu einer kirchlichen Begleiterscheinung der Herrschaftsrepräsentanz der Franken wurde. Die heidnischen Nachbarvölker verstanden sie deshalb zwar als fränkisch, zumal dann, wenn die Missionare den Militärs folgten, aber Willibrord nahm das um der Möglichkeit zur Evangeliumsverkündigung willen in Kauf. In dieser Methode lag die Zukunft.

4. Angelsächsische Mission

Der bedeutendste Missionar des 8. Jahrhunderts ist ohne Zweifel Wynfreth-Bonifatius. Das liegt nicht zuletzt an der günstigen Überlieferungssituation, denn es existiert neben einer um 760 geschriebenen Biographie des Angelsachsen aus der Feder des Mainzer Priesters Willibald († nach 769) auch eine umfangreiche Sammlung seiner Korrespondenz. Dieser für frühmittelalterliche Quellen seltene Glücksfall wird Lul von Mainz (ca. 710–786) verdankt, dem Schüler und geistlichen Sohn des Bonifatius. Er hat die Vita in Auftrag gegeben und die Briefe zusammenstellen lassen, um das Andenken an sein verehrtes Vorbild zu bewahren. Allerdings ließ er sich dabei von dem eigennützigen Interesse bestimmen, ein Bild des Heiligen zu überliefern, das keinen Schatten auf dessen Lichtgestalt warf und vor allem Luls persönliche Stellung nicht beschädigte. Denn um die Mitte des 8. Jahrhunderts war die Position der Angelsachsen im Frankenreich längst nicht mehr unumstritten.

Das war zu Lebzeiten des Bonifatius noch ganz anders, jedenfalls anfänglich. Wie kaum

ein anderer repräsentiert er den Übergang von der Phase der Mission in einer religionsgeographisch noch zersplitterten Zeit zu jener der Christianisierung, welche die Kirche zu dem Fundament eines einheitlichen Europa werden lassen sollte. Vorreiter dieser Entwicklung waren das angelsächsische und das fränkische Reich mit ihrer Romorientierung, nicht von ungefähr die Wirkungsbereiche des Bonifatius. Als Missionar, Klostergründer, Bildungsvermittler und Kirchenorganisator gehört er zu den wichtigsten Persönlichkeiten der ersten Hälfte des 8. Jahrhunderts und verdient deshalb eine nähere Betrachtung.

Geboren 672/675 in der Nähe von Exeter, wurde Wynfreth schon als Junge um 680 dem Kloster Exeter übergeben und wechselte später nach Nursling. Rund 35 Jahre hat er im Kloster verbracht und sich in dieser langen Lebensspanne all das angeeignet, was ihm später bei seinen Aktivitäten auf dem Kontinent von Nutzen sein konnte: umfassende Vertrautheit mit den biblischen Schriften und den Werken der sie auslegenden Kirchenväter, seelsorgerliche Fähigkeiten, Verkündigung des Evangeliums in der Predigt, Gelehrsamkeit auf den verschiedensten Feldern, gehorsame Verankerung im benediktinischen Mönchtum, Kenntnisse des Kirchenrechts, das Wissen um die Notwendigkeit einer fest gefügten kirchlichen Ordnung und Struktur, Sicherheit auf dem diplomatischen Parkett und nicht zuletzt das lebendige Bewusstsein des christlichen Absolutheitsanspruches, bestimmt von der universalkirchlichen Verbundenheit mit den römischen Päpsten als den Leitern der einen Christenheit.

Zunächst hat sich Wynfreth auf das Studium der Bibel konzentriert, die er zu großen Teilen auswendig gelernt und sich mit Hilfe einschlägiger exegetischer Kommentare erschlossen hat. Seine späteren Briefe zeigen, wie gut ihm das gelungen ist und wie sehr die Bibel ihm Kraftquelle für ein entsagungsvolles Leben außerhalb des Schutzraumes der Klöster und Grundlage für seine missionarische und reformerische Arbeit gewesen ist. Immer wieder zitiert er sie, teils aus dem Gedächtnis, teils aus den ihm während seines Reisedaseins zur Verfügung stehenden Handschriften.

Bonifatius (Wynfreth), geb. 672/675 in Wessex, gest. 5. Juni 754 bei Dokkum, aus niederem Adel stammend, als Kind dem Kloster Exeter übergeben, erwarb er sich als Prediger, Lehrer und Kirchendiplomat einen hohen Ruf. 718 verließ Bonifatius endgültig seine Heimat und wurde in Rom von Papst Gregor II. mit der Germanenmission beauftragt. Nach der Bischofsweihe am 30. November 722 in Rom 723–732 Missionsarbeit in Hessen und Thüringen. 732 von Gregor III. zum Erzbischof ohne eigenen Metropolitansitz und 737/738 bei der dritten Romreise zum Legaten für Germanien erhoben, reorganisierte Bonifatius 738/39 die Kirche in Bayern, gründete 741/42 die Bistümer Würzburg, Büraburg und Erfurt (bald zugunsten von Eichstätt aufgegeben). Er bemühte sich zusammen mit Karlmann und Pippin um die Reform der fränkischen Kirche mit dem Ziel einer engen Bindung an Rom. Der Idealplan konnte wegen Widerstands des um seinen Einfluss bangenden fränkischen Episkopats und wegen des vorsichtigen Taktierens Pippins nach Karlmanns Abdankung 747 kaum durchgesetzt werden. 744, inzwischen mit dem Bistum Mainz betraut, Gründung von Kloster Fulda. Bonifatius verlor an Einfluss, als Pippin in direkte Verhandlungen mit Rom eintrat und mit einheimischen Kirchenmännern vorsichtig die Reform förderte. 753/54 auf Missions- und Visitationsreise in Friesland, wurde er am 5. Juni 754 bei Dokkum von friesischen Räubern erschlagen. Sein Schüler und Nachfolger Lul sammelte den Briefwechsel des Bonifatius und veranlasste die Abfassung einer Vita.

Das Lebensziel des Bonifatius: Wir wollen nicht stumme Hunde sein, nicht schweigende Späher, nicht Mietlinge, die vor dem Wolf fliehen, sondern besorgte Hirten, die über die Herde Christi wachen, die dem Großen und dem Kleinen, dem Reichen und dem Armen, jedem Stand und Alter, ob gelegen oder ungelegen, jeden Rat Gottes verkünden. (Bonifatii epistolae Nr. 78, S. 251 und 253)

So ist Wynfreth zu einem gediegenen Scholaster und anerkannten Lehrer geworden, dessen Ruf sich rasch im Lande verbreitete. Sein Biograph Willibald wird nicht müde, die Tugendgröße und Weisheit seines Helden, eines „sichtbaren Wegweisers apostolischer Bildung", mit vielen Worten zu rühmen.[16] Mag er dabei auch etwas stark aufgetragen haben, so lag er mit seiner Einschätzung doch nicht ganz daneben. Das belegen verschiedene Lehrbücher, die Wynfreth verfasst hat, wie eine Grammatik und eine in Bruchstücken erhaltene Metrik. Alles sah also nach einer wissenschaftlichen Karriere in Wessex aus. Ergänzend eignete sich Wynfreth weitere Fähigkeiten an, die ihn zu einem geeigneten Kandidaten für das Bischofsamt heranreifen ließen. In dem Zeitraum 702 bis 705 zum Priester geweiht, überzeugte er nicht nur als wortgewaltiger Prediger, sondern auch als geschickter Diplomat auf dem kirchenpolitischen Parkett. Deshalb war es nur folgerichtig, dass er nach einer gescheiterten Missionsreise nach Friesland 716/717 zum Abt des Klosters Nursling gewählt wurde.

Im Herbst des Jahres 718 nahm Wynfreth jedoch endgültig Abschied von seiner angelsächsischen Heimat, um als Missionar auf den Kontinent zu gehen.

Was den gelehrten Kirchenmann zu dieser überraschenden Lebenswende veranlasst hat, liegt im Dunkeln. Willibald beschränkt sich auf die üblichen fromm verbrämten Formeln. Vielleicht gab es Konflikte im Kloster, vielleicht fühlte sich der nun schon 40-Jährige Wynfreth von der täglichen Tretmühle seiner Pflichten eingeengt, vielleicht hatte er aber auch das Gefühl, das bisher Erreichte könne nicht alles in seinem Leben sein. Vor allem aber sorgte Bonifatius sich um die ewige Seligkeit, und zwar sowohl die eigene wie auch diejenige der ihm anvertrauten Menschen. Darin folgte er dem Missionsauftrag Christi und predigte das Evangelium, um im letzten Gericht Gottes bestehen zu können. Auch wenn Bonifatius das alles erst in hohem Alter in seinen Briefen offen ausgesprochen hat, liegt hier der eigentliche Beweggrund für seine Lebenswende. Die Nachfolge Christi als Ziel ließ ihn aus dem geschützten Raum des Klosters hinaustreten in die raue Welt, in der er ihm vier Jahrzehnte lang dienen sollte.

Figurengedicht
am Anfang der
Grammatik des
Bonifatius, 10. Jh.
Das Viereck, das
Altes und Neues
Testament symbo-
lisieren soll, ist um
ein Kreuz geordnet,
das zweimal die
Worte „Jesus Chris-
tus" umschließt.
Die senkrecht zu
lesenden Anfangs-
und Endbuchstaben
beginnen mit „Vyn-
freth", dem Namen
des Verfassers.

718 versuchte Wynfreth sich nicht als Einzelkämpfer, sondern begab sich mit einigen Gefährten zunächst auf eine Pilgerfahrt nach Rom. Dort ernannte Papst Gregor II. (715–731) ihn am 15. Mai 719 zum Missionar bei den Heiden. Dem Brauch der Zeit entsprechend erhielt Wynfreth auch einen neuen Namen, und zwar den des Heiligen vom Vortag, des spätantiken Märtyrers Bonifatius. Dieser Namenswechsel bedeutete die Aufnahme in die engere Gemeinschaft der römischen Kirche. Damit war Wynfreth am Ziel seiner Wünsche und am Beginn eines neuen Lebensabschnitts. Seinen angelsächsischen Geburtsnamen benutzte er fortan nur noch sehr selten, denn jetzt verstand er sich ganz als Mann des Papstes. Der Weg in die Mission stand ihm offen.

Als päpstlich bestallter Heidenmissionar sollte Bonifatius, wie Willibald es ausdrückt, „die wilden Völker Germaniens besuchen und erforschen, ob die unbeackerten Gefilde ihrer Herzen von der Pflugschar des Evangeliums zu beackern seien".[17] Vom Christentum völlig unberührte Heiden gab es in seinem Tätigkeitsfeld allerdings kaum noch, weshalb sich von Anfang an die Aufgabe des Bonifatius verschob, denn er bekam es mit Stämmen des fränkischen Reichs zu tun, die zwar nominell christlich waren, ohne dass der neue Glaube jedoch wirklich im Volk verankert gewesen wäre. Das zeigte sich gleich in Thüringen, seinem ersten Arbeitsgebiet, wo Bonifatius mit den drei Problemen konfrontiert wurde, die ihm noch viel zu schaffen machen sollten. Erstens war er wegen deren sakraler Verantwortung auf die Zusammenarbeit mit den Machthabern angewiesen, und die machten es ihm nicht gerade leicht, zumal sie religiöse Fragen allein nach politischem Nutzen behandelten. Zweitens musste er erkennen, dass im Volk pagane Vorstellungen und Gebräuche nur sehr langsam ausgerottet werden konnten. Und drittens befand sich die fränkische Kirche in einem ziemlich desolaten Zustand, was dem römischen Ordnungsgedanken total zuwiderlief. Um in dieser Situation etwas ausrichten zu können, bedurfte es machtvollen Auftretens. Bonifatius aber besaß noch nicht

einmal bischöfliche Autorität, wurde deshalb kaum gehört und zog noch 719 weiter nach Friesland. Drei Jahre arbeitete er dort mit Willibrord zusammen, bevor die beiden Angelsachsen sich im Streit trennten. Ein erfolgreicher Anfang war das nicht gerade.

Dann aber, ab 721, entwickelten sich die Dinge für Bonifatius günstiger. Hessen und Thüringen und später Bayern erlebten in den nächsten Jahren einen unermüdlich predigenden, ermahnenden, aufbauenden und reformierenden Bonifatius. Zuerst konnte er sich im Osten Hessens als Missionar bewähren. Das ist ihm nach Willibald bestens gelungen, denn er soll „viele Tausend Menschen vom alten Heidentum gereinigt und getauft" haben.[18] Diese grandiosen Erfolge stellten sich innerhalb weniger Monate des Jahres 722 ein. Offensichtlich taufte er die Leute, nachdem er sie in energischer Predigt vom Nutzen des stärkeren Gottes überzeugt hatte, und vertraute darauf, dass die kirchliche Nacharbeit sie schon noch zu guten Christen machen würde. So gingen alle seine Kollegen vor, funktionieren konnte das jedoch nur, wenn es auch die Voraussetzungen für die anschließende Unterweisung in Ethik und Dogmatik gab. Dazu bedurfte es geordneter Kirchenstrukturen und vor allem fähiger Priester. Das aber konnte nur eine Autoritätsperson im Bündnis mit den Herrschern ausrichten.

Bonifatius musste also seine Machtposition ausbauen, und das gelang ihm 722/723 mit dem Prinzip der doppelten Rückversicherung, das er bei Willibrord kennen gelernt hatte. Während seiner zweiten Romreise wurde er am 30. November 722 von Papst Gregor II. zum Missionsbischof ernannt und mit Empfehlungsschreiben an die weltliche und geistliche Elite des Reiches ausgestattet. Das machte sich sofort bezahlt, denn Karl Martell, der um den Nutzen einer funktionierenden Kirchenordnung für die Stabilisierung seiner Macht wusste, nahm ihn unter seinen Schutz. Jetzt, mit der staatlichen Autorität im Rücken, konnte Bonifatius seine Arbeit in Hessen energischer vorantreiben.

Das hat Bonifatius denn auch getan, indem er den Hessen die Macht des Schöpfergottes vor Augen stellte. Bloße Worte reichten dafür nicht immer aus, es musste auch schon einmal handfest bewiesen werden, dass die Götter Nichtse waren. Eine solche Tat ereignete sich 723. In einer aufsehenerregenden Aktion fällte Bonifatius die dem Gott Donar geweihte heilige Eiche bei Geismar. Willibald malt die Szene mit großem Pathos aus. Die Menschen, so erzählt er, hätten Bonifatius als Feind ihrer Götter verwünscht; die Eiche sei, kaum dass die Axt an sie gelegt worden sei, in für einen Kirchenbau genau passende Stücke zerborsten und die Heiden seien sofort zum neuen Glauben gewechselt.[19] Manches davon ist sicher übertrieben, aber ein Höhepunkt der missionarischen Arbeit des Bonifatius war es gleichwohl. Sorgen um seine körperliche Unversehrtheit musste er sich bei dieser Aktion übrigens nicht machen, denn für alle Fälle stand in der Nähe eine fränkische Garnison bereit.

Solche Paukenschläge garantierten Aufmerksamkeit, bewirkten wohl auch kurzfristige Erfolge, aber das Normale waren sie nicht. Wichtiger war die missionarische Kleinarbeit, von der die Quellen mangels fehlender Möglichkeiten der Glorifizierung kaum berichten. Bonifatius zog kreuz und quer durch das Land, rief in den Ortschaften die Leute auf dem Marktplatz zusammen und verkündigte ihnen das Evangelium. Da er das nicht alles alleine schaffen konnte, muss Bonifatius nebenher Mitarbeiter ausgebildet und eingesetzt haben. Außerdem wurden etwa in Amöneburg, Fritzlar und Ohrdruf sowie später im Maingebiet in Tauberbischofsheim, Ochsenfurt und Kitzingen Klöster gegründet, die stets die Doppelaufgabe Erziehung des Nachwuchses und Christianisierung der Bevölkerung hatten. Daneben mussten die Kontakte zu den örtlichen wie überregionalen Machthabern gepflegt werden, lief doch letztlich ohne ihre fördernde Unterstützung kaum etwas. Da schließlich mehr oder weniger umfangreiche Ansätze einer kirchlichen Organisationsstruktur schon vorhanden waren, rückte deren Pflege und Reform oft in den Vordergrund. Für die hier und da im Lande schon wirkenden Geistlichen war es nicht leicht, die ausgefahrenen Gleise zu verlassen. Das aber verlangte Bonifatius in seinem Bestreben um vollkommene Angleichung der fränkischen Kirche an den Kurs Roms unerbittlich und wohl nicht immer gerade diplomatisch. Zunehmende Auseinandersetzungen mit den geistlichen Kollegen zeichneten sich ab, und allmählich verschoben sich die Gewichte seiner Arbeit von der Mission zur Reform.

Die Missionspredigt blieb gleichwohl seine vornehmste Aufgabe. Die Frage, was Bonifatius eigentlich gepredigt hat, ist nicht leicht zu beantworten, weil sich in den Quellen keine entsprechenden Texte finden. Eine große Variationsbreite werden die Ansprachen nicht gehabt haben, ging es doch um die Vermittlung weniger Grundsatzaussagen. Wahrscheinlich hat Bonifatius ebenso wie die anderen Missionare seiner Zeit eine Standardpredigt in der Volkssprache vorgetragen, bei der es immer um die Konfrontation von Götzen und Gott sowie um die werbende Aufforderung zum Religionswechsel ging. Der wurde durch die als Herrschaftswechsel verstandene Taufe besiegelt, und zwar ganz konkret durch eine Art Frage- und Antwortspiel. Zuerst kam die Absage an den Teufel und die namentlich aufgeführten Stammesgötter, danach das Bekenntnis zu Gott dem Vater, dem Sohn und dem Heiligen Geist. Es genügte freilich nicht, dass die Täuflinge nur die Worte verstanden, auch der damit gemeinte Inhalt musste ihnen zuvor begreiflich gemacht werden. Im Eifer des Gefechts wird es dabei bisweilen an der nötigen Sorgfalt gefehlt haben, und bei Massentaufen mögen die Antworten auch schon einmal im Chor nachgesprochen worden sein.

Die eigentliche Arbeit fing danach freilich erst an, denn nun mussten die Leute dazu gebracht werden, auch als Christen zu leben. Das war noch schwieriger und nur durch die Zusammenarbeit von weltlicher und kirchlicher Macht zu bewerkstelligen. Die Politik sah durchaus den Nutzen der Kirche für ihre Belange, und natürlich lag den fränkischen Bischöfen an einer durchgreifenden Christianisierung des Volkes. Aber für einige von ihnen war Bonifatius zu romorientiert, was ihre

Kreise stören konnte, und außerdem war er Ausländer. Papst Gregor III. (731–741) erkannte die Problematik und stärkte dessen Position, indem er Bonifatius 732 zum Missionserzbischof erhob. Nun, auf dieser neuen Stufe der kirchlichen Karriereleiter, konnte er Bischöfe weihen und Diözesen einrichten. Das aber berührte die Interessen der etablierten Bischöfe, und so kamen auf Bonifatius einige Probleme zu.

Im Sommer 737 pilgerte er zum dritten und letzten Mal nach Rom. Die Reise war ein triumphaler Erfolg, denn der Angelsachse war der wichtigste Mann des Papstes im Frankenreich. Man empfing ihn mit allen Ehren und Papst Gregor III. erhob ihn zu seinem Legaten für Germanien. Eindringliche Schreiben gingen darüber hinaus an alle Großen des Frankenreiches mit der Aufforderung, Bonifatius in seiner Arbeit zu unterstützen. Das war auch nötig, denn in den folgenden Jahren geriet er mehr und mehr in den Strudel der Politik. Dabei sollte sich zeigen, dass Bonifatius allen Widrigkeiten zum Trotz hartnäckig seine Pläne zu verfolgen und auch als Kirchenmann sehr wohl machtpolitisch zu taktieren verstand.

Um die Fülle seiner Aufgaben bewältigen zu können, war Bonifatius auf vertrauenswürdige Mitarbeiter angewiesen, die er größtenteils aus seiner Heimat rekrutierte und dann an wichtigen Schaltstellen einsetzte. So entstand im Frankenreich ein Netzwerk von verlässlichen Angelsachsen, die gemeinsam das Reformwerk vorangetrieben haben. Zu dieser Missionarsgemeinschaft gehörten unter anderem Bischof Burchard von Würzburg († 753), Abt Wigbert von Fritzlar († 732/736), Bischof Witta von Büraburg († nach 743), Bischof Willibald von Eichstätt (um 700–787), Abt Wynnebald von Heidenheim (701–761), Erzbischof Lul von Mainz (ca. 710–786) und die Nonnen Lioba (ca. 710–782), Äbtissin von Tauberbischofsheim, Äbtissin Thekla von Kitzingen und Ochsenfurt († um 790) sowie Äbtissin Walburga von Heidenheim († 790), ferner einheimische Kräfte wie die Franken Gregor († 775/776), Abt in Utrecht, Abt Fulrad von St. Denis († 784), Erzbischof Chrodegang von

Metz († 766), der Bayer Sturmi († 779), Abt von Fulda, und später der Friese Liudger (742–809), Rektor von Werden und Bischof von Münster: Sie alle hatten entscheidenden Anteil an der Christianisierung der Germanenvölker sowie an der Reform der fränkischen Landeskirche.

Diese Missionarsgemeinschaft war durch vielfältige geistliche und natürliche Verwandtschaftsbeziehungen verbunden. Es gehört zu den Besonderheiten der angelsächsischen Kirche in der ersten Hälfte des 8. Jahrhunderts, dass der Drang zur Mission manche Familien dazu veranlasste, fast vollständig die Heimat zu verlassen und auf den Kontinent zu wechseln. Ein herausragendes Beispiel dafür ist die Sippe um Willibald. Der um 700 geborene An-

Bonifatius fällt die Donareiche bei Geismar, Radierung von Bernhard Rode, 1781 gelsachse strebte schon als 20-Jähriger in die Ferne. Zu seiner Reisegruppe gehörten, für das Konzept der Pilgerreise erstaunlich genug, sein Vater und sein jüngerer Bruder Wynnebald. Der Vater starb unterwegs, die Brüder blieben in Rom und lebten in klösterlicher Zucht. Wynnebald reiste um 727 von Rom aus wieder nach England, um vor allem in seiner Verwandtschaft für die geistliche Lebensform zu werben. Mit Erfolg, denn seine um 710 geborene Schwester Walburga trat wohl daraufhin in ein angelsächsisches Kloster ein und ein namentlich nicht genannter leiblicher Bruder begleitete ihn 730 nach Rom.

Willibald dagegen war ein unternehmensfreudiger Mann. Schon 723 verließ er Rom und begab sich auf eine Pilgerreise nach Palästina, auf der er manches Abenteuer zu bestehen hatte. Trotz erkennbaren Interesses an fremden Welten war seine Route, die ihn viermal nach Jerusalem führte, ganz auf den Besuch biblischer Stätten konzentriert. Sogar strafbare Aktionen wagte er, als es ihm etwa gelang, auf geschickte Weise in einem Kürbis versteckten Balsam aus Jerusalem an den dortigen Zollbehörden vorbeizuschmuggeln. Bemerkenswert an Willibalds Reisebericht ist das Fehlen jeglicher Hinweise auf missionarische Bemühungen. Nie hat er versucht, Moslems das Evangelium zu verkünden. Das weist auf den erstaunlichen Befund hin, dass christliche Missionare in jener Zeit zwar bereit waren, zu den Heiden am Rande des Frankenreiches zu ziehen, nicht aber in den arabisch-islamischen Bereich. Gleiches gilt übrigens auch für moslemische Missionare, die sich nicht in den Norden wagten. Christentum und Islam breiteten sich stürmisch aus, ließen jedoch den Bereich des jeweils anderen unberücksichtigt, ein beachtenswerter Hinweis auf die Trennung dieser religiösen Welten. Nach seiner Reise durch Palästina lebte Willibald von 727 bis 729 in Konstantinopel als Einsiedler. Dann brach er nach Sizilien auf und landete auf Vulcano im Archipel der Liparischen Inseln, um bei einem Blick in den Vulkan festzustellen, „wie die Hölle beschaffen sei", was allerdings Eruptionen und Aschenregen verhinderten.[20] Schließlich gelangte Willi-

bald im Herbst 729 nach Monte Cassino, wo er in verschiedenen Funktionen die nächsten zehn Jahre seines Lebens verbringen sollte.

Als Bonifatius 738 in Rom weilte, berief er Willibald und Wynnebald in die Missionsarbeit, wobei er ausdrücklich auf die zwischen ihnen bestehende natürliche Verwandtschaft anspielte. Nach Willibalds Weihe zum Bischof von Erfurt 741 und dem bald folgenden Wechsel nach Eichstätt gründete dieser zusammen mit seinem Bruder Wynnebald vermutlich 752 das Eigenkloster Heidenheim, das Letzterer bis zu seinem Tode 761 leitete. Das Zusammenspiel der Familie endete auch danach nicht. Um die Nachfolge im Abbatiat innerhalb der Gründerfamilie zu halten, wurde Heidenheim kurzerhand in ein Doppelkloster umgewandelt und die Schwester der beiden, die schon erwähnte Walburga, die nach 732 als Missionshelferin auf den Kontinent gekommen war, mit der Leitung betraut. Ein weiteres Familienmitglied, Hugeburc († nach 778), zeichnete dann auf Veranlassung von Walburga und ihrem Bruder Willibald dessen autobiographischen Bericht und die Vita Wynnebalds auf.

Doch zurück zu Bonifatius. Auf der Rückreise von Rom ordnete er zunächst 738/739 die kirchlichen Verhältnisse in Bayern mit den Bischofssitzen Regensburg, Passau, Salzburg und Freising. Das war wegen der Zwistigkeiten zwischen Herzog Odilo (736–748) und den Karolingern eine brisante Sache, und prompt geriet Bonifatius auch zeitweilig zwischen alle Stühle. Aber schlussendlich gelang es ihm, das Modell einer romverbundenen bischöflichen Herzogskirche durchzusetzen mit einer Neuorganisation, die im Kern bis heute besteht.

Große Veränderungen mit Langzeitwirkung brachte das Jahr 741. Am 22. Oktober starb Karl Martell. Die Herrschaft im östlichen Teil (Austrien) des Reiches übernahm Karlmann (741–747, † 754), die im westlichen Teil (Neustrien) Pippin der Jüngere (741–768). Beide standen den Plänen des Bonifatius zunächst offen gegenüber. Tatsächlich konnte er in den nächsten Jahren einige bahnbrechende Erfolge erreichen, weil den Karolingern an einem guten Einvernehmen mit Rom lag. Das hatte weniger religiöse als vielmehr machtpolitische Gründe. Denn Karlmann und Pippin wollten das merowingische Schattenkönigtum beenden und auch nominell Könige werden. Ein solcher Wechsel von einem Geschlecht zum anderen war ein ziemlich gewagtes Vorhaben, und deshalb musste den nach der Macht greifenden Karolingern daran gelegen sein, ihre bislang fehlende dynastische Legitimation durch höhere Weihen auszugleichen. Da bot sich allein das Papsttum als Bündnispartner an, konnte es doch in Gottes Stellvertretung zum König salben. Das war gleichsam die schwebende Problematik des nächsten Jahrzehnts, die in alle anderen Bereiche hineinspielte.

Bonifatius wollte aus der von den Interessen des grundbesitzenden Adels beherrschten Staatskirche eine romverbundene Landeskirche machen. Auf lange Sicht bedeutete das nichts anderes als die Grundlegung des christlichen Europas, aber wer ahnte das damals schon. Dazu musste allerdings der Widerstand gewisser aristokratischer Kreise überwunden werden, denen die Entwicklung überhaupt nicht passte. Die Macht dieser Leute beruhte zu großen Teilen auf Kirchengütern, die sie widerrechtlich in ihre Gewalt gebracht hatten, und manche ihren Familien entstammenden Bischöfe hatten alles im Sinn, nur nicht die Förderung der Christianisierung des Volkes. An die Anerkennung der päpstlichen Autorität im fernen Rom dachten sie schon gar nicht. Das alles war Pippin, Karlmann und Bonifatius sehr wohl bewusst, weshalb sie sich zu einem durchaus nicht nur taktisch motivierten Bündnis zusammentaten, das ihnen allen Nutzen bringen sollte.

Den Auftakt des Reformprogramms bildete das berühmte Concilium Germanicum, zu dem wohl am 21. April 742 einige fränkische Bischöfe unter der Leitung von Bonifatius und Karlmann zusammentraten. Die Beschlüsse der Synode zielten auf einen angelsächsisch geprägten Neubeginn, eben die organisatorische Grundlegung der fränkischen Kirche als romorientierter Metropolitanverband. In der ziemlich ungeordneten Artikelsammlung finden sich Nebensächlichkeiten wie die Vorschrift, Kleriker sollten nicht zur Jagd gehen, neben zentralen Vorhaben wie dem, den Kirchen ihr Vermögen zurückzuerstatten.[21] Dieses anspruchsvolle Reformprogramm war zunächst einmal nichts anderes als ein Idealbild voll frommer Wünsche, die ohne die Kraft zur Umsetzung auch solche bleiben würden. Umsetzen wollte man sie wohl, das zeigen die bekräftigenden Folgesynoden der nächsten Jahre. Rühmend vermerkte Bonifatius dem Papst gegenüber, welche Hilfe er in den Herrschern habe. Sogar ein lang gehegter Wunschtraum ging in Erfüllung, die Gründung des Klosters Fulda 744, gedacht sowohl als Missionsstützpunkt wie auch als Altersruhesitz und Grablege.

Noch aber, und das war bedrohlich, gab es mächtige Reformgegner unter den alteingesessenen fränkischen Bischöfen, die im Sommer 744 Erfolge verbuchen konnten, so dass die hoch gespannten Reformpläne ins Stocken gerieten. Besonders im Westteil des Reiches waren sie fest etabliert und hatten durch geschickte Personal- und Pfründenpolitik Abhängigkeiten geschaffen, so dass ihnen schwer beizukommen war. Vor allem aber gehörten sie dem grundbesitzenden Adel an, und wenn die Hausmeier Pippin und Karlmann, die eben noch keine Könige waren, ihre Position erhalten wollten, mussten sie sich mit dieser Machtelite arrangieren. Namentlich Pippin war Realpolitiker genug, um die prekäre Situation rasch zu erkennen, und blies deshalb zum Rückzug. Damit wurde er keineswegs zum Gegner der Kirchenreform, nur wollte und musste er sie behutsamer und langsamer angehen. Das aber war nicht die Sache des Bonifatius, der ruhe- und kompromisslos nach vorne drängte.

So aber wurde die Lage immer problematischer. Sogar Mordpläne sollen gegen den unbequemen Ausländer geschmiedet worden sein. Nichts verdeutlicht die Außenseiterposition des Bonifatius mehr als der Umstand, dass er noch immer Missionserzbischof ohne festen Sitz war. Abhilfe sollte geschaffen werden, und Köln wurde als Metropolitansitz für ihn bestimmt. Aber 746 scheiterte auch dieser

Plan, Bonifatius wurde mit dem Bistum Mainz abgefunden und der Aufbau von Erzbistümern gelang später erst Karl dem Großen. Gerne hätte Bonifatius in jener Zeit „das einmal übernommene Steuer der Kirche gänzlich aus der Hand" gegeben, aber der Papst ließ seine Pensionierung nicht zu.[22] Es ist unbekannt, ob und in welcher Weise er auch weiterhin versuchte, im Hintergrund die Fäden zu ziehen. Das einschneidende politische Ereignis des Jahres 747, der Rücktritt Karlmanns, wird ihm dies jedenfalls nicht leicht gemacht haben. Denn mit dem Verlust seines wichtigsten Förderers stand er allein und musste den Aktivitäten Pippins nahezu taten- und vor allem machtlos zusehen.

Der Franke steuerte nun energisch auf die Ablösung des Merowingerkönigs Childerich III. († nach 751) und auf einen Staatsstreich hin. Durch geschicktes Taktieren gelang es Pippin, sowohl mit dem traditionellen Adel wie auch mit den fränkischen Reformern aus-

zukommen und seine Interessen in direktem Kontakt mit Rom voranzutreiben. Dabei nutzte er die guten Verbindungen der Angelsachsen zum päpstlichen Stuhl und schickte Burchard von Würzburg und Fulrad von St. Denis zu Papst Zacharias, „um wegen der Könige im Frankenreich zu fragen, die damals keine königliche Macht hatten, ob das gut sei oder nicht". Der Papst gab den erwünschten Bescheid, „es sei besser, den als König zu bezeichnen, der die Macht habe, statt den, der ohne königliche Macht bleibe".[23] Damit war der Weg frei für den angestrebten Herrschaftswechsel. Während der enttäuschte und verbitterte Bonifatius seinen allmählichen Rückzug vorbereitete, wurden im Spätjahr 751 Fakten geschaffen. Die Reichsversammlung in Soissons rief Pippin zum König der Franken aus, und seine fehlende Legitimation wurde durch die kirchliche Salbung nach alttestamentlichem Vorbild ersetzt. Vorgenommen wurde dieser Akt wohl nicht von Bonifatius, der ei-

Codex Ragyndrudis, Luxeuil oder Mainz, nach 700. Der aus dem Besitz des Bonifatius stammende Codex enthält 14 verschiedene apologetische, exegetische und dogmatische Schriften und zeigt deutlich sichtbare Hiebspuren.

gentlich zuständig gewesen wäre und der ihn letztlich vorbereitet hatte, sondern von fränkischen Bischöfen. Damit war eine neue Achse geschmiedet, die in den nächsten Jahrhunderten geschichtswirksam werden sollte. Das in der Spätantike wurzelnde traditionsreiche römische Papsttum und die aufstrebende germanische Großmacht im Westen taten sich zu einem politisch-kirchlichen Bündnis zusammen. Das war eigentlich genau das, was Bonifatius wollte, denn nur so konnte die fränkische Kirche zu einer romorientierten Landeskirche umgestaltet werden. Dass Kirchenleute wie Chrodegang von Metz und Fulrad von St. Denis das im Verein mit Pippin bewerkstelligten, zeigt im Grunde seinen nachhaltigen Erfolg. Die persönliche Tragik des Bonifatius lag darin, dass er sich damit selbst überflüssig gemacht hatte. Die Franken regelten ihre Angelegenheiten mit Rom persönlich und bedurften keines angelsächsischen Mittlers mehr.

Bonifatius blieb nichts mehr, als seine Dinge zu ordnen. Für Fulda erreichte er 751 ein päpstliches Schutzprivileg, ein schöner Erfolg. Mit Papst Zacharias erörterte er zum wiederholten Male kirchenrechtliche Fragen. Es wirft ein bezeichnendes Licht auf die Verzagtheit des alten Mannes, dass er dabei auch

ängstlich in ganz alltäglichen Dingen um Weisung bat. So ging es um das Problem, ob Christen Vögel, Hasen, Biber und Wildpferde essen dürften, wann man Speck genießen könne und „an wie vielen Stellen bei der Feier des heiligen Messopfers Kreuze gemacht werden sollen".[24] Man kann sich leicht vorstellen, dass der Papst bei solchen Fragen auf eine Geduldsprobe gestellt worden ist. Ferner sorgte Bonifatius sich um seine angelsächsischen Schüler und setzte Lul als seinen Nachfolger in Mainz ein. Im Mai 753 kam es zu einer letzten Begegnung mit Pippin, dann zog Bonifatius sich auf das friesische Missionsfeld zurück. Deshalb war er auch nicht zugegen, als im Januar 754 Papst Stephan II. (752–757) von Pippin in Ponthion empfangen wurde. Diese erste Reise eines Papstes über die Alpen hatte einen konkreten Hintergrund. Bedrängt von den Langobarden, benötigte Rom rasche Hilfe. Der neue König Pippin übernahm deshalb die Schutzpflicht für die römische Kirche und gab dem Papst umfassende Gebietsgarantien für Mittelitalien. Stephan II. und der Franke schlossen ein Freundschaftsbündnis, dessen erster Erweis Pippins Salbung zum König der Franken am 28. Juli 754 in St. Denis war. Damit war die Machtübernahme durch die Karo-

Fuldaer Sakramentar, um 975. Bonifatius bei der Taufe eines Heiden. Bonifatius hält bei dem tödlichen Angriff der Friesen schützend ein Buch vor sein Haupt.

linger mit dem Segen der Kirche abgeschlossen. Das war ein Vorgang von historischer Tragweite, denn das Papsttum löste sich von Byzanz und orientierte sich nach Westen, während das Frankenreich fortan Verantwortung für die römische Kirche trug.

Bonifatius aber hatte sich zu dieser Zeit schon längst vom Zentrum des Geschehens an den Rand des Reiches zu den widerständigen Friesen begeben. Dort starb er am 5. Juni 754 durch die Hand friesischer Räuber. Von Utrecht aus war er mit über 50 Begleitern in die Gegend von Dokkum gezogen, um wenige Tage nach Pfingsten eine größere Schar von gerade getauften Friesen zu firmen. Doch dazu kam es nicht, denn das weithin bekannt gemachte Großereignis muss eine dort umherstreifende Räuberbande auf den Plan gerufen haben, die reiche Beute machen wollte. Andere Motive wie Hass auf das Christentum oder gar eine gezielte Aktion oppositioneller Kräfte aus dem Karolingerreich, die den unbequemen Missionar beseitigt haben wollten, sind eher unwahrscheinlich. Es handelte sich also um einen verbrecherischen Überfall. Genau genommen erlitten die Frommen um Bonifatius daher auch nicht das Martyrium, denn sie starben nicht um ihres Glaubens willen, aber die Christen haben es natürlich so verstanden.

Die Berichte über das dramatische Geschehen in Dokkum sind eine Mischung aus wahrscheinlichen und legendenhaften Teilen. Besonders wirkungsvoll war die Behauptung der zweiten Bonifatiusvita, die um 825 von einem Utrechter Presbyter verfasst wurde, aber nur in einer nach 900 entstandenen Bearbeitung erhalten ist. Danach habe Bonifatius einen Evangeliencodex schützend über sein Haupt gehalten, bevor ein Friese ihm dasselbe abgeschlagen habe. Verbunden mit dem durch kräftige Hiebspuren beschädigten Codex Ragyndrudis, einem tatsächlich aus dem Besitz des Bonifatius stammenden Buch, hat sich daraus die Legende des sich gleichsam in

Fechtermanier mit einem Codex gegen die Angreifer verteidigenden Heiligen ergeben. Sie war im Laufe der Jahrhunderte so erfolgreich, dass die Handschrift fast in den Rang einer Reliquie aufrückte und auf allen bildlichen Darstellungen Bonifatius mit Schwert und durchbohrtem Buch als Attributen zu sehen ist. Die um 1000 entstandenen Fuldaer Prachtsakramentare haben dieses Konzept verbreitet und so den Ruhm des Klosters gewinnbringend gefördert. Dieser Siegeszug macht die Geschichte nicht wahrscheinlicher, aber sie ist zumindest gut erfunden. Den Hagiographen kam es eben darauf an, Bonifatius als Märtyrer und Heiligen zu präsentieren, da mussten die Fakten schon einmal um des höheren Zieles willen zurechtgebogen werden. Ein kostbarer Besitz waren die Gebeine des nun zum Heiligen aufgestiegenen Angelsachsen allemal, und deshalb entbrannte alsbald ein harter Kampf um den Leichnam, den Fulda für sich entscheiden konnte.

Auch wenn Bonifatius in den letzten Jahren seines langen Lebens unter dem Eindruck stand, nicht viel erreicht zu haben, ist er dennoch einer der erfolgreichsten Kirchenmänner der Zeit gewesen. Seine missionarische Verkündigung des Evangeliums hat zahlreiche Menschen erreicht und durch die Taufe in die Kirche eingegliedert. Seine Reformvorstellungen hat er auf Synoden im Frankenreich festgeschrieben. Sie standen zwar zunächst nur auf dem Papier, bildeten aber eine ausbaufähige Grundlage für die weitere Arbeit. Trotz mancher Rückschläge ist Bonifatius es denn auch gewesen, der im Verein mit den Herrschern den Einfluss des von der Aristokratie beherrschten Episkopats zurückdrängte und die romorientierte fränkische Landeskirche schuf. Und er ist es auch gewesen, der entscheidend das Bündnis der Karolinger mit dem Papsttum vorbereitet und damit die Weichen für die Entwicklung der mittelalterlichen Welt gestellt hat.

V.

Grundlegung eines christlichen Reiches: Karolinger

1. Mission im Gefolge politischer Expansion

Als Papst Stephan II. am 28. Juli 754 in St. Denis Pippin den Jüngeren zum König der Franken salbte, waren auch dessen beide Söhne dabei, der siebenjährige Karl und der dreijährige Karlmann (751–771). Voller Bedacht dehnte der Papst die zeremonielle Aufwertung des Geschlechts der Karolinger auf die gesamte Familie aus, indem er die Kinder ebenfalls zu Königen salbte und auch der Königin Bertrada (um 725–783) einen feierlichen Segen spendete. Darüber hinaus drohte Stephan den Franken den kirchlichen Bann an, wenn sie es wagen würden, jemals einen König aus einem anderen Geschlecht zu erheben. Damit war das germanische Erbrecht außer Kraft gesetzt und die kirchliche Salbung als Fundament dynastischer Kontinuität eingesetzt worden, was jedoch am Ergebnis nichts änderte. Den Karolingern stand die Zukunft offen, nun mussten sie sich auch der neu übernommenen Verantwortung stellen.

Die Voraussetzungen dafür waren günstig, nicht zuletzt durch das biologische Faktum, dass ihnen, anders als den Merowingern, in den ersten fünf Generationen lange Herrschaftszeiten beschieden waren. Das war ein ungewöhnlicher Glücksfall, denn so konnten zu Streitigkeiten reizende Erbteilungen vermieden, die nachfolgenden Söhne sorgsam erzogen und dauerhafte Herrschaftsstrukturen aufgebaut werden. Die damit gegebene Kontinuität ermöglichte sowohl innere Stabilität als auch das Anpacken größerer außenpolitischer Vorhaben wie etwa der Mission.

Ein weiterer Glücksfall mit europäischen Folgen war die Veränderung der Kriegspolitik. Auch für die Karolinger war der Krieg gleichsam der Normalfall, Gewalt war allgegenwärtig. Besonders zur Zeit Karls des Großen verging kaum ein Jahr ohne Heereszüge. Aber von gewissen Einzelfällen abgesehen nahm doch der Grad grausamer Brutalität ab und der zuvor übliche Verkauf von Gefangenen in die Sklaverei ging deutlich zurück, so dass die Sklavenmärkte bald geschlossen werden mussten. Vor allem aber machten sich die Karolinger Gedanken über die Folgen eines Krieges, weil sie erkannt hatten, dass namentlich bei Eroberungen ein militärischer Sieg allein nichts brachte. Aus den verschiedenen Völkern war ein Volk aufzubauen, das auch ohne Gewalt regierbar sein sollte. Nach dem Vorbild des Apostels Paulus, der in seinem Idealbild der christlichen Gemeinde die ethnischen Unterschiede aufgehoben sah, gelang es Karl dem Großen tatsächlich, in seinem Vielvölkerstaat die Menschen zu einer Einheit weitgehend christlichen Zusammenlebens zu verbinden. Dieses übergentile Bewusstsein konnten seine Nachfolger zwar nicht bewahren, es wirkt gleichwohl in der christlichen Fundamentierung Europas bis heute nach.

In diesen Zusammenhängen lag eine große Chance für die Mission, denn der Glaube an den einen Gott war das Band, das die verschiedenen Völker zusammenzuhalten vermochte. Karl der Große wusste das genau, weshalb er nach Kräften die Ausbreitung des Christentums förderte und viele seiner Heereszüge als Religionskriege führte. Nach seinem Herrschaftsantritt im Jahre 768 bestand die religionsgeographische Zweiteilung Europas noch fort, und deshalb warteten drängende Aufgaben auf den jungen Herrscher. Auch aus Stabilitätsgründen war es für ihn zunächst wichtig, die Rheingrenze zu sichern. Friesen und Sachsen beobachteten misstrauisch den Machtzuwachs ihres fränkischen Nachbarn, ärgerten ihn auch gerne mit einer Politik kämpferischer Nadelstiche. Das Lösungskonzept der Karolinger war denkbar einfach: Integration ins Reich und dann mehr oder weniger freiwillige Christianisierung. Den Betroffenen gefiel das ganz und gar nicht, und schon aus Gründen des politischen Überlebens widersetzten sie sich deshalb gelegentlichen Missionsversuchen besonders eifriger angelsächsischer Glaubensboten. Denn sie wussten nur zu gut, dass die Annahme der Religion des übermächtigen Nachbarn früher oder später den Verlust ihrer politischen Selbstständigkeit nach sich ziehen würde. Die Zeit arbeitete allerdings gegen sie.

Was das Friesenproblem anging, so entwickelten sich die Dinge auch nach der Eroberung Mittelfrieslands 733/734 durch Karl Martell nur langsam. Die Mission machte geringe Fortschritte, und noch in den späten siebziger Jahren des 8. Jahrhunderts mussten die Missionare elementare Aufbauarbeit leisten. Liudger wirkte im Ostergo, Willehad (um 740–789) in Wigmodien an der Unterweser, um so von zwei Seiten in das bislang unerreichte Ostfriesland vordringen zu können. Der nach Friesland ausgreifende Sachsenaufstand des Jahres 782 machte auch diese Anstrengungen zunichte und die Missionare mussten fliehen. Erst als 785 der Sachse Widukind seinen Widerstand gegen Karl den Großen aufgegeben und die Taufe angenommen hatte, konnte die Missionsarbeit wieder beginnen. Der 787 zum Missionsbischof geweihte Willehad bekam Wigmodien und Teile Ostfrieslands als Missionsgebiet für das geplante Bistum Bremen zugewiesen, während Liudger in dem Gebiet

---

Willehad, geb. um 740, gest. 8. November 789, angelsächsischer Missionar, erster Bischof von Bremen. Wohl in York ausgebildet, ließ er sich nach 765 zur Mission bei Friesen und Sachsen entsenden. Zunächst in Dokkum tätig, beauftragte Karl der Große ihn 780 mit der Mission in Wigmodien. Durch einen Sachsenaufstand vertrieben, hielt Willehad sich 782–785 in Rom und im Kloster Echternach auf. Nach planvoller Mission an der Unterweser 787 zum Missionsbischof geweiht, bereitete er in Bremen die Bistumsgründung vor. Eine Woche nach der Weihe der Domkirche starb Willehad. Die um 845 von einem Bremer Anonymus verfasste Vita belegt seine Frömmigkeit und missionarische Kompetenz. Die von Willehad gewirkten Wunder hat 860 Ansgar aufgezeichnet.
Willehads Auftrag: Karl der Große schickte Willehad in den Gau Wigmodien, *um dort im Auftrag des Königs Kirchen zu bauen, den Leuten das Evangelium zu predigen und der ganzen Bevölkerung frei und ungehindert den Weg des ewigen Lebens zu zeigen.* (Vita Willehadi c. 5, S. 58)

östlich der unteren Ems tätig wurde. 792/793 kam es, wiederum im Zusammenhang mit einem Sachsenaufstand, dort nochmals zu einer antifränkischen heidnischen Reaktion, die Liudger zu einer einjährigen Unterbrechung seiner Arbeit zwang. Aus dieser Zeit ist ein bemerkenswertes missionspraktisches Zeugnis überliefert, nämlich der Einsatz eines Laien als Hilfspersonal für die Mission.[1] Unmittelbar vor der Rebellion war Liudger nördlich von Groningen dem friesischen Sänger Bernlef begegnet, der wegen seiner gekonnten Darbietung von Heldenliedern geschätzt war. Seit drei Jahren von Blindheit geschlagen, erlangte er durch ein Heilungswunder Liudgers das Augenlicht wieder. Bevor sich der Missionar in Sicherheit brachte, beauftragte er aus Sorge, die Kleinkinder könnten verloren gehen, wenn sie vor der Niederschlagung des Aufstandes ungetauft stürben, Bernlef damit, von Haus zu Haus zu gehen und die Säuglinge zu taufen. Bernlef hat das offensichtlich mit großem Erfolg getan und Liudger vermochte nach dem Ende der Unruhen etliche überlebende Kinder zu firmen. Nach 794 konnte dann die Mission im ostfriesischen Siedlungsgebiet zwischen Lauwers und Weser weitgehend abgeschlossen werden. Da dies in engem Zusammenhang mit der Unterwerfung der Sachsen geschah, erhielt dieser friesische Raum keine selbstständige Kirchenorganisation, sondern wurde den Bistümern Bremen, Osnabrück und Münster zugeschlagen. Zusammen mit dem Bistum Utrecht hatte diese Struktur bis 1559 Bestand.

Weitaus schwieriger gestaltete sich das Verhältnis der Franken zu den Sachsen. Dieses die ganze nordwestdeutsche Tiefebene besiedelnde Volk hatte in mehrfacher Hinsicht eine Außenseiterposition inne. Zum einen war es der letzte große germanische Stamm östlich des Rheins, der vom Christentum nichts wissen wollte. Zum anderen gehörten die Sachsen nach Ansicht von Zeitgenossen zu den viehischen Völkern ohne Religion und ohne König, was sie besonders verdächtig und eroberungswürdig machte. Nach rechter alttestamentlicher Ordnung, so meinte man,

müsse ein Volk von einem mächtigen Herrscher regiert werden, das sei eine Voraussetzung für Zivilisation. Die königslosen Sachsen lagen also außerhalb der kultivierten Welt. Da sie jedoch dem Rhein immer näher kamen und sich die Konflikte mehrten, wurde der Zustand aus Sicht der Karolinger unhaltbar. Aber gerade weil die Sachsen keinen König und damit auch keinen obersten Heerführer hatten, verfügten sie über mehrere schlagkräftige Verbände und stellten die militärische Kunst der Franken auf eine harte Probe. Als Karl im Jahre 772 erstmals auf sächsisches Gebiet vordrang, war er gerade vier Jahre an der Macht und erst kürzlich, nach dem Tode seines Bruders Karlmann im Dezember 771, zum Alleinherrscher aufgestiegen. Ungestüm und ohne zu wissen, was auf ihn zukam, meinte er wohl, die Sache schnell erledigen zu können. Es kam jedoch anders, denn die Auseinandersetzung sollte insgesamt 33 Jahre dauern.

Die ersten Versuche, die Sachsen in den christlichen Kulturkreis zu integrieren, gingen jedoch nicht von den Franken, sondern von den Angelsachsen aus. Schon in dem irischen Kloster Rathmelsigi, dem Zentrum für Fern-

Vita secunda Liudgeri, um 1100. Liudger, in weltlichbunter Kleidung und in Begleitung von Berittenen, heilt den blinden Bernlef. Sein Segensgestus entspricht der aus den Wolken hervorkommenden Hand Gottes, so dass Liudger als Instrument Gottes erscheint.

Hausförmiges Kästchen aus Walknochen und Bronze, angelsächsisch, spätes 8. Jh. Die Platten zeigen Drachenwesen, deren Schwänze Flechtwerk bilden, die der Seiten jeweils einen Baum mit darin verflochtenen Tieren. Wegen der Inschrift auf der Unterseite Runenkästchen genannt, gilt es als eines der herausragenden Zeugnisse angelsächsischer Kunst. Als Behälter für Reliquien oder Hostien genutzt, könnten Wandermissionare es mit sich geführt haben.

mission, bestanden Pläne, angelsächsische Missionare zu den stammesverwandten Sachsen zu senden. Das allerdings war ein verwegenes Unterfangen, solange man nicht auf politische Unterstützung zurückgreifen konnte. Zwei vermutlich aus Northumbria stammende Priestermönche, ihrer Haarfarbe wegen der schwarze und der weiße Hewald genannt, haben es trotzdem versucht und sind um 690 mit einigen Gefährten in das Gebiet nördlich der unteren Lippe gezogen. Es war die erste in den Quellen fassbare Missionsreise zu den Sachsen. Diese erkannten die Hewalde „als einer anderen Religion zugehörig, weil sie sich immer Psalmen und Gebeten widmeten und Gott täglich das Heilsopfer darbrachten, wofür sie heilige Gefäße und einen geweihten Tisch anstelle eines Altars bei sich hatten". Sofort schöpften sie Verdacht, die Missionare könnten ihren Führer „von ihren Göttern abbringen und zur neuen Religion des christlichen Glaubens bekehren, so dass ihr ganzes Land allmählich gezwungen würde, die alte Religion gegen die neue zu tauschen".[2] Offenbar waren ihnen entsprechende Neigungen des Herrschers zu Ohren gekommen oder sie hatten solche Entwicklungen bei benachbarten Stämmen miterlebt und ordneten nun die Hewalde der Religion der Franken zu. Kurzum, die Bevölkerung fürchtete, ihre bisherige religiöse und kulturelle Identität aufgeben zu müssen. Deshalb mussten die beiden sterben, „Hewald der Weiße mit einem schnellen Schwertschlag, der Schwarze aber durch lange Marter und Folter und in schrecklicher Weise durch Ausreißen aller Glieder".[3] Genützt hat es den Heiden nichts, denn auch wenn die Christianisierung der Sachsen noch mehrere Generationen auf sich warten lassen sollte, so verurteilte der Herrscher wohl aus Angst vor einem fränkischen Übergriff den Mord, ließ das Dorf niederbrennen und seine Bewohner töten. Seine Sorge war berechtigt, denn Pippin der Mittlere zeigte Anteil am Schicksal der Hewalde und veranlasste die Beisetzung der Märtyrer in der Kölner Clemenskirche.

Den nächsten Versuch unternahm um 770 wiederum ein Angelsachse, der Wanderprediger Lebuin-Liafwin († um 780) aus der Utrechter Missionsschule. Er hatte den Mut, vor der sächsischen Stammesversammlung zu Marklô an der Weser eine fulminante Predigt zu halten. Einige Christen muss es zu dieser Zeit unter den Sachsen schon gegeben haben, denn Lebuin reiste zuerst zu dem sächsischen Grundherrn Folcbraht, der ihn vergebens von seinem Vorhaben abzubringen versuchte. Im Priestergewand, mit Vortragekreuz und Evangeliencodex in der Hand, präsentierte Lebuin sich den Sachsen und sprach: „Hört, hört! Ich bin ein Bote des allmächtigen Gottes, sein Gebot überbringe ich euch Sachsen. Das ist die Botschaft Gottes, des Königs des Himmels und der Erde, und seines Sohnes Jesus Christus an euch: Wenn ihr die Seinen sein und das tun wollt, was er euch durch seine Diener aufträgt, wird er euch so viel Gutes erweisen, wie ihr es nie zuvor gehört habt. So wie ihr, Sachsen, bis jetzt keinen König über euch gehabt habt, wird es auch in Zukunft keinen König geben, der euch beherrschen und sich unterwerfen kann. Wenn ihr aber nicht die Seinen werden wollt, hört seinen Spruch an euch: Im Nachbarland steht ein König bereit, in euer Land einzudringen, es zu plündern und zu verwüsten, in vielen Kriegen euch aufzureiben, in die Verbannung zu schleppen, zu enterben und zu töten und euer Erbteil zu geben, wem er will; ihm und seinen Nachkommen werdet ihr dann unterworfen sein“.[4] Diese Ansprache musste auf Protest stoßen, denn Lebuins Bekehrungsaufruf argumentierte politisch. Er verhieß den Sachsen Selbstständigkeit und Unverletzlichkeit ihrer Grenzen, wenn sie Christen würden. Das war kühn, zumal Lebuin dafür kein Mandat der Franken hatte. Offenbar hielt er die Existenz eines unabhängigen christlichen Stammesgebildes außerhalb des fränkischen Vielvölkerstaates für möglich, ein revolutionärer Gedanke, der angesichts der politischen Kräfteverhältnisse nur als naiv bezeichnet werden kann. Lebuin wurde noch deutlicher, drohte er doch im Fortgang seiner Rede unverhohlen mit der fränkischen Invasion. Wenn er tatsächlich so

Anhänger aus Walrosselfenbein, Balhorner Feld, Paderborn, 10. Jh. Möglicherweise in Nordengland hergestellte Kreuzigungsgruppe, Christus flankiert von Maria und Johannes. Abriebspuren an der Öse belegen eine längere Nutzung. Einen vergleichbaren Anhänger könnte Lebuin getragen haben.

gepredigt haben sollte, und das ist alles andere als sicher, dann war das weder einladend noch entsprach es dem Geist des Neuen Testamentes. Die Sachsen wussten genau, dass die sie bedrängenden Franken dem ihnen als Himmelskönig angebotenen Gott folgten, deshalb musste dieser ihnen als fränkischer Kriegsgott erscheinen. Eine solche Predigt, wenn man sie denn überhaupt so nennen will, konnte nur empörte Reaktionen hervorrufen, und so ist es nach dem Zeugnis der *Vita Lebuini* dann auch geschehen. Die Sachsen schrien: „Hier, hier ist ja jener hergelaufene Betrüger, der mit seinen verrückten Phantasiereien durch unser Land zieht; schnell, packt und steinigt ihn“.[5] Nur dem besonnenen Eingreifen eines Sprechers namens Buto war es zu verdanken, dass Lebuin nicht getötet worden ist und das Land verlassen konnte.

Zu berücksichtigen bei der Einschätzung dieser dramatischen Geschichte ist ihre Entstehung erst um 850 wohl in Werden, zu einer Zeit also, als Franken und Sachsen längst zu einem Volk zusammengewachsen waren. Das gibt Raum für Spekulationen. Da der unbekannte Verfasser in seiner Rekonstruktion der Rede Lebuins verschweigt, dass Karl der Große den Sachsen eigentlich nicht Tod und Vertreibung, sondern das Christentum bringen wollte, könnte hier Kritik an seiner gewalttätigen Missionsmethode nachklingen. Denkbar wäre auch, dass der Autor das Beharren der Sachsen auf ihrem Kult als Ungehorsam dem Gebot Gottes gegenüber verstand, was geradezu zwangsläufig Karls kriegerisches Eingreifen nach sich ziehen musste. Dann wäre Karl sogar ein Werkzeug Gottes in seinem Heilsplan für die Sachsen gewesen. Auch aus der Rückschau machte man sich Gedanken über den Lauf der Geschichte, wobei eines offensichtlich klar war: Nur als Christen konnten die Sachsen friedlich neben und mit den mächtigen Franken existieren.

So sah es wohl auch Karl der Große, als er 772 seine Offensive gegen die Sachsen begann. Schon der Eröffnungszug zeigt sein Doppelziel, die Sachsen erobern und christianisieren zu wollen. Denn im Sommer 772 fiel Karl mit seinem Heer im Sachsenland ein, entweihte durch die Zerstörung der Irminsul, eines Baumheiligtums auf oder bei der Eresburg bei Obermarsberg an der Diemel, deren religiöses Zentrum und kehrte reich beladen mit Beute rechtzeitig zur Eröffnung der Jagdsaison in den Ardennen zurück. Von missionarischen Aktivitäten war allerdings zu dieser Zeit noch nicht die Rede. Dennoch, die Sachsen sollten sich nun nicht nur zeremoniell einem fernen Oberherrn unterwerfen, sie sollten nach Karls Willen seine Untertanen werden. Und als Untertanen mussten sie eben Christen werden, denn Karl wollte seine Grenzen gegen das Heidentum abschotten.

Da aber lag das Problem. Die Sachsen versprachen zwar die Annahme des Christentums immer dann, wenn Karl mit seinen Truppen anrückte. Kaum war er wieder weg und zu anderen Kriegszügen unterwegs, taten sie das genaue Gegenteil und zerstörten ihrerseits das eine oder andere Grenzkloster gründlich. So auch nach dem Schlag von 772. Denn im folgenden Jahr, als sich Karl in Ita-

lien aufhielt, führten die Sachsen einen gezielten Rachefeldzug gegen das Kloster Fritzlar und die zeitweilig als Bischofssitz genutzte Büraburg. Gleiches wurde eben mit Gleichem vergolten. Der König reagierte gereizt mit dem Versprechen, die Sachsen „mit Krieg zu überziehen und so lange durchzuhalten, bis sie entweder besiegt und der christlichen Religion unterworfen oder aber gänzlich ausgerottet seien".[6] Das tat er dann auch in groß angelegten Heereszügen, so dass schon 776 zahlreiche Sachsen sich unterwarfen und die Annahme des Christentums versprachen. Karl fühlte sich als Sieger und ließ mitten im Sachsenland in Paderborn eine Pfalz mit dem stolzen Namen Karlsburg errichten, wo im Jahre 777 eine kombinierte Reichsversammlung und Synode stattfand. Das Lied von der Bekehrung der Sachsen feierte überschwänglich den Herrscher und verglich die Erlösungstat Christi mit Karls Sieg im Missionskrieg. Der König habe die „in schändlichen Riten für die Dämonen" gefangenen Sachsen „mit dem blitzenden Schwert gezähmt" und „von reißenden Wölfen in zarte Lämmer verwandelt".[7] Die Sachsen ließen sich nach Ablegung eines Taufgelöbnisses in Scharen taufen, die führenden Kirchenleute planten die Mission des unterworfenen Landes und alle glaubten, der geniale König habe wieder einmal einen glänzenden Sieg an seine Fahnen geheftet. Das altsächsische Taufgelöbnis zeigt, wie die Absage an die heidnischen Götter mit dem Bekenntnis zur Trinität kombiniert und damit eine konkrete Abkehr von der bisherigen religiösen Kultur gefordert wurde, die danach von den Täuflingen gewissermaßen eingeklagt werden konnte[8]:

Forsâchistû diabolae? et respondet: ec forsacho diabolae.
end allum diobolgelde? respondet: end ec forsacho allum diobolgeldae.
end allum dioboles uuercum? respondet: end ec forsacho allum dioboles uuercum and uuordum, Thunaer ende Uuôden ende Saxnôte ende allum thêm unholdum thê hira genôtas sint.

Gelóbistú in got alamehtigan fadaer? ec gelóbo in got alamehtigan fadaer.
Gelóbistú in Crist godes suno? ec gelóbo in Christ gotes suno.
Gelóbistú in hálogan gást? ec gelóbo in hálogan gást.
Entsagst du dem Teufel? die Antwort soll sein: ich entsage dem Teufel.
und allem Teufelsgeld? Antwort: und ich entsage allem Teufelsgeld.
und allem Teufelswerk? Antwort: und ich entsage allem Teufelswerk und -wort, Donar und Wodan und Saxnot und all den Unholden, die ihre Genossen sind.
Glaubst du an Gott den allmächtigen Vater? ich glaube an Gott den allmächtigen Vater.
Glaubst du an Christ, Gottes Sohn? ich glaube an Christ, Gottes Sohn.
Glaubst du an den Heiligen Geist? ich glaube an den Heiligen Geist.

Was 777 wie ein grandioser Erfolg wirkte, sah nur ein Jahr später schon wieder ganz anders aus. Karl zog gerade über die Pyrenäen gegen die Sarazenen, als die Sachsen zum Gegenschlag rüsteten. Unter der Führung des sperrigen westfälischen Adeligen Widukind zerstörten sie die Karlsburg und rückten nach Süden vor. Fast hätte es Fulda getroffen, so dass dort die aufgeschreckten Mönche sicherheitshalber ihren kostbarsten Besitz, die Leiche des Märtyrers Bonifatius, einpackten und mit ihr zur Hammelburg flohen. Wieder ging es gegen christliche Einrichtungen, es war eben ein Religionskrieg. So sah Karl es auch, und deshalb betrachtete er jetzt die Sachsen politisch als Hochverräter und kirchenrechtlich als Apostaten, als vom rechten Glauben Abgefallene. Beides war als Böswilligkeit zu verstehen und entsprechend hart zu bestrafen. Karl ging mit erbarmungsloser Konsequenz zur Sache. In dem „Blutgericht von Verden" sollen an einem einzigen Tage des Jahres 782 auf seinen Befehl hin 4500 Sachsen enthauptet worden sein, worüber selbst manche Zeitgenossen entsetzt waren.[9] Mag die gut unterrichtete Quelle bei der Zahl auch zu hoch gegriffen haben, an der Historizität dieser Massenhinrichtung ist wohl nicht zu zweifeln.

Im gleichen Jahr wurde die *Capitulatio de partibus Saxoniae* erlassen, ein drakonischer Strafenkatalog mit dem Doppelziel der Ausrottung heidnischer Gebräuche und der Zerschlagung der sächsischen Verfassung. Im ersten Teil werden mit der Todesstrafe zu ahndende Verbrechen aufgezählt, zum Beispiel Brandschatzung von Kirchen, Verweigerung des vierzigtägigen Fastens vor Ostern, Brandbestattung, Priestermord, Taufverweigerung, Ausübung heidnischer Gebräuche und Untreue dem König gegenüber. Dabei ging es um als Teufelspakt verstandene heidnische Riten, die als individuelles Fehlverhalten bestraft werden sollten. Im zweiten Teil der *Capitulatio* sind gemeinschaftsgebundene religiöse Formen genannt, die meist mit Geldbußen zu ahnden waren. Der oft als grausames Siegerdiktat angesehene Rechtstext wollte allerdings, das darf nicht außer Acht gelassen werden, die Kirche als Basisinstitution für die Befriedung Sachsens nutzen. Deshalb wurde

Altsächsisches Taufgelöbnis, Canonum Collectio Dionysiana, Hersfeld oder Fulda, um 800. Kanonistischer Sammelcodex mit für die Missionspraxis einschlägigen Texten, der wohl gegen Ende der Sachsenkriege für ein bonifatianisch geprägtes Missionszentrum angefertigt worden ist. Das von einem Angelsachsen für sächsische Zuhörer geschriebene Taufgelöbnis ist nur hier überliefert.

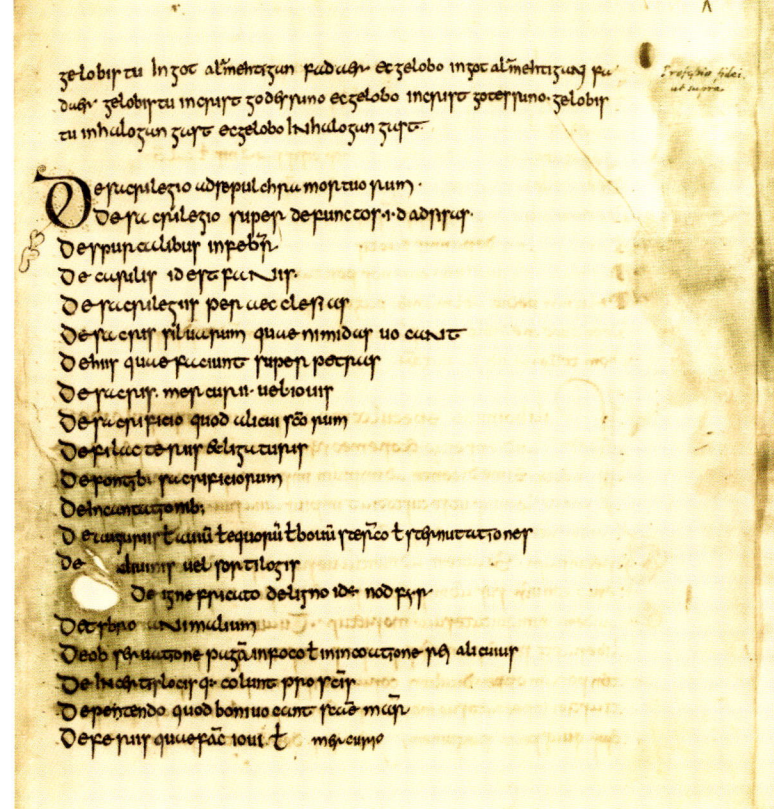

gleich zu Beginn festgestellt: „Alle stimmen zu, dass den Kirchen, die in Sachsen gebaut werden und Gott geweiht sind, nicht nur keine geringere, sondern größere und vorzüglichere Ehre erwiesen werde als den Heiligtümern der Götzen".[10] Demzufolge hat man erstens für eine gewisse Zeit mit dem Nebeneinander von heidnischen und christlichen Kultstätten gerechnet und zweitens die Kirche als Ausgangspunkt für Unterwerfung und Christianisierung der Sachsen bestimmt. Als Fernziel war nach dieser religiösen Revolution sehr wohl an ein friedliches Miteinander gedacht, weshalb selbst für die mit Todesstrafe belegten Vergehen ausdrücklich Kirchenasyl gewährt wurde.[11] Trotz dieser Perspektive werden in der *Capitulatio* politische und kirchliche Zwangsmaßnahmen verquickt. Die Kirche als Herrschaftsträger mit dem als Tribut verstandenen Zehnten, Verlust der Stammesrepräsentanz, Gerichtsabhängigkeit und Abgabenordnung waren die Elemente zur Veränderung der sächsischen Stammesstruktur. Konsequent wurde die Taufe als Form des Gefolgschaftsgelübdes verstanden, das zu Gehorsam und dem Einhalten von Verträgen verpflichtete. Widerständige Sachsen konnten so leichter als Apostaten bezeichnet und bestraft werden. Karl machte damit unmissverständlich klar: Die Grenze ist geschlossen, in den Provinzen des Frankenreiches ist nur noch der Kult der christlichen Kirche zulässig.

Beendet war die Auseinandersetzung damit immer noch nicht. In den 13 Jahren zwischen 772 und 785 wurden immerhin 15 Verträge zwischen Franken und Sachsen geschlossen und gebrochen. Die Sachsen kämpften eben um den Bestand ihrer Religion. Karl hatte größte Mühe, die fränkische und christliche Ordnung im Nordosten des Reiches bis an die Grenze zu Dänemark und an die Elbe durchzusetzen. Aber schließlich gelang es ihm doch. 785 streckte der Sachsenhäuptling Widukind die Waffen, nachdem er eingesehen hatte, dass der Christengott den alten Göttern überlegen war. Er ließ sich taufen, nun sofort von Karl als Christ akzeptiert und höchstpersönlich aus dem Taufbecken gehoben. Der Religionskrieg war damit beendet. Mit dem ehe-

maligen Feind, der ihm viel Not bereitet hatte, verband Karl jetzt die Patenschaft. Darüber, ob es ihm leicht gefallen ist, Widukind derart zu ehren, schweigen die Quellen. Denkbar ist, dass Karl manche Brutalität des Kampfes bereut hat, denn genau zu dieser Zeit ließ er in der Überlieferung das Bild seines Vorfahren Arnulf von Metz († 641) als eines heiligen Sünders, dem Gnade verheißen ist, neu gestalten, was als büßendes Gedenken an die Hinrichtung vieler Sachsen gedeutet werden könnte.

Konflikte und Kleinkriege flackerten trotzdem noch 20 Jahre lang immer wieder auf. Karl war nun um Frieden bemüht, wie 797 die mildere, auf Todesstrafen verzichtende Gesetzgebung des Aachener *Capitulare Saxonicum* verdeutlicht. Die Christianisierung des neuen Bestandteils seines Vielvölkerreiches wurde energisch in Angriff genommen, zog sich allerdings über lange Zeit hin. Bistümer und Klöster wurden gegründet, so etwa 805 Münster mit Liudger als erstem Bischof und 822 das später bedeutende Kloster Corvey. In der Folgezeit stand das nun auch politisch opportune Bemühen um die Bewältigung der Vergangenheit und die Integration der Sachsen in das Frankenreich im Vordergrund. Das zeigt die um die Mitte des 9. Jahrhunderts entstandene *Translatio S. Alexandri*. Darin heißt es erstaunlicherweise: „Die alten Sachsen gaben sich große Mühe, viele nützliche Sitten zu pflegen, und befleißigten sich einer hohen Sittlichkeit im Lichte des natürlichen Gesetzes. Solcher Lebenswandel hätte ihnen die wahre Seligkeit des Himmels eingebracht, hätten sie nur nicht der Kenntnis des Schöpfers ermangelt".[12] So veränderte die Erinnerung das Bild der Sachsen, und man wurde fähig, die heidnische Vergangenheit einfach als Vergangenheit gelten zu lassen. Die Sachsen waren jetzt gleichberechtigte Partner im Reich, und später gelang es ihnen sogar, dessen Führung zu übernehmen.

Doch noch einmal zurück an den Anfang der Auseinandersetzung mit den Sachsen. Karls Missionsplanung, wenn man sie denn so nennen will, basierte zunächst auf militärischem Vorgehen, erst danach konnten die Missionare aktiv werden. Ihr sich allmählich einstellender Erfolg gab späteren Quellen die Gelegenheit, die Christianisierung als Rechtfertigungsgrund der politischen Unterwerfung darzustellen. Die Frage ist jedoch, ob in der Situation selbst darüber diskutiert worden ist, wie man den Sachsen am besten das Christentum nahe bringen könne. Im Kern ging es dabei allein um die Frage, ob bei der Taufe Zwangsmaßnahmen angewendet werden dürften. Man kann sich gut vorstellen, dass Militärs und Missionare hier nicht immer einer Meinung waren, denn die einen wollten die Sache schnell erledigt haben und die anderen pochten auf Freiwilligkeit nach Unterweisung in der Glaubenslehre. Doch so einfach war das nicht, und selbst Kirchenleute plädierten für die harte Variante. Auch Karl bevorzugte sie und konnte sich dabei sogar auf eine ausländische Empfehlung berufen. Denn nach dem Militärschlag gegen die Irminsul hatte ihn am 25. Mai 773 der northumbrische Abt Eanwulf in einem Brief ermutigt, weiterhin alle Kräfte auf die Zerstörung der Götzentempel und die Bekehrung der unterworfenen Völker zu konzentrieren, und zwar „durch Ermahnung, Schrecken, Schmeichelei, Zurechtweisung und Vorführen von Beispielen guter Werke".[13] Dieses Schreiben dürfte Karl durch Lul übermittelt worden sein, und der Herrscher wird weniger den Hinweis auf die guten Werke als die Aufforderung zu Zwangsmaßnahmen gehört haben. Damit fällt auch ein Licht auf die Rolle Luls, der nach der zeitweiligen kirchenpolitischen Kaltstellung der angelsächsischen Missionare gegen Ende der Lebenszeit seines Mentors Bonifatius nun zu einem der wichtigsten missionspolitischen Berater Karls aufstieg. Der Bischof von Mainz war jetzt, wo die missionarische Kompetenz der Angelsachsen wieder gefragt war, zweifelsohne in die Sachsensache involviert, so dass Karl sich in seinem Vorgehen auf Fachleute berufen konnte. Mit diesem Argument vermochte er dann auch die Kritik des northumbrischen Annalisten, er predige „mit eiserner Zunge" und sei im Kampfesrausch wohl verrückt geworden, gelassen beiseite zu schieben, falls sie ihn überhaupt erreicht hat.[14] Die Alternative Tod oder Taufe schien damit abge-

segnet zu sein, zumal es Karl und seinen Beratern natürlich tatsächlich um die Taufe ging. Die harten Maßnahmen vor allem des Jahres 782 entsprachen jedenfalls des Königs Vorstellung von der Imperialmission, also der Verbindung von Glaubens- und Herrschaftsausbreitung. Dass indes der bloße Vollzug der Taufe aus Kriegsgegnern und überzeugten Heiden noch lange keine guten Christen machte, mussten die Franken bald einsehen. Das Lied von der Bekehrung der Sachsen aus dem Jahre 777, vermutlich sogar von Lul verfasst, hatte zu früh gejubelt.

Liudger, geb. um 742 in Zwesen, gest. am 26. März 809 in Billerbeck, aus westfriesischem Adelsgeschlecht, das Willibrord unterstützte. Als Schüler Gregors von Utrecht, dessen Vita er 790/791 schrieb, und nach der Ausbildung 767–772 bei Alkuin in York wurde Liudger einer der bedeutendsten Missionare angelsächsischer Prägung. Nach erster Wirksamkeit in Friesland und einem Pilgeraufenthalt in Rom und Monte Cassino 784–787 betraute Karl der Große ihn mit der Westsachsenmission. In Münster errichtete Liudger 793 ein *monasterium*, das mit dem 799 gegründeten Eigenkloster Werden unter seinem Rektorat stand. 805 zum Bischof geweiht, war Liudger das Haupt einer Bischofssippe („Liudgeriden"), die Münster bis 849 und Werden und Halberstadt bis 886 leitete. Das Grab in Werden, drei Viten (840–875) und zahlreiche Patrozinien im Missionsgebiet bezeugen den Liudger-Kult.

Liudgers Lebensziel: *Wir müssen nach dem klaren Zeugnis der Heiligen Schrift den geistlichen Vätern mit Recht Ehre erweisen und dürfen außer den Geboten des Herrn ihren Mahnungen und Beispielen nichts vorziehen. In ihnen haben wir die beste Norm für unser Leben.* (Vita Gregorii praef., S. 50)

Nun gab es an dem militärischen Vorgehen gegen die Sachsen gemäß dem Geist der Zeit keine Kritik, sie richtete sich vor allem nach der Eskalation der Kämpfe gegen die zwangsweisen Taufen. Protagonist dieser Haltung war der aus einer erprobten Missionarsfamilie stammende Friese Liudger. Durch seine Aus-

Reliquienkasten und Tragaltar Liudgers aus Werden, fränkisch, 8. Jh. Die Schauseite zeigt den triumphierenden Christus als Weltenrichter zwischen zwei Erzengeln. Das Kreuzigungsbild auf dem Deckel lässt vermuten, dass der Kasten ein Partikel vom Kreuz Christi enthielt, das Liudger 784 in Rom erhalten hatte. Wahrscheinlich benutzte Liudger den Kasten auf seinen Missionsreisen als Tragaltar.

bildung in Utrecht und York, seine über Bedas Kirchengeschichte erworbene Kenntnis der Mission in England und seine Arbeit in Friesland war er in Theorie und Praxis zu einem herausragenden Vertreter der angelsächsischen Schule der Glaubensverkündigung geworden. Umso mehr wird es ihn bedrückt haben, aus der Ferne beobachten zu müssen, wie bei den Sachsen nicht die friedliche apostolische Missionsmethode angewandt wurde, sondern eine imperialmissionarische, die unverhüllt die Kirche als Herrschaftsinstrument benutzte, und das eben mit Unterstützung von Angelsachsen wie Lul. Vor allem hat es Liudgers Kritik hervorgerufen, dass sich Karls theologische Berater auf Massentaufen ohne hinlängliche Glaubensunterweisung einließen. Als aus Liudgers Sicht nach der Wende durch Widukinds Taufe 785 die Christianisierungsarbeit nur schleppend in Gang kam, weil sich die Bereitschaft seiner Kollegen, die Mission in Sachsen voranzutreiben, sehr in Grenzen hielt, entschloss er sich 790/791, mit der Lebensbeschreibung seines Lehrers Gregor von Utrecht sein Missionskonzept vorzulegen, um zur Besinnung aufzurufen.

Liudgers großes Vorbild waren die Apostel, darunter seiner missionarischen Orientierung entsprechend besonders Paulus als Lehrer der Völker. In der *Vita Gregorii* vermittelt er den Eindruck, in dessen Schülern sei eine Gruppe neuer Apostel erschienen. Voller Engagement

Gregor von Utrecht, geb. 707/708, gest. am 25. August 775/776, entstammte einer vornehmen fränkischen Familie und wurde in der Palastschule der Karolinger erzogen. 721 begegnete er in Pfalzel, dem Kloster seiner Großmutter Adela (ca. 660–ca. 735), Bonifatius, wurde spontan sein Schüler und begleitete ihn fortan. 737/738 reiste Gregor mit Bonifatius nach Rom. Dieser hatte ihn 742 als seinen Nachfolger ausersehen, was sich jedoch aus Gründen politischer Opportunität nicht realisieren ließ. Stattdessen wurde Gregor 747 Abt des Martinsklosters in Utrecht und 754 Leiter der Friesenmission. In Utrecht baute er eine „internationale" Missionsschule auf, zu deren Schülern auch Liudger gehörte, der 790/791 die *Vita Gregorii* geschrieben hat, eine der wichtigsten Quellen zur frühmittelalterlichen Mission.

Liudger über Gregors Lebensweise: *Durch seine einfache Lebensweise in Kleidung und Nahrung zeigte er denen, die ihn hörten, im Beispiel, was er in Worten über die Gebote Gottes und seiner Heiligen lehrte. [...] Die Gebote beider Testamente erfasste und beherzigte der heilige Gregor, der in der Heiligen Schrift überaus bewandert war, sehr.* (Vita Gregorii c. 12 und 13, S. 69 und 73)

beschreibt Liudger ihr exemplarisches Wirken in Mission und Christianisierung. Die nach apostolischem Vorbild lebenden Missionare seien „keine tauben Hörer des Evangeliums" gewesen, sondern hätten allein „aus Christusliebe" gehandelt.[15] Vor diesem hellen Hintergrund heben sich dann in seiner deutlichen Kritik umso dunkler ab jene Kirchenleute, die den Adel der Geburt dem Adel der Tugenden vorzogen, sich nicht um ihre Herde kümmerten und von „Liebe zu Gold und Silber" sowie „Verlangen nach Landbesitz und stolzer Ruhmsucht" bestimmt waren.[16] So äußerte Liudger deutliche Kritik und legte damit in der Debatte um den Kurs der Sachsenmission seine programmatischen Vorstellungen offen. Da er allerdings die Vita in erster Linie für Kleriker geschrieben hat, richtete er seine Bedenken klugerweise nicht direkt an Karl, sondern an die verantwortlichen Kirchenleute.

Liudger präsentierte sein Ideal der friedlichen Missionsarbeit anhand des positiven Beispiels seiner geistlichen Väter, wobei jeder Leser sofort die unausgesprochene Gegenüberstellung zu der negativen Haltung seiner Zeit erkennen konnte und auch sollte. Diese Glaubensboten „schritten in jedem guten Werk noch weiter voran. Sie lehrten und unterrichteten über den Weg Gottes, den sie selbst gingen; sie beschenkten nicht nur das Volk und die Führer der Franken, sondern auch die gottesfürchtigen Herrscher selbst mit dem Salz der göttlichen Weisheit. Bei dieser Übereinstimmung und Einmütigkeit von Lehrer, Herrschern und dem Volk im ganzen Frankenreich konnten sie dem Teufel täglich mehr Schaden zufügen und dem Wachstum der Kirche Gottes dienen."[17] Allein diese Einmütigkeit von Glaubensboten, Herrschern und Volk könne die Einheit des Reiches garantieren und den Gegenangriff des Teufels, wie er sich etwa im Widerstand der heidnischen Sachsen zeige, überwinden.

Voraussetzung dafür war nach Liudgers Überzeugung die Orientierung an der angelsächsischen Methode der Missionsarbeit, so wie er sie während seines Studiums in York erlernt hatte. Das wichtigste Lehrbuch dafür war Bedas Kirchengeschichte des englischen Volkes. Wahrscheinlich hat Liudger ein Exemplar erworben, das er dann der Werdener Bibliothek geschenkt hat. Spätere Zeiten hatten kein Interesse mehr an dem Codex, so dass er

verloren ging oder teilweise als Material für Buchbindearbeiten zweckentfremdet worden ist. Denn erhalten hat sich nur ein Fragment, das einem Werdener Buch des 15./16. Jahrhunderts als Innendeckblatt diente. Erkennbar ist noch der Abdruck einer Brille, die jemand auf dem frisch verleimten Buchdeckel liegen gelassen hat.

Um mit seinem Konzept erfolgreich zu sein, musste Liudger sich natürlich an seinen eigenen Maßstäben messen lassen und darum bemüht sein, selbst diesem Ideal zu entsprechen. Deshalb konnte er sich auch nicht gegen seine Abordnung in die Westsachsenmission durch Karl sperren, die auffälligerweise

Blatt aus der Historia ecclesiastica gentis Anglorum des Beda Venerabilis, Northumbria, 2. Hälfte des 8. Jh.

Vita secunda Liudgeri, um 1100. Die Weihe Liudgers zum Bischof von Münster am 30. März 805 in Köln, vollzogen durch zwei in rote Kaseln gehüllte Bischöfe. Der rechts am Altar stehende Hildebald von Köln gießt aus einem Horn das Salböl aus.

792 erfolgte, also kurz nach dem Erscheinen der *Vita Gregorii*. Um mit gutem Beispiel voranzugehen, vermochte er sich ebenso schließlich der Berufung zum Bischof von Münster im Jahre 805 nicht mehr zu entziehen. Im Zusammenhang mit seinen Plänen zur Umsetzung eines Missionskonzeptes in der Apostelnachfolge ist darüber hinaus die Gründung seines Klosters Werden 793 auf Eigenbesitz zu sehen. Anders als die kleinen Missionsstationen wie etwa Visbeck sollte es unter anderem zur Gebetsunterstützung für die Sachsenmission dienen.

Es gab also zur Zeit Karls verschiedene missionarische Programme, die kontrovers diskutiert worden sind. Nicht kritisiert wurde die militärische Einnahme eines Landes als Voraussetzung für die Möglichkeit der Mission, was auch Liudger hinnahm. Akzeptabel erschien wohl ebenso, wenn der Herrscher gleichsam als flankierende Maßnahmen zur Unterstützung der Christianisierung sowohl Druck als auch Versprechungen einsetzte. Problematisch wurde es für die dem Evangelium gemäß arbeitenden Missionare, wenn die Reihenfolge von Unterweisung und Taufe umgekehrt und die Zwangschristianisierung als Vertragsverhältnis verstanden wurde. Neben Alkuin, einem engagierten Kritiker der Verhältnisse in Sachsen, scheint Liudger der Sprecher dieser Gruppe gewesen zu sein. Als Theoretiker wie als Praktiker der friedlichen

Glaubensausbreitung ist er damit gewissermaßen zum Vollender der angelsächsischen Missionsschule auf dem Kontinent geworden. Die Frage war nur, ob er sich mit seinen Mahnungen auch bei Karl dem Großen nachhaltig durchsetzen konnte.

2. Aufbau des *imperium christianum*

Militäraktionen und anschließende Mission allein, das war auch Karl und seinen Beratern klar, genügten nicht, um aus verschiedenen Stämmen ein christlich orientiertes Reich zu bilden. Neben dem Aufbau von kirchlichen Strukturen bedurfte es dazu vor allem eines Programms und des Willens, dieses auch durchzusetzen. Den Willen hatte Karl zweifelsohne, und das Programm entwickelte er im Laufe seiner langen Herrschaftszeit mit seinen Beratern. Zu ihnen zählte der Angelsachse Alkuin, als Leiter der Kathedralschule von York einst Liudgers Lehrer. 781 war er in Parma Karl begegnet, der seine außergewöhnliche Begabung erkannte und ihn an seinen Hof berief, wo er seit 786 zum einflussreichsten Ratgeber des Königs in allen kirchlichen Fragen aufstieg. Als Kenner der angelsächsischen Missionsgeschichte war ihm, wenn auch nur als Theoretiker, die Ausbreitung des Christentums stets ein zentrales Anliegen.

Als Bewahrer der angelsächsischen Missionstradition im Frankenreich hat Alkuin deshalb die Entwicklung des Sachsenproblems genau beobachtet, sich über den Fortschritt der Glaubensverkündigung informieren lassen und sich zu Wort gemeldet, wenn die Entscheidungen von Karl und den verantwortlichen Kirchenleuten nicht seinen Vorstellungen entsprachen. So war ihm durchaus bewusst, dass Sachsen und Friesen „zum christlichen Glauben bekehrt worden sind, einige mit Versprechungen, andere mit Gewalt".[18] Trotz der Freude über den Siegeszug des Christentums schätzte Alkuin diese Missionsmethode kritisch ein, denn er sah auch die Gefahren eines mehr oberflächlichen Religionswechsels. So beklagte er gegenüber Erzbischof Æthelheard von Canterbury (793–805) den Brauch mancher Menschen, für heilig gehaltene Amulette zu tragen. „Es ist besser im Herzen den Beispielen der Heiligen zu folgen als Knochen in Beutelchen zu tragen, das Evangelium im Geist geschrieben zu haben als es auf Pergamentstreifen um den Hals zu schlingen. Das ist pharisäischer Aberglaube".[19] Für den gelehrten Alkuin war das Bekenntnis zum christlichen Glauben verbunden mit nüchterner Konzentration auf die Heilige Schrift, deshalb betonte er solchen Fehlentwicklungen gegenüber immer wieder den herausragenden Wert der Predigt des Evangeliums. Zu ihr als der vornehmsten Aufgabe seien die Kleriker verpflichtet, immer und gegenüber jedermann hätten sie das Wort Gottes zu verkündigen, damit das Volk zu guten Sitten erzogen werde und zur ewigen Seligkeit eingehen könne. Die Verantwortung dafür liege bei den Bischöfen, aber auch bei den Herrschern, denn allein auf dem Fundament von Gerechtigkeit und Frömmigkeit könne ein Volk recht regiert werden.

Alkuin, geb. um 740 in York, gest. am 19. Mai 804 in Tours, stammte aus einer vornehmen angelsächsischen Familie. Schon als Kind für den kirchlichen Dienst bestimmt, ist er in der Yorker Kathedralschule, dem bedeutendsten Bildungszentrum der Zeit, ausgebildet worden und zu deren Leiter aufgestiegen. Auf der Rückreise von einer seiner Romreisen traf Alkuin in Parma Karl den Großen, der ihn an seinen Hof einlud. Als wichtigster Berater des Königs wurde der Gelehrte und Dichter zur führenden Persönlichkeit der karolingischen Bildungserneuerung. Unermüdlich arbeitete er an der Verbesserung des Bibeltextes („Alkuinbibel"), der Vereinheitlichung der Liturgie, der Klärung theologischer Streitfragen sowie der Förderung der Predigt und setzte sich als Vertreter der angelsächsischen Schule für ein friedliches Vorgehen bei der Mission ein. Zu seinen wichtigsten Schülern zählen Liudger, Einhard (um 770–840) und Hrabanus Maurus. Stets Diakon geblieben, wurde Alkuin von Karl reich entlohnt und schließlich 796 Abt von St. Martin in Tours. Neben zahlreichen Gedichten, dem umfangreichsten poetischen Werk der

Karolingerzeit, und rund 300 Briefen hat er etliche Kommentare und dogmatische Schriften verfasst sowie eine Vita seines Verwandten Willibrord. Grundlage für sein gesamtes Wirken und Denken ist das Wort Gottes, die Bibel. Eine erbauliche Lebensbeschreibung Alkuins ist zwischen 821 und 829 im Kloster Ferrières verfasst worden.
Alkuins Missionsziel: *Man kann den Menschen zum Glauben ziehen, aber nicht zwingen. [...] Ein Mann soll für sich bekennen, was er glaubt und wünscht. Wer fälschlich den Glauben bekennt, der wird in Wahrheit das Heil nicht haben. Daher müssen die Prediger der Heidenvölker mit friedlichen und klugen Worten den Glauben lehren. [...] Aber auch nach Annahme des Glaubens und der Taufe muss man den schwachen Seelen mildere Gebote geben.* (Alcvini epistolae Nr. 111, S. 160)

Alkuins Ziel war demnach nichts Geringeres als die Schaffung einer christlichen Gesellschaft, aus der heraus dann die überzeugende Kraft zur Missionierung der heidnischen Völker jenseits der Grenzen erwachsen sollte. Um das erreichen und vor Gott bestehen zu können, waren zunächst entsprechende Anstrengungen im Inneren des Frankenreiches erforderlich. Sie wurden 789 in einem umfangreichen Send- und Mahnschreiben vorgestellt, der *Admonitio generalis*, gleichsam der Regierungserklärung Karls des Großen. In diesem wohl von Alkuin verfassten Reformprogramm wird in einem Idealbild beschrieben, wie alle Kräfte sich an der rechten Lehre der Kirche zu orientieren hätten, um so Gottes Wohlgefallen zu erlangen und seines Segens teilhaftig zu werden. Als Herrscher mit sakraler Verantwortung stellte Karl der Große sich an die Spitze einer Bewegung, die mit dem Mittel der Christianisierung die Einheit von Glaube und Reich bewirken sollte. Dementsprechend wird im ersten Teil der *Admonitio* die Rechtsnorm des Kirchenrechts zur Grundlage der Gesellschaftsordnung erhoben. Der zweite Teil liefert dazu ein autoritativ durch Bibelstellen abgesichertes Fundament, indem er einen Tugend- und Lasterkatalog sowie Handlungsnormen für Kleriker aufstellt. Auch das könne nur umgesetzt werden, „wenn der

Darstellung Alkuins aus der sogenannten Alkuin-Bibel, hergestellt im Skriptorium von St. Martin in Tours, 834–843

▸ Theodulf-Bibel, Orléans, kurz vor 800. Älteste Fassung der Bibel, die Bischof Theodulf von Orléans anfertigen ließ, geschrieben in sehr kleiner karolingischer Minuskel in drei Spalten zu je 60 oder 61 Zeilen auf 187 Blättern. 34,5 x 24 cm.

katholische Glaube von den Bischöfen und Priestern sorgfältig studiert und dem ganzen Volk verkündigt" werde.[20] Da das Programm der *Admonitio* also hauptsächlich über die Predigt vermittelt werden sollte, ist es nur folgerichtig, dass der dritte Teil methodische Anweisungen dazu vorgibt. Hier lag wohl für Karl den Großen und seine Berater das eigentliche Problem bei der Umsetzung ihrer Ziele, denn es fehlte sowohl an gebildeten Priestern wie auch an Schulen und Unterrichtsmaterial. Wenn in einem herrscherlichen Erlass aufgezählt werden muss, welche Elemente die Unterweisungspredigt zu berücksichtigen habe, dann zeigt das, wie wenig die angestrebte christliche Gesellschaft im letzten Jahrzehnt des 8. Jahrhunderts durchgesetzt und gefestigt war. Deshalb hat Alkuin auch genau erklärt, was den Leuten zu predigen sei, nämlich die Grundlagen des Christentums auf der Basis des Glaubensbekenntnisses. Wachstum, Verbreitung und Vervielfachung des Gotteswortes waren demnach Regierungsziele Karls des Großen, damit das *verbum Dei* zum Fundament der Gesellschaftsordnung werden könne. Dass damit ein nicht immer der Wirklichkeit entsprechendes Idealkonzept vorgelegt wurde und überdies die Kluft zwischen schmaler Bildungselite und einfachem Volk kaum zu überbrücken war, steht auf einem anderen Blatt.

Alkuin hat jedenfalls dieses Ziel mit Energie verfolgt und sich deshalb in die Diskussion um die fränkische Missionsstrategie nach der Erfahrung mit den Sachsen eingeschaltet. Ebenso wie sein Schüler Liudger versagte er sich klugerweise direkte Kritik an Karl dem Großen und griff zunächst auf indirektem Wege in die Debatte ein, indem er Anfang der neunziger Jahre des 8. Jahrhunderts die Vita seines Verwandten Willibrord schrieb. Ähnlich wie Liudger mit der *Vita Gregorii* zur gleichen Zeit, führte Alkuin mit der hagiographischen Darstellung das exemplarische Wirken eines früheren Missionars vor. Doch nicht nur dies. Alkuin band Willibrords Möglichkeit zur Glaubensverkündigung in Friesland an den Erfolg der expansiven Politik der Karolinger, gab dieser aber erst durch die gelungene Mis-

sionsarbeit eine heilsgeschichtliche und damit in seiner Sicht zukunftsträchtige Perspektive. Indem er Willibrord als idealen Missionar im sich ausdehnenden Frankenreich darstellte, zeigte er seinen für die Ausbreitung des Glaubens verantwortlichen Zeitgenossen, wie erfolgreiche Mission im Sinne der angelsächsischen Schule auszusehen habe. Das war natürlich auch an die Adresse Karls gerichtet, denn erst in dem Zusammenwirken von Machthabern und Missionaren, so Alkuins Botschaft, könne das *imperium christianum* errichtet werden, von dem wiederum das Heil aller Menschen abhänge.

Alkuin hat sich indes nicht nur indirekt geäußert, sondern im Jahre 796, als sich die Chance zur Mission bei den Avaren bot, in einigen Briefen energisch die Vermeidung der bei der Christianisierung der Sachsen gemachten Fehler gefordert. Vor allem drängte er darauf, dass die Annahme des Christentums freiwillig geschehen müsse. Das aber sei bei den Sachsen nicht beachtet worden, wie die Forderung nach dem Zehnten zeige, die der Annahme des christlichen Glaubens höchst abträglich gewesen sei. Geradezu bedrängend bat Alkuin seinen Herrscher, doch diesen Fehler bei der Avarenmission nicht zu wiederholen. Zwar, so gesteht er zu, sei „der Zehnte gut für unseren Besitz, aber es sei besser, ihn zu verlieren als den Glauben zu zerstören", zumal die Apostel schließlich auch keinen Zehnten erhoben hätten.[21] Um überhaupt den Boden für eine fruchtbare Weitergabe der Botschaft zu bereiten, müsse der Glaube werbend vermitteln und auf jegliche Beschwernis durch gesetzliche Forderungen verzichtet werden[22] Nicht durch Forderungen, sondern allein durch die einladende Missionspredigt könnten die Menschen von der Notwendigkeit des Glaubenswechsels überzeugt werden.

Entscheidend für den Ablauf der Mission sei die in der Bibel festgelegte Reihenfolge von Glaubensunterweisung und Taufe, eben weil man einen Menschen zwar zur Taufe, nicht aber zum Glauben treiben könne. Nach dem Missionsbefehl Christi müssten deshalb zuerst die Grundlagen der Glaubenslehre

...tate sic & resurrectio mortuorum. Seminatur in corruptione surget in incorrup-
tione. Seminatur in ignobilitate surget
in gloriam. Seminatur in infirmitate
surget in virtute. Seminatur corpus
animale surget corpus spiritale. Si est
corpus animale est & spiritale. Sicut
scriptum est. factus est primus homo
adam in anima viventem. novissimus
adam in spiritu vivificantem. Sed non
prius quod spiritale est sed quod animale
est. deinde quod spiritale. primus homo de terra terrenus. secundus homo
de caelo caelestis. qualis terrenus tales
& terreni. et qualis caelestis tales &
caelestes. Igitur sicut portavimus imaginem terreni portemus & imaginem
caelestis. hoc autem dico fratres quia ca-
ro & sanguis regnum dei possidere non
possunt. Neque corruptio incorruptelam possidebit. Ecce mysterium vobis
dico omnes quidem resurgemus sed non
omnes inmutabimur. In momento in ic-
tu oculi in novissima tuba. Canet enim
& mortui resurgent incorrupti & nos
immutabimur. Oportet enim corrupti-
bile hoc induere incorruptelam & mortale hoc induere immortalitatem. Cum
autem mortale hoc induerit immortalitatem. tunc fiet sermo qui scriptus
est. Absorpta est mors in victoria. Ubi
est mors victoria tua. Ubi est mors stimulus
tuus. Stimulus autem mortis peccatum
est. virtus vero peccati lex. Deo autem
gratias quidedit nobis victoriam per
dominum nostrum ihm xpm. Itaque fratres
mei dilecti stabiles estote. & immobiles
abundantes in opere domini semper. Sci-
entes quod labor vester non est inanis
in domino. De collectis autem quae fiunt
in sanctos sicut ordinavi ecclesiis galatiae
ita & vos facite. per unam sabbati unus
quisque vestrum apud se ponat re-
condens quod ei bene placuerit ut non
cum venero tunc collectae fiant. Cum autem praesens fuero quos probaveritis per
epistolas hos mittam perferre gratiam
vestram in hierusalem. Quod si dignum
fuerit ut & ego eam mecum ibunt. Ve-
niam autem ad vos cum macedoniam
pertransiero. nam macedoniam per-
transibo. apud vos autem forsitan ma-
nebo vel etiam hiemabo. Ut vos me dedu-
catis quocumque iero. nolo enim vos mo-
do in transitu videre. spero enim me
aliquamdiu in temporis manere apud
vos si dominus permiserit. Permanebo autem ephesi usque ad pentecosten. Osti-
um enim mihi apertum est magnum
& evidens. & adversarii multi. Si autem venerit timotheus videte ut sine

re sit apud vos. Opus enim domini operatur sicut & ego. nequis ergo illum spernat. Deduci-
te autem illum in pace ut veniat ad me. ex-
pecto enim illum cum fratribus. De apollo
autem fratre multum rogavi eum ut veniret ad vos cum fratribus. & utique non
fuit voluntas ut nunc veniret. veniet autem
cum ei vacuum fuerit. Vigilate. state in fi-
de. viriliter agite. & confortamini. omnia
vestra in caritate fiant. Obsecro autem vos
fratres nostis domum stephanae & fortunati
quoniam sunt primitiae achaie. & in ministerio
sanctorum ordinaverunt seipsos. ut et vos sub-
diti sitis eiusmodi. & omni cooperanti & la-
boranti. Gaudeo autem in praesentia stephanae & fortunati & achaici. quoniam id quod
vobis deerat ipsi suppleverunt. Refecerunt
enim & meum spiritum & vestrum. Cognoscite
ergo qui eiusmodi sunt. Salutant vos ecclesiae asiae. salutant vos in domino multum aqui-
la & prisca cum domestica sua ecclesia.
Salutant vos omnes fratres. salutate invi-
cem in osculo sancto. Salutatio mea manu pauli. Si quis non amat dominum ihm xpm sit anathema. maranatha. gratia domini mei ihu xpi
vobiscum. Caritas mea cum omnibus vobis
in xpo ihu amen. **EXPLICIT AD CORINTH-**
IOS HABET VERSUS DCCCLE.

Anathema interpraetatur perditio. maranatha magisiria
est quam hebreum eam a novissimo verborum quae linguam dicti
aliquid ad hebreum eam interpraetatur dominus noster venit. verbi
sensus perdere in adventum dei si quomodo avenantam & venit
se sic venturum esse non credunt. **INCIPIT CAPITULATIO**

I   Orantur consolamini & sicut abundant passiones xpi & consola-
tio in nobis & sicut socii passionum sic & consolamini & tribulati-
one quae facta est in asia & in sinceritate conversationis sic humando
II   Quia gloriae nostra sumus & de sanctodagratia quam premitti-
omnibus nostris humacedonia. & per...
III   ...
IIII   ...

[Third column — argumentum]
...inventionem pennae & quomodo exceperint eorum in
quae grandia quae devastit ecclesias macedonae &
alio sunt pauperitate eorum & commnhiorium ingenui-
tatem & xpi pro nobis pauperem fac uis est & declemosi-
nis novi alius est remissio & defuere cuius laus permittit
ecclesias & provi domus eorum bona. quia solum cavendi
& alium fratrem quem pro honorarii commissero quod
sic inserit & deadia quae operata est admen praesentie & non
paratum sint corinthii & e rubesce de paulus qua quippe opro-
nex pars & mea & a non quisitis & confessa & dispersio dedit
pauperibus. Ipsi se populus & se non sedum cum caritate
militamus. additis structionem munimentem & deo propitia-
...

Pistaeam compensatam consolaturi scribit & exordio & in
laudem est hortatur ad meliora.

Cum hac principalis est causa quia in prima praequorundam
peccatis decreverat eorum praecipue corruperat & multam
fuerit corripiant sanctos consolatus sum et proponens se
exemplum & docens probnedere haec reservere qua penitus saluti
sunt saluti corripit cum se preca... salute periculis conscia
& mortis subiacere.

[Capitula, third column]
v   ...
vi   Pauperem pono & accepto gaudente.
vii   Sin locuritur qui inhabitabo in illis.
viii   Sint supra propter quod de medio eorum & separamini dicit dominus.
viiii   Quod quem altium non habeam datum.
x   Dispersit dedit pauperibus.

[2 Corinthians begins]
Paulus apostolus ihu xpi per voluntatem dei & timotheus frater ecclesiae dei quae est corinth-
i cum sanctis omnibus qui sunt in universa achaia.
gratia vobis & pax a deo patre nostro & domino ihu xpo.
Benedictus deus & pater domini nostri ihu xpi pater
misericordiarum & deus totius consolationis

durch die Missionspredigt vermittelt werden. Dem könne, wenn die Menschen diese verstanden hätten, die Taufe folgen und erst danach sei es erforderlich, behutsam die christlichen Tugenden zu lehren.[23]

Alkuins Konzept besteht aus den drei Schritten *fides*, *baptismi sacramenta* und *evangelica praecepta*, also einem gedehnten Verkündigungsgeschehen mit fließendem Übergang von der Mission zur Christianisierung.[24] Mit diesem der angelsächsischen Schule entsprechenden Missionskonzept lag Alkuin auf einer Linie mit den Missionaren des Frühmittelalters, die allerdings im praktischen Vollzug ihrer Predigten kaum sein hohes Reflexionsniveau erreicht haben dürften. Beachtenswert ist ferner, dass Alkuin angesichts von Ritualisierung und Klerikalisierung im frühmittelalterlichen Taufverständnis, das den vollzogenen Ritus über die freie Entscheidung stellte und selbst die Zwangstaufe als gültig ansah, energisch den Vorrang des Glaubens vor der Taufe vertrat und damit auf der biblischen Reihenfolge beharrte. Pflicht des Herrschers war es, durch politische und militärische Maßnahmen die Voraussetzungen für die Möglichkeit zur Mission zu schaffen, Pflicht der Priester war es dann, den Missionsbefehl Jesu Christi wortgetreu auszuführen.

Das alles musste Theorie bleiben, solange man bei zukünftigen Unternehmungen nicht aus den Fehlern der Sachsenkriege lernte. Die Möglichkeit, Lernfähigkeit unter Beweis zu stellen, bot sich gegen Ende des 8. Jahrhunderts an der Südostflanke des Frankenreiches, wo Slaven und Avaren für Unruhe sorgten. Die Avaren, ein Volk von Reiternomaden, stammten aus der mongolischen Steppe und hatten sich seit der Mitte des 6. Jahrhunderts im Donaubecken festgesetzt. Die Slaven kamen wohl aus dem Raum zwischen den Karpaten und dem Dnjepr und wurden von den nach Westen vorstoßenden Avaren verdrängt und aufgeteilt. Die Ostslaven rückten nach Norden vor, die Westslaven überschritten Weichsel, Oder und Elbe und die Südslaven zogen in das Gebiet der Ostalpen, wo sie sich unter dem Namen Karantanen in der Steiermark, Kärnten und Krain niederließen. Das Christentum der alten römischen Provinzen in diesen Gegenden wurde durch diese Verschiebungen weitgehend zerstört. Wie ein Keil hatten sich damit auf der Balkanhalbinsel und den angrenzenden Gegenden im Norden heidnische Stammesbildungen zwischen die christlichen Reiche der Franken im Westen und der Byzantiner im Osten geschoben. Von beiden gingen gegen diese Feinde sowohl militärische wie auch missionarische Aktionen aus, die jedoch wegen der zunehmenden Distanz zwischen dem Kaisertum im Westen und jenem im Osten nicht aufeinander abgestimmt worden sind. Das avarische Reich konnte schließlich dem byzantinischen und fränkischen Druck nicht mehr standhalten und ging unter, während es den Südslaven im 9. Jahrhundert immerhin gelang, mit der Bildung des Großmährischen Reiches für einige Zeit zu einem Machtfaktor im europäischen Kräftespiel zu werden.

Die Karantanen waren schon 743 unter fränkische Oberhoheit geraten, woraufhin unter der Leitung des Chorbischofs Modestus von Salzburg († um 763) die Mission vorangetrieben worden ist. Als es nach dessen Tod zu Aufständen der heidnischen Bevölkerung kam, griff der Bayernherzog Tassilo (741–nach 794) ein und unterwarf 772 die Karantanen endgültig. Damit war die Fortsetzung der Mission gesichert, die von den Karolingern mit einer eindeutig imperialen Politik betrieben wurde. Es ist übrigens die erste Slavenmission, über die in zuverlässigen Quellen berichtet wird.

Die Avaren hatten sich den Zorn Karls des Großen zugezogen, weil sie mit Tassilo verbündet waren. Nach dessen Absetzung 788 und der Eingliederung Bayerns in das Frankenreich übernahm Karl die Grenzsicherung im Osten und eröffnete 791 den Krieg. Die bewusst als Missionskrieg geführte Auseinandersetzung endete nach mehreren Feldzügen 795/796 mit der totalen Niederlage der Avaren in der Pusztaebene. Da Karl in diesem Sieg wiederum seine Rolle als christlicher Herrscher bestätigt sah, lag ihm natürlich die Avarenmission am Herzen. Trotz noch folgender Aufstände waren die Avaren, die bis zu ihrem endgültigen Untergang 811 eine gewisse Eigenständigkeit behielten, jetzt fränkische Untertanen und sollten Christen sein. Anders als bei den Sachsen ging man diesmal, nicht zuletzt aufgrund der energischen Intervention Alkuins, etwas behutsamer vor. Dazu mag beigetragen haben, dass sich im Winter 795 ein Avarenfürst in Aachen zur Taufe meldete und von Karl persönlich aus dem Taufbecken gehoben wurde. Der über einen Volksteil herrschende Tudun durfte unter fränkischer Oberhoheit sein Amt behalten. 805 wurde sogar der als oberster Avarenfürst geltende Khagan getauft und erhielt den Taufnamen Abraham († nach 805). Die Mission selbst wurde sorgfältig vorbereitet. Alkuin erarbeitete eine ausführliche Taufkatechese, die auf einer eigens für die Avarenmission einberufenen Synode im Jahre 796 an einem unbekannten Ort an der Donau angenommen wurde.[25] So sollte beispielsweise der Taufe ein vierzigtägiges, wenigstens aber achttägiges Katechumenat vorausgehen, in dem unter anderem das Vaterunser und das Glaubensbekenntnis zu lernen waren. Ob allerdings die Christianisierung der Avaren tatsächlich so ablief, ist nicht bekannt, denn in den Quellen wird von missionarischer oder kirchenorganisatorischer Kleinarbeit nicht das Geringste berichtet. Immerhin war die Erhebung Salzburgs zum Erzbistum im Jahre 798 eine wegweisende Entscheidung für die Christianisierung der Gebiete im Nord- und Südosten des Reiches, das nun bis zur Raab und zum Plattensee reichte.

Damit hatte Karl der Große auch für das Christentum viel erreicht und konnte sich mit Recht als christlicher Herrscher in der Nachfolge des großen Konstantin verstehen. Der Glaube, das galt in jener Zeit für Heiden wie Christen, war keine private Angelegenheit. Er war eine öffentliche Notwendigkeit, um angesichts bedrohlicher Mächte das Heil für König und Volk zu bewahren. Deshalb konnte die Kirche die Idee der christlichen Universalität als identitätsstiftende Kraft vermitteln und diese als solche von Karl auch politisch genutzt werden. So gesehen hatte der Glaube mit Pflicht und Wissen zu tun, die sich in

objektiver Form als Ritual und Zeremoniell äußerten. Grundlage dessen war die 754 geschmiedete Achse zwischen fränkischem Königtum und Papsttum, wobei die Aufgabenverteilung klar definiert war. Karl hatte das in seinem programmatischen Glückwunschschreiben an den am 26. Dezember 795 neu gewählten Papst Leo III. (795–816) deutlich zum Ausdruck gebracht: „Unser ist es, mit der Hilfe des göttlichen Erbarmens die heilige Kirche Christi allenthalben vor dem Einbruch der Heiden und der Verwüstung der Ungläubigen außen mit den Waffen zu verteidigen und innen mit der Erkenntnis des katholischen Glaubens zu festigen. Euer ist es, Heiliger Vater, mit zu Gott erhobenen Händen wie Moses unser Waffenwerk zu unterstützen, auf dass durch Eure Fürsprache dank Gottes Führung und Gabe das christliche Volk über die Feinde seines heiligen Namens allezeit und allenthalben Sieg habe und der Name unseres Herrn Jesu Christi in der ganzen Welt geprie-

Trikliniummosaik, S. Giovanni in Laterano, Rom, 800, 1595 zerstört, Kopie von Ghezzi. Investiturszene mit Petrus, in dessen Schoß die beiden Schlüssel liegen und der dem König (noch nicht Kaiser!) Karl d. Gr. die Fahnenlanze und Papst Leo III. das Pallium überreicht.

Buchdeckel mit triumphierendem Christus, Elfenbeinrelief aus der Hofschule Karls d. Gr., wohl Aachen, um 800. Die Tafel zierte ein um 800 in Chelles bei Paris entstandenes Evangelistar und dürfte ein Geschenk Karls an seine Schwester, Äbtissin Gisla, gewesen sein. Die Bildfolge zeigt Szenen aus dem Leben Jesu, unten z. B. der Sturm auf dem See Genezareth mit dem schlafenden Christus im Schiff.

sen werde".[26] Damit war klar: Der Papst hatte zu beten und alles andere, also auch die Schaffung der Möglichkeit zur Mission, dem Herrscher zu überlassen. Klar war damit auch, dass eine Voraussetzung zur Ausbreitung der Kirche der Waffengebrauch sei und die innere Christianisierung ebenfalls in der Verantwortung der weltlichen Machthaber liege. Leo III. hat sich beeilt, diese Sicht durch ein programmatisches Mosaik in einem Repräsentationssaal des Lateranpalastes zu bestätigen, freilich mit einem deutlichen Hinweis auf die Gleichrangigkeit von Herrscher und Kirchenführer bei der gemeinsamen Umsetzung des universalen päpstlichen Missionsanspruches. Karl war da wohl etwas anderer Meinung und ist so zum Vorbild späterer Herrscher geworden, die sich ebenfalls in der Mission engagiert haben.

Karls Herrschaftsidee war theokratisch. Durch die Aufsichtspflicht des Königs sollten die Menschen zu einem gottgefälligen Leben angeleitet werden, wobei sich alle Gewalten als Bestandteile des einen geschlossenen *corpus christianum* zu verstehen hatten. Die dafür eingeleiteten Reformbemühungen entsprangen dem Verlangen nach Gottes besonderem Segen für das Reich und konnten nur bei rechtem Glauben gelingen. Aus diesen innenpolitischen Anstrengungen zum Aufbau des *imperium christianum* erwuchs auch die außenpolitische Verantwortung für die Mission. Leitbild dafür war der triumphierende Christus, wie ihn ein um 800 wohl in Aachen in der Hofschule Karls entstandenes Elfenbeinrelief zeigt. Christus als Herrscher zertritt Löwen und Drachen als Sinnbild für das Böse und Heidnische. Den Kreuzstab hat er einer Waffe gleich als Siegeszeichen geschultert. Diese dem spätantiken Kaiserkult entliehene Darstellungsform des siegreichen Christus entsprach voll und ganz Karls Vorstellung.

Trotz all dieser Bemühungen war das Karlsreich nicht der Gottesstaat auf Erden. Die Reformen waren nur eine Sache der schmalen Bildungselite des Reiches. Gewiss sollten sie letztlich dem Volk dienen, dessen Lebensformen indes noch immer der nüchternen Robustheit der Zeit folgten. Auch Karl war von urwüchsiger Kraft und entsprach bisweilen nicht dem Bild, das kirchliche Quellen von ihm gezeichnet haben. Dennoch, aufgrund seiner Bemühungen um Ausbreitung und Verteidigung des christlichen Glaubens trug Europa zu Beginn des 9. Jahrhunderts unzweifelhaft seine Handschrift. Die in kultureller und kirchenpolitischer Hinsicht von Karl geschaffenen Grundlagen hatten auch dann noch Bestand, als sein Großreich schon eine Generation später wieder zerbrach. Die weitere Geschichte der westlichen Christenheit haben sie gleichwohl geprägt. Das zeigte sich auch in den Missionsaktivitäten späterer Herrscher, auf die im Norden und Osten des Reiches noch manche Aufgaben warteten.

VI.

Ausdehnung in den fernen Norden: Skandinavien

1. Bescheidene Anfänge

Auch wenn die Ausbreitung des Christentums zu den vornehmsten Aufgaben fränkischer Herrscher gehörte, so lag der Norden Europas doch außerhalb ihres Blickwinkels. Gewiss, aufgrund weit verzeigter Handelsbeziehungen kannte man die skandinavischen Länder, hatte aber genügend Probleme an den Reichsgrenzen, um ernsthaftes Interesse an einer Mission in dieser fernen Welt zu entwickeln. Direkte Berührung gab es nur mit den Dänen, die sich jedoch vorerst ruhig verhielten. Auf dem Kontinent wusste man von den Skandinaviern lediglich, dass sie in unwirtlichen Gegenden wohnten und heidnischen Göttern folgten. Nach zaghaften ersten Versuchen im 9. Jahrhundert begann deshalb die planmäßige Mission erst im 10. Jahrhundert erfolgreich zu werden, und auch dann nur wegen des zunehmenden Interesses einiger nordischer Herrscher an den politischen Möglichkeiten der Kirche. Einige Besonderheiten haben über-

dies die Ausdehnung des Christentums nach Skandinavien erschwert. Anders als auf dem Kontinent und bei den Angelsachsen waren die Missionsunternehmen meist keine Großaktionen, sondern nutzten eher kleinräumig sich bietende Gelegenheiten. Hinter den Missionaren standen in der Regel keine sie entsendenden christlichen Herrscher, denn im fernen Skandinavien konnten sie weder Schutz noch Hilfe leisten. Zwar folgten die Glaubensboten auch dort dem Grundprinzip einer Mission von oben nach unten, setzten also bei Stammesfürsten und Königen an, aber erstens hatten diese nur beschränkte Macht und zweitens war das Land so dünn besiedelt, dass sich die Bevölkerung bisweilen nicht um die religiösen Entscheidungen ihrer Herrscher kümmerte. Überdies zog sich der Aufbau kirchlicher Strukturen selbst nach ersten Erfolgen lange hin, zumal es an Klöstern zur Erziehung des priesterlichen Nachwuchses mangelte. Und schließlich kamen noch die politischen Implikationen hinzu. Selbst wenn manche Stammesherrscher dem Christentum nicht abgeneigt gewesen sein sollten, wollten sie es dennoch nicht annehmen, weil sie dann ihrer Selbstständigkeit verlustig gingen, denn die Zusammenarbeit von Königtum und internationaler Kirche war offenkundig. Dennoch haben sich zahlreiche Missionare aus dem Deutschen Reich und aus England den großen Herausforderungen gestellt, mit wechselndem Erfolg.

Wie gelangte denn nun das Christentum nach Skandinavien? Die konventionelle Sicht geht davon aus, der aus dem nordöstlichen Frankenreich stammende Ansgar (um 801–865) habe 826 mit der Dänenmission begonnen. Richtig an dieser Annahme ist, dass eindeutige Quellenzeugnisse für planmäßiges Vorgehen in früheren Zeiten fehlen. Das muss jedoch die Bekanntschaft der Dänen mit dem Christentum und sogar die Existenz von Christen in ganz Skandinavien nicht ausschließen. Seit der Spätantike hatte sich der neue Glaube im Römischen Reich ausgebreitet, und angesichts durchlässiger Grenzen und reger Handelsbeziehungen hat die Kunde davon auch den Norden erreicht, der trotz seiner Lage am Rande der zivilisierten Welt immer Bestandteil Europas war. Nicht nur die romanische, sondern auch die germanische Kultur ist seit dem 4. Jahrhundert dem Christentum begegnet. Durch vielfältige Kontakte mit den christlichen Völkern im Süden und Westen haben im Laufe der Jahrhunderte sicherlich auch die heidnischen Gesellschaften Skandinaviens einen gewissen kulturellen Wandel erlebt. Natürlich sind sie damit noch nicht Christen geworden, aber sie mögen geahnt haben, was da an religiöser Konfrontation auf sie zukam.

Die Missionare, die sich auf den Weg nach Skandinavien machten, trafen aller Wahrscheinlichkeit nach auf Völker, denen das Christentum nicht unbekannt war und die gerade deshalb um den Bestand ihrer religiösen Identität fürchteten. Ihre Aussichten auf Erfolg waren deshalb gering. Der erste Missionar, der es trotzdem versucht hat, war Willibrord. Vor 714 reiste er ohne Auftrag zu den Dänen und traf vermutlich in Ribe auf den Dänenkönig Ongendus, „einen Mann, der grausamer war als jedes Tier und härter als jeder Stein". Trotzdem, so erzählt Alkuin in der *Vita Willibrordi* überraschenderweise, „empfing er, auf Gottes Geheiß, den Verkünder der göttlichen Wahrheit ehrenvoll". Da aber „das Volk in seinen Sitten verhärtet war", konnte Willibrord mit seiner Predigt nichts ausrichten.[1] Alkuins Darstellung ist typisch für das immer wieder begegnende hagiographische Deutungsmuster. Den Widerspruch zwischen ehrenvoller Aufnahme und Erfolglosigkeit der Predigt löst er auf mit dem Hinweis auf die verstockten Herzen der Dänen, die deshalb noch nicht reif für eine Bekehrung gewesen seien. Da alles an Gottes Plan liegt, ist Willibrord vom Makel des Versagens befreit, was schon deshalb nicht die ganze Wahrheit sein kann, weil heidnische Herrscher kaum in solchen Kategorien dachten. Ongendus hat Willibrord wohl nur deshalb freundlich angehört, um nicht mit den Franken Ärger zu bekommen. Immerhin gelang es Willibrord, 30 junge Dänen mitzunehmen, die er zu Missionaren ausbilden wollte. Dieses Verfahren, das später auch Liudger und Ansgar anwandten, war im Prinzip aussichtsreich, da von diesen Dänen jedoch nie wieder die Rede ist, hat es wohl nicht funktioniert. Angesichts des Bestrebens der angelsächsischen Missionare, allen Völkern das Evangelium zu bringen, sind weitere Versuche durchaus wahrscheinlich, allerdings leider nicht dokumentiert. Liudger etwa wollte Ende des 8. Jahrhunderts „so gern als Glaubensbote zu den Normannen gehen", aber Karl der Große hat es ihm untersagt.[2]

Erst um 800 kam es zu Kontakten zwischen Karl dem Großen und den Dänen. Auch jetzt waren die Vorzeichen nicht günstig, denn diese hatten Karls großem sächsischem Kontrahenten Widukind zweimal Asyl geboten, so dass er von Dänemark aus den Widerstand gegen die Franken neu aufbauen konnte. Da aber nach dem endgültigen Sieg über die Sachsen im Jahre 804 Dänen und Franken Nachbarn geworden waren, bestand Handlungsbedarf. Besonders groß scheint des Kaisers Interesse an den Nordleuten nicht gewe-

der Kirchen von Meldorf, Schenefeld und Heiligenstedten. Als die Normannen dann 810 in Friesland einfielen und die friesischen Inseln verwüsteten, war Karls Geduld am Ende und er ließ ein Heer zusammenziehen. Bevor es jedoch zur Schlacht kam, wurde Godfred ermordet. Sein Nachfolger Hemming (810–812) nahm 811 sofort Friedensverhandlungen mit den Franken auf, starb aber bereits 812. Ihm folgten die Brüder Harald Klak (812–826/841) und Reginfred, die 813 eine ähnliche Vereinbarung beschworen.

In den folgenden Jahren wurde die Lage unübersichtlich. Am 28. Januar 814 war Karl der Große verstorben, ihm folgte sein Sohn Ludwig der Fromme, der das Format seines Vaters nicht zu erreichen vermochte. In Dänemark kam es zu einem großen Durcheinander. Godfred hatte fünf Söhne, sein Nachfolger Hemming drei Brüder, somit gab es acht Thronanwärter. Harald Klak wurde 813 vertrieben, sein Bruder Reginfred getötet. Harald wandte sich daraufhin an Ludwig den Frommen und huldigte ihm. Er war der erste und einzige dänische König, der jemals fränkische Oberhoheit anerkannte, freilich nur im Exil und aus Opportunismus. Nach einigem Hin und Her gelang es 819, Harald zumindest als Teilkönig durchzusetzen. An dem Reichstag zu Frankfurt 822 nahmen sogar Gesandte der konkurrierenden dänischen Parteien teil, um durch Anlehnung an die fränkische Großmacht Unterstützung für ihre jeweiligen Thronansprüche zu gewinnen. Das wurde seitens der Kirche als hoffnungsvolles Signal gewertet und Missionsreisen nach Dänemark wurden vorbereitet. Den Anstoß dazu gab Erzbischof Ebo von Reims (816–841), der in Absprache mit Kaiser Ludwig von Papst Paschalis I. (817–824) zum Missionslegaten für den Norden ernannt wurde und sofort in dem südjütländischen Herrschaftsgebiet Haralds, der die Taufe noch verweigerte, mit der Evangeliumspredigt begann. Ebo ist damit der erste offizielle Skandinavienmissionar. Mit seiner Beauftragung meldete Rom unabhängig von den Franken erstmals Ansprüche auf den Norden an, denn in der päpstlichen Bulle wurde Ebo ausdrücklich angehalten, sich in allen

Skandinavien im Mittelalter

sen zu sein, und von Missionsplänen verlautet gar nichts. Selbst Alkuins Frage an den Herrscher, ob es „nicht Hoffnung auf eine Bekehrung der Dänen gebe", blieb unbeantwortet.[3] Die Dänenkönige Sigfred und sein Nachfolger Godfred (†810) haben sich jedenfalls dem mächtigen Reich nicht gebeugt, aber von dessen Reichtum und Macht waren sie durchaus beeindruckt. So gab es manche Dänen, die engeren Kontakt zu den Franken suchten. Godfred aber wollte seine Unabhängigkeit wahren, griff die Abodriten und Friesland an und forderte Karl immer wieder mit „Anmaßungen und Übermut" heraus, der daraufhin jenseits der Elbe zur Sicherung der Grenze eine Stadt aufbauen ließ, das spätere Itzehoe.[4] Mit dieser Ausdehnung des fränkischen Einflusses nach Nordelbingen waren auch erste Bemühungen um den Aufbau einer kirchlichen Organisation verbunden, so die Einrichtung

Fällen direkt an den Apostolischen Stuhl zu wenden.

Doch schon 823 war das wieder vorbei, und der erneut vertriebene Harald tauchte bei Ludwig auf und bat um Hilfe gegen die God-fred-Sippe. Nun machte Ludwig der Fromme seinem Beinamen alle Ehre und verlangte als Preis die Taufe. Harald hatte keine Wahl, und so wurde er mit Familie und Gefolge am 24. Juni 826 in der Abtei St. Alban bei Mainz getauft. Kaiser Ludwig höchstpersönlich fungierte als Taufpate. Nach den Taufkleidern überreichte er dem Dänen anschließend in der prachtvollen Pfalz zu Ingelheim einen Königsornat mit Krone, Purpurmantel und Schwert, ein deutlicher Hinweis auf das intendierte geistlich-politische Abhängigkeitsverhältnis. Unterstützt von fränkischem Reichtum und fränkischem Christentum, sollte Harald nun als machtvoller König für Ruhe an der Nordgrenze sorgen. Was in Mainz und Ingelheim als gute Idee erschien, ging in Dänemark gründlich daneben. Da Ludwig nicht gewillt war, sein Patenkind auch militärisch zu unterstützen, konnte Harald sich nicht durchsetzen und musste sich zurückziehen. Der ihn begleitende Missionar Ansgar durfte wohl nur in Haithabu und Ribe predigen, ansonsten blieben ihm die Grenzen verschlossen. Die Christianisierung Dänemarks begann mit etlichen Fehlschlägen.

Trotzdem wurden in den folgenden Jahren immer wieder einige Dänen getauft, und zwar solche, die als Gesandte am Hofe Ludwigs des Frommen auftauchten und von diesem stets nachdrücklich eingeladen wurden, den Christenglauben anzunehmen. Das war offenbar eine lohnende Angelegenheit, denn die Täuflinge erhielten nicht nur ein leinenes weißes Taufkleid, sondern obendrein von ihren fränkischen Paten auch noch kostbare Gewänder, Waffen und Schmuck. Dadurch wurden Begehrlichkeiten geweckt, wie Notker der Stammler (ca. 840–912) in einer netten Geschichte in den *Gesta Karoli* empört berichtet. Als es nämlich am Hofe des Kaisers wieder einmal zu einer solchen Gesandtentaufe kam, gab es einen Engpass bei den Leinenkleidern und man behalf sich mit billigerem Material. Einer der

älteren Täuflinge prüfte kritisch Stoff und Zuschnitt, geriet in Wut und fuhr Ludwig an: „Schon zwanzigmal hat man mich hier gebadet und mir die besten und weißesten Kleider angetan, aber so ein Sack steht keinem Krieger, sondern einem Schweinehirten zu. Und wenn ich mich nicht meiner Nacktheit schämte, nachdem man mir meine Kleider weggenommen, aber nicht die von Dir gegebenen angelegt hat, würde ich Dir Dein Gewand samt Deinem Christus lassen!"[5] Besonders ernst hat dieser Däne das Taufgeschehen offensichtlich nicht genommen.

Ansgar, geb. um 801 in Nordostfrankreich, gest. am 3. Februar 865 in Bremen, im Kloster Corbie erzogen, fühlte sich schon in seiner Kindheit zur Mission hingezogen. 823 zum Leiter der Klosterschule von Corvey berufen, wurde Ansgar 826 von Kaiser Ludwig dem Frommen mit der Mission in Skandinavien beauftragt. Nach wenig erfolgreichen Versuchen 831 zum Erzbischof von Hamburg und 832 mit Ebo von Reims zum päpstlichen Legaten im Norden ernannt, unternahm Ansgar Missionsreisen 849 nach Dänemark mit Kirchengründungen in Haithabu und Ribe sowie 852/853 nach Birka in Schweden. Nach der Zerstörung Hamburgs 845 durch die Wikinger wurde ihm das vakante Bistum Bremen zugewiesen, dessen Zusammenlegung mit dem wieder aufgebauten Hamburg 864 bestätigt worden ist. Ein dauerhafter Erfolg war seiner Mission im Norden nicht beschieden. Die von seinem Reisebegleiter und Amtsnachfolger Rimbert zwischen 865 und 876 verfasste Vita zeichnet Ansgar als Visionär, dessen Leben von der Hoffnung auf das Martyrium geprägt war.
Rimbert über Ansgars Predigtweise:
Seine Predigtsprache war von gewinnender Milde; aber er vermochte ebenso zu erschüttern und erbrachte dadurch den Beweis, dass ihm offensichtlich der Heilige Geist seine Worte eingab; durch diese Verbindung von Schrecken und Milde durfte er die Macht des göttlichen Gerichts dartun, in dem der Herr erscheinen wird, furchtbar den Sündern und mild den Gerechten. (Vita Anskarii c. 37, S. 119)

Hrabanus Maurus, De laudibus sanctae crucis, Fulda, um 826. Darstellung Ludwigs des Frommen als Miles Christianus in antiker Gewandung mit Krone, Kreuz und Schild.

Das Christentum muss für die paganen Herrscher des Nordens eine gewisse Attraktivität gehabt haben. Denn im Jahre 829 erschienen Gesandte des schwedischen Königs Björn am Hofe Ludwigs mit der Nachricht, „viele ihres Volkes wünschten den Christenglauben anzunehmen, auch ihr König sei nicht abgeneigt, dort Gottes Priester zuzulassen".[6] Hauptsächlich ging es bei diesem Besuch um die Aushandlung eines Handelsvertrages, und vielleicht erhoffte man sich durch diese fromme Anfrage günstigere Bedingungen. Der Hof Ludwigs des Frommen war jedenfalls sehr angetan und schickte sogleich Ansgar nach Schweden, um in dem Fernhandelszentrum Birka eine Missionsstation aufzubauen. Das war eine kluge Ortswahl, denn an solchen Plätzen bestand schon aus wirtschaftlichen Gründen eine größere Toleranz anderen Glaubensformen gegenüber. Außerdem lebten dort christliche Sklaven und Händler. Vergleichbare Verhältnisse gab es auch in anderen Handelsplätzen an den Küsten der Ostsee, so beispielsweise in dem 808 von Godfred zerstörten Groß Strömkendorf (von den Dänen Reric genannt) bei der Insel Poel, in dem eine Gruppe christlicher Gräber gefunden worden ist.

Allerdings musste die Missionslegation unter Ansgar die Stadt auf einer Insel im Mälarsee erst einmal erreichen, und das gestaltete sich schwierig. Die im Frühjahr 830 angetretene Reise war gefahrvoll. In Küstennähe wurde das Handelsschiff von Wikingern überfallen. Trotz mannhafter Verteidigung mussten die Kaufleute schließlich nicht nur die gesamte Ladung, sondern auch das Schiff aufgeben. Ansgar verlor die für König Björn bestimmten kaiserlichen Geschenke und ungefähr 40 liturgische Bücher. Wenn diese für damalige Verhältnisse immense Anzahl tatsächlich stimmen sollte, dann ist sie ein Beleg für die Absicht, von Birka ausgehend mehrere Missionskirchen zu errichten und mit Priestern auszustatten, denn eine Kirche allein benötigte eine solch umfangreiche Bibliothek nicht. Der Verlust war also groß. Die Ausgeraubten konnten sich nur schwimmend ans Ufer retten und mussten den langen Weg zu Fuß zu-

rücklegen. Es sollte sich lohnen, denn in Birka angekommen empfing König Björn die Missionare trotz des Fehlens diplomatischer Mitbringsel freundlich und gestattete ihnen die Verkündigung des Evangeliums. Der Präfekt von Birka, Hergeir, ein beim Schwedenkönig hoch angesehener Mann, ließ sich von Ansgar taufen und trat fortan selbstlos für das Christentum ein. Auf seinem Landbesitz errichtete er eine Kapelle, die erste bekannte Kirche Schwedens. Beachtlich und für die weitere Mission in Skandinavien typisch ist die Freistellung der Glaubensentscheidung durch den König, der damit der Bevölkerung eine gewisse religiöse Kompetenz zutraute und überdies das Nebeneinander verschiedener Kulte akzeptierte. Natürlich ergaben sich aus einer solchen Konkurrenzsituation immer wieder Konflikte, aber das war die Alltagsrealität, mit der die Missionare noch lange zu rechnen hatten. Hergeir jedenfalls nutzte seine Möglichkeiten und betätigte sich nach Ansgars Abreise im Sommer 831 sogar als Laienprediger.

Das schien endlich ein vielversprechender Anfang zu sein, und sofort dachte man am Hofe Ludwigs über die Gründung eines Erzbistums für den Norden nach, was schon Karl der Große erwogen hatte. Das war reichskirchlich gedacht. Die Möglichkeit, die skandinavischen Länder könnten dergleichen in direkter Verbindung mit dem Papsttum erwägen, lag außerhalb der Vorstellungswelt der Franken. 831/832 wurde Ansgar zum Erzbischof mit Sitz in Hamburg berufen und zur Bestätigung nach Rom geschickt. Papst Gregor IV. (827–844) ernannte ihn neben Ebo von Reims zum Legaten für alle „Völkerschaften der Schweden, Dänen, Slaven und sonstigen Stämme im Norden, wo immer sie wohnen möchten".[7] Zurückgekehrt nach Hamburg, errichtete Ansgar dort eine Kirche und ein Klerikerstift und bemühte sich um den Aufbau eines Missionswerkes. „Durch seinen beispielhaften Lebenswandel berief er viele zur Gnade des Glaubens. Er begann jetzt junge Dänen und Slaven zu kaufen und Sklaven auszulösen, um sie zum Dienste Gottes zu erziehen".[8] Derweil wurde Gauzbert (†859) als Missionsbischof zu den Schweden geschickt. Alles schien sich zum Besten zu wenden, bis plötzlich im Jahre 845 wikingische Seeräuber mit ihren Schiffen vor Hamburg erschienen und alles zunichte machten. Kleriker und Bevölkerung flohen, wenn sie nicht gefangen oder erschlagen wurden. Ansgar selbst entkam ohne Kutte nur mit Not. Die Wikinger plünderten und brandschatzten gründlich, Kirche und Kloster gingen in Flammen auf. Der Sitz des nordischen Erzbistums musste 847 nach Bremen verlegt werden. Mit der Zerstörung der Hammaburg geriet auch die Schwedenmission ins Stocken, und die „vom Teufel getriebenen Schweden" jagten Gauzbert „mit Schimpf und Schande" aus dem Lande.[9] Durch Hergeirs unverdrossenes Festhalten am Christenglauben konnte die Gemeinde in Birka dennoch überleben.

Diese Geschehnisse lenken die Aufmerksamkeit auf die Wikinger, die in jener Zeit zum Schrecken Europas wurden. Die Frage ist nur, ob diese Einschätzung berechtigt war. Die in den Quellen Nordmänner, Normannen oder Wikinger genannten Leute stammten aus allen skandinavischen Völkern und waren von königlicher Zentralgewalt unabhängige Schiffseigner und Mannschaften, die sich zu Wikingerfahrten zusammentaten. „Wikinger" ist also kein Stammesname, sondern eher eine Art zeitweiliger Zustand. Die Angst vor ihnen gründete zunächst darauf, dass sie als Heiden die Christen überfielen, sodann auf ihrer überraschenden Angriffstaktik und vor allem auf den dramatischen Berichten über ihre Aktionen. Wie sollte man mit solchen Erlebnissen umgehen? Schon Liudger hatte einst seiner Schwester Heriburg von einem Traumgesicht erzählt: „Es werden von den Normannen große Verfolgungen, harte Kriege und unerhörte Verwüstungen angerichtet, so dass diese schönen Lande am Meer um der Sünden willen fast unbewohnbar werden. Danach wird durch die Güte des Herrn der Kirche Gottes der Friede wiedergeschenkt, und das furchtbare Leid, das auf diesem Land gelastet hatte, wird auf die Normannen selbst zurückfallen".[10] Das war das in den Quellen immer wieder auftauchende heilsgeschichtliche Deutungsmuster, mit dem man den Schrecken er

träglich zu machen versuchte. Nach dem Tunund-Ergehen-Zusammenhang benutzte Gott die Heiden zur Strafe für die Sünden der Christen, und weil sie sich damit selbst schuldig machten, ereilte auch sie später der göttliche Zorn. So jedenfalls sahen es die Kirchenmänner, den Betroffenen wird es kaum geholfen haben. Auch Alkuin dachte so, als er von dem Überfall der Wikinger auf das berühmte Kloster Lindisfarne in Northumbria an der Ostküste Englands hörte, mit dem im Jahre 793 die Raubzüge begannen. In einem Brief an die dortigen Mönche zitiert er aus dem Propheten Jeremia: „Von Norden her ergießt sich das Unheil über alle Bewohner des Landes".[11] Das sollte nichts anderes heißen, als dass der Überfall Strafe für die Sünde der Christen war. Einkehr solle man halten, sich auf den wahren Glauben besinnen, dann würden in Zukunft die Feinde ausbleiben.

Damit war das Deutungsmuster für die nächsten Generationen vorgegeben. Scheinbar war die Sünde des christlichen Volkes recht groß, denn die Überfälle fingen jetzt erst richtig an. Ständig tauchten die Wikinger an den Küsten Europas auf. 845 waren Paris und Hamburg die Ziele. Schutzmaßnahmen wurden ergriffen und entlang der Küste nördlich der Seinemündung Verteidigungsanlagen aufgebaut. Es nützte nicht viel, und so verlegte man sich auf das Zahlen von Lösegeld. 858 hatte ein Wikingertrupp den Abt von St. Denis und seinen Bruder in seine Gewalt gebracht, gegen eine Zahlung von 300 kg Gold und 1500 kg Silber kamen die geistlichen Herren wieder frei. Solche Summen weckten Begehrlichkeiten und steigerten die Lust an weiteren Aktionen. Um 850/860 machten Wikinger alle größeren Flüsse des Westfrankenreiches unsicher. Ab 862 begann Karl der Kahle (823–877) mit systematischen Schutzmaßnahmen für den Kern seines westfränkischen Reiches, indem er Städte und Klöster befestigen ließ und niedrige Brücken über die Seine und die Loire baute, damit feindliche Schiffe nicht darunter durchfahren konnten. Das zeigte Wirkung, und die Nordleute sahen sich nach anderen Zielen um. 859 drangen sie mit 62 Schiffen ins Mittelmeer vor, überfielen Nordafrika, er richteten in der Camargue einen Stützpunkt und machten von dort aus das Rhônetal unsicher. Dramatisch wirkte sich jetzt eine grundsätzliche militärische Schwäche des karolingischen Reiches aus, nämlich das Fehlen einer Flotte.

In diesem Stil ging es immer weiter. Die Wikinger wurden zum Inbegriff des Schreckens, gleichsam zur Geißel Gottes für die Christen. Sie galten als besonders gewalttätig und grausam, aber letztlich gibt es keine Beweise dafür, dass sie brutaler als die anderen zeitgenössischen Krieger gewesen sind, mit dem Unterschied, dass Angelsachsen und Franken eben keine Klöster überfielen. Der Erfolg der Wikinger lag im Überraschungsmoment, sie kamen von See her und zogen sich auf demselben Weg schnell wieder zurück. Sie rückten meist in kleinen Gruppen an, höchstens Hunderte, nicht aber Tausende, wie in den Quellen oft behauptet, weil mehr auf den großen Fahrten nicht verproviantiert werden konnten. Ein Krieger benötigte pro Tag 1,5 kg Brot, ein Pferd 10 kg Futter, das begrenzte die Möglichkeiten. Viele von Stützpunkten aus unternommene Raubzüge werden daher die Suche nach Proviant zum Ziel gehabt haben. Angegriffen wurden meist unverteidigte Objekte mit der Aussicht auf schnelle Beute. Gab es heftige Gegenwehr, zogen sich die Wikinger zurück. Alles das spricht dafür, dass das von ihnen angerichtete Ausmaß der Zerstörung von Zeitgenossen und manchen modernen Forschern übertrieben worden ist. Gewiss, viele Klöster auf dem Kontinent wurden beschädigt, aber untergegangen sind die meisten von ihnen trotzdem nicht.

Bleibt die Frage, was denn die Gründe für diese Wikingerfahrten gewesen sind. Alkuins Erklärung der Überfälle als apokalyptische Heimsuchungen kommt kaum in Betracht. Im 11. Jahrhundert, nach Abklingen der Gefahr, brachten manche Autoren soziale Gründe ins Spiel. Der Franke Dudo von St. Quentin (um 960–1026) meinte, die Wikinger hätten zu viele Kinder und dadurch Erbstreitigkeiten gehabt. Deshalb habe man gewürfelt, wer das Land verlassen müsse. Adam von Bremen († vor 1085) schrieb, es habe an der „Dürftig-

keit des Landes" gelegen.[12] In erster Linie suchten die Wikinger Reichtum, kein Land. Auslösender Faktor für den Ausbruch der Piraterie war die Expansion des Handels in Nordwesteuropa. Die Wikinger übernahmen die Segeltechnik der Handelsschiffe, sie erfuhren durch Händler vom Reichtum der Länder auf dem Kontinent und sie sahen die Möglichkeit, durch erfolgreiche Raubzüge ihre Macht zu Hause ausweiten zu können. Ein nicht zu unterschätzender weiterer Grund kommt hinzu. Es gab im Norden einfach den Wunsch, andere Gebiete kennen zu lernen, man war schlicht neugierig. Kurzum, die Wikinger waren Abenteurer.

Es spricht für die Einsatzfreude der Missionare, dass sie sich trotzdem nicht von den Skandinaviern abwandten. So trat Ansgar 852/853 zum zweiten Mal die gefahrvolle Rei-

Wikingerschiff von Gokstad, 895–900. Das 1880 in einem Fürstengrab gefundene hochseetüchtige Langschiff ist in Klinkerbauweise aus Eichenholz gebaut worden, war 23,30 m lang, 5,25 m breit, hatte einen 12 m hohen Mast und bot Platz für 32 Ruderer.

se nach Birka an, traf aber diesmal auf eine veränderte Situation. Aufgeschreckt durch die drohende Verstärkung des christlichen Einflusses trat dort bei der Ankunft Ansgars ein heidnischer Priester mit einer bemerkenswerten Botschaft auf, die ihm von den Göttern, an deren Versammlung er angeblich teilgenommen hatte, aufgetragen worden war. Sie hätten sich beschwert, dass ihnen trotz ihrer Gunsterweise nicht mehr die gewohnten Opfer dargebracht würden, und gefordert: „Nehmt den Kult des fremden Gottes, dessen Lehre uns feindlich ist, nicht bei euch auf und wendet euch seinem Dienst nicht zu! Doch falls ihr mehr Götter wünscht, und wir euch nicht mehr genügen, dann wollen wir einstimmig euren früheren König Erik in unseren Kreis aufnehmen; er soll einer in der Zahl der Götter sein".[13] Die Einwohner Birkas gingen auf dieses erstaunliche Angebot der Steigerung der Leistungsfähigkeit der Götter ein, errichteten dem ansonsten unbekannten Erik einen Tempel und brachten ihm Gelübde und Opfer dar. In diesem durch die Anhänger des alten Glaubens verstärkten Konkurrenzkampf der Götter konnte, wie Ansgar erleben musste, auch der König, wenn ihm seine Macht lieb war, nicht einfach Partei für eine Seite ergreifen. Deshalb antwortete er auf Ansgars Bitte um Predigterlaubnis, er könne das nicht entscheiden, dazu sei die „Losbefragung unserer Götter und die Erforschung des Volkswillens" erforderlich.[14] So kam es dann zu einer Thingversammlung, auf der das Losorakel besagte, man solle dem christlichen Glauben folgen. Das aber wollten die Anhänger des Polytheismus nicht hinnehmen und es entstand Streit. Die Entscheidung führte die Rede eines alten Mannes, möglicherweise eines Parteigängers Ansgars, herbei: „König und Thingversammlung, hört auf mich! Über die Verehrung dieses Gottes wissen schon viele unter uns recht gut, dass er denen, die auf ihn hoffen, große Hilfe gewähren kann. Das haben unser viele schon oft in Gefahren auf See und in mancherlei Nöten erprobt. Weshalb also sollen wir verwerfen, was uns sicherlich notwendig und vorteilhaft ist?"[15] Als Folge dieser Religionsdebatte wurden Priester zugelassen,

Kirchen gebaut und jedem wurde die Annahme des Christentums freigestellt.

Dieser Bericht, den Rimbert (um 830–888) nach Erzählungen Ansgars aufgeschrieben hat und der deshalb trotz aller Ausschmückungen relativ authentisch ist, vermittelt einen guten Eindruck von den Abläufen des Religionswechsels in Skandinavien, wie er auch in der Folgezeit immer wieder vorgekommen ist. Am Anfang stand die Konfrontation zwischen heidnischen Göttern und dem Christengott, es folgten die Erwägung, welche Gottheit höheren Nutzen verspreche, und der Entschluss zur Freistellung der Religionswahl. Anders als bei den Angelsachsen oder auf dem Kontinent sorgte der Herrscher nur für den ordnungsgemäßen Ablauf des Verfahrens, konnte aber selbst den Kultwechsel nicht vorschreiben. An den Missionaren lag es, sich auf diese Verhältnisse einzustellen.

Ansgars Erfolg in Birka konnte allerdings nicht in eine weiträumige Mission in Schweden umgesetzt werden. In Birka hat sich zwar die kleine Christengemeinde gehalten und über die Handelsrouten kam auch weiterhin christliches Gedankengut in den Norden, aber insgesamt gesehen sind die ersten Versuche der Mission in Skandinavien gescheitert. Die Vermutung einer ununterbrochenen Kontinuität der nordischen Mission seit Ansgar ist nicht zutreffend. Insofern ist auch der ihm später beigelegte Titel „Apostel des Nordens" zu hoch gegriffen, zumal der eigentliche Gründer der Mission Ebo von Reims gewesen ist. Aber immerhin konnten spätere Zeiten auf diesen Anfängen aufbauen.

2. Brücke zum Kontinent: Dänemark

„Die Dänen", so schrieb Widukind von Corvey († nach 973) in seiner 967/968 abgeschlossenen Sachsengeschichte, „waren von alters her Christen, dienten aber nichtsdestoweniger den Götzen nach heidnischer Weise".[16] Es ist unbekannt, welche Informationen den Mönch zu dieser erstaunlichen Aussage veranlasst haben. Als Sachse wusste er wohl, dass dem eigentlichen Religionswechsel eine längere

Phase der Infiltration durch christliches Gedankengut vorausgehen konnte, Menschen sich auch ohne den Einsatz der Kirche zum Christentum bekehrten und daraus ein Neben- und Durcheinander der konkurrierenden Kulte entstehen konnte. Das war in Dänemark nicht anders, lag es doch an der Grenze zum christlichen Frankenreich und bildete geographisch die Brücke zum Kontinent. Die archäologischen Funde belegen vor allem für die höheren Gesellschaftsschichten einen kontinuierlichen Import von mit christlichen Symbolen verzierten Objekten. Sie sind als Beutegut, Handelsware oder Geschenke ins Land gekommen und könnten durchaus die Einstellung der Bevölkerung in Südskandinavien zum Christentum beeinflusst haben. Manche von ihnen mögen sogar Taufgaben gewesen sein wie die Beigaben des Bootgrabes von Hedeby, zu denen eine karolingische Fibel mit einer Kruzifixdarstellung gehört. Mit schriftlichen Quellen lässt sich diese Entwicklung nicht abstützen, zumal die Geschichte Dänemarks in der zweiten Hälfte des 9. Jahrhunderts ohnehin im Dunkeln liegt und auch in der Folgezeit die eindeutige Identifizierung der Könige nicht immer leicht fällt.

Erst in der Zeit des ostfränkischen Herrschers Heinrich I. (919–936) scheint wieder Bewegung in die Missionsaktivitäten gekommen zu sein. 934 besiegte er einen Dänenkönig namens Hardecnudth Vurm oder Chnuba, der die Friesen mit Seeräuberei heimgesucht hatte, machte ihn tributpflichtig und erzwang seine Taufe. Damit soll auch ein alle neun Jahre in Lejre südwestlich von Roskilde veranstaltetes Opferfest sein Ende gefunden haben, bei dem die Dänen „ihren Göttern neunundneunzig Menschen und ebenso viele Pferde, Hunde und Hähne als blutiges Opfer darbrachten; sie hielten es für gewiss, dass diese ihnen Dienste bei den Unterirdischen leisten und sie nach begangenen Untaten gnädig stimmen könnten".[17] Solche Zwangsmaßnahmen konnten keine dauerhaften Erfolge bringen, aber immerhin ergaben sich nach der Verlagerung der Reichsgrenze nach Schleswig neue Möglichkeiten. Erzbischof Unni von Hamburg-Bremen (918–936) sah „die

Tür des Glaubens für die Völker offen" und nahm die lange Zeit daniederliegende Mission im Norden wieder auf.[18] 935 traf er wohl im jütländischen Jelling mit König Gorm dem Alten (um 900–958/959) zusammen, der als grimmiger Christenfeind geschildert wird. Ganz so schlimm kann es indes nicht gewesen sein, denn Unni gelang es, von dessen Sohn Harald Blauzahn (958/959–um 985) die Möglichkeit zur Missionspredigt zu erlangen.

Unni reiste nach diesem Erfolg weiter nach Birka, wo die von Ansgar gegründete Gemeinde noch immer Bestand hatte. Dort verstarb er, und Nachfolger als Erzbischof von Hamburg-Bremen wurde Adaldag (um 900–988), ein Mann aus dem näheren Umfeld von Otto dem Großen (936–973). Er konnte an Unnis Vorarbeit anknüpfen und auf der Synode von Ingelheim 948 die Einrichtung der drei jütländischen Bistümer Schleswig, Ribe und Århus erreichen. Natürlich waren das noch keine voll ausgestatteten Diözesen, aber als Missionsstützpunkte der Bischöfe Hored, Liafdag und Reginbrand ein vielversprechender Anfang.

Wie entwickelte sich nun Harald Blauzahns Annäherung an das Christentum weiter? Folgt man Adam von Bremen, so soll König Otto 947 einen Kriegszug durch ganz Jütland unternommen, Harald besiegt und dann zur Taufe

Reliefplatten eines vergoldeten Reliquiars aus der Kirche von Tamdrup, Jütland, um 1200. Der Priester Poppo trägt einen eisernen Handschuh und hält ihn so lange in ein Feuer, bis er glüht. Die unversehrte Hand sollte Harald Blauzahn von der Macht Gottes überzeugen.

Poppo tauft König Harald Blauzahn.

gezwungen haben. Dabei habe Otto selbst als Taufpate fungiert und dem kleinen Sohn Haralds den Namen Sven-Otto gegeben. Nun, der Knabe hieß Svend Gabelbart (986/988–1014) und die Auseinandersetzung gehört in das Jahr 974 nach Ottos Tod. Adams Erzählung ist Legende zum höheren Ruhm Ottos und sollte vor allem den Anspruch des Erzbistums auf die Kirche im Norden zementieren. Sicher ist, dass die Einrichtung der drei jütländischen Bistümer kaum ohne Haralds Einverständnis möglich gewesen ist und demzufolge seine Annäherung an das Christentum nach dem Tod seines Vaters Gorm 958/959 zunahm. Um einer Eroberung durch das Reich zu entgehen und außerdem den Anschluss an die kulturelle Entwicklung des Kontinents nicht zu verpassen, blieb ihm gar nichts anderes übrig, als wohl um 965 den Religionswechsel zu vollziehen. Die näheren Umstände von Haralds Taufe sind nicht bekannt, nur das Faktum ist sicher.

Offenbar duldete er die Anwesenheit von Priestern am Königshof, denn in mehreren Quellen wird von einer wunderbaren Demonstration der Macht des Christengottes erzählt. Nach der Version dieser Wandersage bei Widukind gab es bei einem Festgelage einen Streit über die Verehrung der Götter zwischen dem Priester Poppo und einigen Dänen. Diese be-

haupteten, „Christus sei zwar ein Gott, aber es werde noch andere Götter geben, deren Macht noch größer sei, da sie den Menschen größere Zeichen und Wunder durch sie kundtäten".[19] Diese Haltung ist typisch für die nordgermanische Religiosität, die eben nicht von einem Absolutheitsanspruch ausging, also nicht Odin oder Christus, sondern Odin und Christus. Entscheidend war die Nützlichkeit des religiösen Kultes. Darauf ließ sich Poppo ein, indem er das christliche Ritual des Gottesurteils vollzog. Poppo wurde von Harald aufgefordert, ein glühendes Eisen in der Hand zu tragen. „Er trug es so lange, wie der König es befahl, zeigte allen die unverletzte Hand und erwies so vor der ganzen Versammlung die Wahrheit des katholischen Glaubens. Nach dieser Probe bekehrte sich der König, beschloss, Christus allein als Gott zu verehren, und erzeigte fortan den Priestern und Dienern Gottes die gebührende Ehre".[20] Es ist unerheblich, ob Poppo in imperialmissionarischer Absicht von Otto dem Großen entsandt worden ist oder nicht, entscheidend war für Harald, dass die drohende Gefahr einer deutschen Intervention abgewendet werden konnte, denn es bestand kein Anlass, das christlich gewordene Dänemark einzunehmen.

Harald Blauzahn zeigte sofort, dass er wie

in heidnischen Zeiten herrscherliche Macht-
repräsentation und kultische Verantwortung
wahrnehmen wollte, und das in aufsehenerre-
gender Weise. Auch wenn er sich in Fragen
der religiösen Orientierung mit seinem Vater
Gorm nicht einig gewesen ist, so wusste er
doch, wie man mit einem verstorbenen Hei-
denkönig umzugehen hatte. Ausgangspunkt
dafür war die religiös geprägte Monumental-
architektur der herrscherlichen Residenz Jelling in Jütland. Dort befand sich ein bronze-
zeitlicher Hügel, von dem ausgehend Gorm
eine 170 m lange Schiffssetzung errichtet hatte, die größte jemals in Dänemark angelegte.
Außerdem hatte er zum Andenken an seine
Frau Thyre dort einen Runenstein gesetzt. Als
der alte Gorm 958/959 starb, wurde er nach
Heidensitte von seinem Sohn Harald in einer

Kammer des bronzezeitlichen Grabhügels bestattet, auf dem dann ein riesiger Hügel mit
65 m Durchmesser errichtet wurde.

Das war vor Haralds Taufe. Danach musste
und wollte er der neuen religiösen Orientierung gerecht werden, zugleich aber nicht auf
die dem Volk wichtige Legitimation des Kö-
nigsgeschlechts verzichten. Haralds Methode
zur Überwindung dieser Zwickmühle war
spektakulär. Unmittelbar südlich von dem großen, im Norden gelegenen Hügel mit Gorms
Grab errichtete er eine recht große Holzkirche (30×14 m), in die er den Leichnam seines
Vaters überführen ließ. Die Kirche war demnach auch ein Memorialbau, und durch diese
postume Bekehrung Gorms sollte gleichsam
die Jelling-Dynastie als von Anfang an christlich definiert werden. Zusätzlich ließ Harald

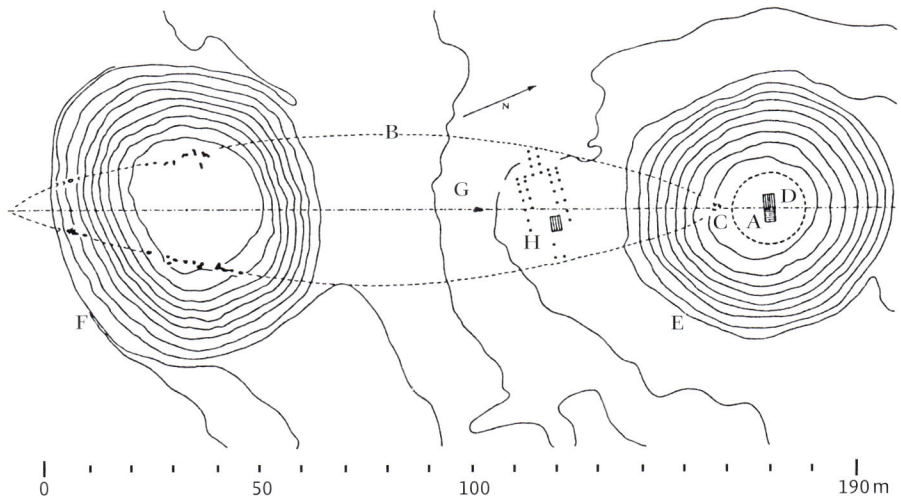

Jelling, Dänemark.
Plan der Gesamt-
anlage: A bronze-
zeitlicher Hügel,
B Schiffssetzung,
C Thyre-Runenstein,
D Grabkammer
Gorms, E Nord-
hügel, F Südhügel,
G Harald Blauzahns
Runenstein, H Pfos-
tenlöcher der Holz-
kirche unter der jet-
zigen Steinkirche
mit Grabkammer

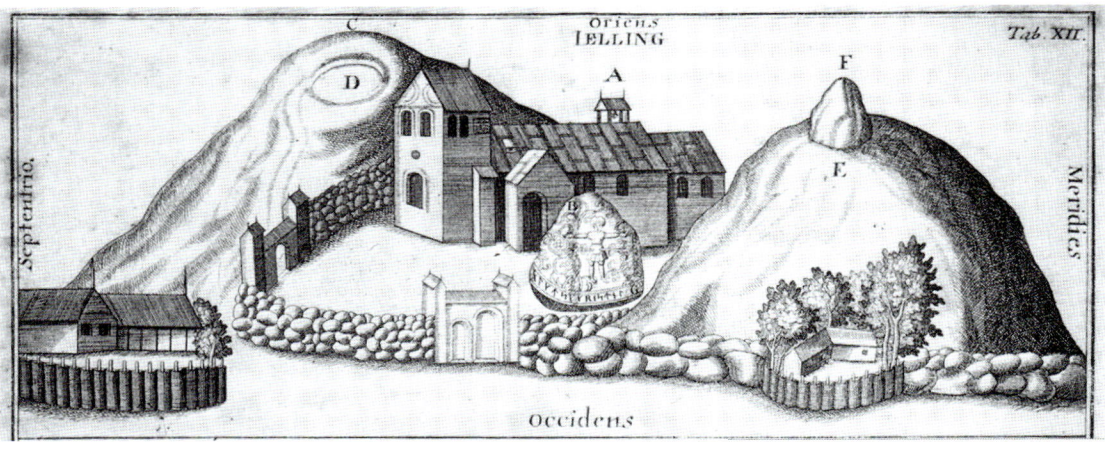

Stich der Gesamt-
anlage von Jelling
aus dem Rantzau-
Prospekt von 1591

Runenstein von
Jelling, Dänemark,
um 960.
Runenseite (A)
Schlangenseite (B)
Christusseite (C)

A

B

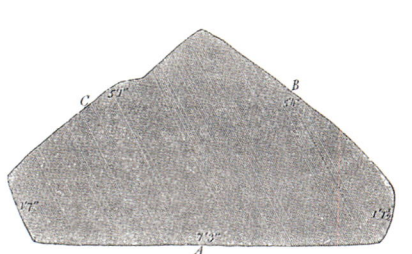

C

um 970 den Südhügel errichten, der die alte Schiffssetzung zerstörte. Diese galt als heidnisch und jetzt nicht mehr akzeptabel, während Hügel noch möglich waren. Vielleicht sollte dieser Südhügel ein Monument zur Erinnerung an Thyre und/oder Harald selbst sein. Darüber hinaus wurde der große Jellingstein errichtet, immerhin 2,43 m hoch und bis zu 2,90 m breit, exakt positioniert zwischen den beiden Hügeln. Der Runentext auf der Inschriftenseite A lautet: „König Harald gebot dieses Denkmal zu machen nach Gorm seinem Vater und nach Thyre seiner Mutter, der Harald, der sich gewann Dänemark (*tanmaurk*)". Die Seite B zeigt einen von einer Schlange umschlungenen Vierfüßler, eine Darstellung, deren Deutung unsicher ist, darunter die Fortsetzung der Inschrift von Seite A: „... ganz und Norwegen ..". Die eigentliche Überraschung ist Seite C: eine mit einem Rock bekleidete Männerfigur, mit ausgestreckten Armen aufrecht stehend, von Flechtwerk

umschlungen und umgeben. Es handelt sich eindeutig um eine der ältesten Christusdarstellungen des Nordens, die möglicherweise Vorstellungen von „Christus am Lebensbaum" und „Odin am Weltenbaum" vermischt. Die Inschrift setzt die von Seite A und B fort und bezieht sich auf das Bild: „... und die Dänen [zu] Christen [machte]". In dieser Selbstrühmung verweist Harald auf seine drei Großtaten: Gewinnung Dänemarks, Bezwingung Norwegens und Christianisierung der Dänen. Historisch ist das nicht ganz exakt, denn Norwegen hat er nie vollständig beherrschen können, aber auf dem Höhepunkt der Macht war Harald 965 zweifelsohne. Die eindrucksvolle Gesamtanlage von Jelling ist ein repräsentatives Machtdokument, das regionale wie überregionale politische Ereignisse spiegelt und den Übergang vom Heidentum zum Christentum veranschaulicht. Das politische Signal war, dass der Religionswechsel keinen totalen Bruch mit der alten Tradition bedeutete, sondern von der Kontinuität von Herrschermacht und Kultverantwortung überlagert wurde. Die mit Gorm und Harald begonnene Jelling-Dynastie hat dann auch bis 1375 stets die Könige Dänemarks gestellt.

Natürlich wurden die Dänen nicht sofort allesamt Christen, heidnische Bräuche hielten sich noch einige Zeit, aber Harald trieb die Christianisierung voran. Otto der Große förderte das, indem er 965 die Bistümer Schleswig, Ribe und Århus privilegierte und damit Haralds Unabhängigkeit anerkannte. Dagegen kam es nach Ottos Tod 973 unter seinem Sohn Otto II. (973–983) zu allerhand Konflikten zwischen Dänen und Sachsen, die zeitweilig Jelling besetzt hielten. Um 980 ließ Harald vier riesige Festungsanlagen bauen: die Ringburgen Trelleborg auf Seeland, Nonnebakken auf Fünen sowie Fyrkat und Aggersborg in Nordjütland. Sie dienten nicht zum Schutz vor dem mächtigen Nachbarn, sondern der sichtbaren Stabilisierung seiner Herrschaft nach innen, und lassen vermuten, dass seine Hinwendung zum Christentum nicht ganz unumstritten war. Das zeigt auch der Friedhof der Anlage von Fyrkat, die nur höchstens zehn Jahre in Gebrauch war, denn in den Gräbern finden sich sowohl heidnische wie christliche Beigaben. Nicht ganz so glücklich war das Ende der Herrschaft von Harald Blauzahn, denn er geriet in Konflikt mit seinem Sohn Svend Gabelbart, der sich 985/986 gegen ihn erhob. So kam es nach Adam „plötzlich zum Aufruhr, die Dänen sagten sich vom Christentum los, erhoben Svend zum König und sagten Harald Fehde an".[21] Er musste zu den heidnischen Slaven nach Jomsburg fliehen, wo er 986/987 gestorben ist. Begraben worden ist Harald in der von ihm erbauten Kirche von Roskilde. Dass man dem toten König diese Reverenz erwies, lässt an Adams Darstellung zweifeln. Wahrscheinlich war der Aufstand gar keine heidnische Reaktion, sondern eine interne machtpolitische Auseinandersetzung.

Damit war Svend Gabelbart König von Dänemark. In den meisten Quellen hat er eine schlechte Presse. Leider ist relativ wenig über ihn bekannt, um zu einem gerechten Urteil gelangen zu können. Erfolgreich war Svend Gabelbart allemal, denn als er 1014 starb, war er nicht nur König von Dänemark, sondern auch von Norwegen, hatte die Oberhoheit über die schwedischen Svear inne und überdies England erobert. In Dänemark muss seine Herrschaft eine Zeit des Wohlstandes gewesen sein, denn mehrere wichtige Städte wie etwa Roskilde und Lund wurden gegründet oder ausgebaut. Auch um die christliche Durchdringung des Landes hat er sich gekümmert, Kirchen gebaut sowie englische Missionare in Dänemark und Norwegen gefördert.

In Dänemark scheint Svend sich allerdings selten aufgehalten zu haben. Er war der erste regierende Dänenkönig, der Raubzüge von Wikingern anführte. 991 fiel er in England ein und erhob einen Tribut von 12 000 Pfund (= 6000 kg Silber) als Kaufpreis des Friedens, ein Jahr später war der Preis um fast das Doppelte gestiegen. In den Folgejahren unternahm er ausgedehnte Feldzüge nach England und Norwegen. Kurzum, Svend Gabelbart war außenpolitisch ein im Wikingerstil erfolgreicher Heerführer und innenpolitisch um Konsolidierung bemüht.

Svends um 995 geborener Sohn Knud (1014/18–1035) war einer der großen Könige Dänemarks. Sein Herrschaftsgebiet reichte von der Ostsee bis ins Irische Meer und von der Eider bis zum Nordkap. Obwohl er fast ganz Skandinavien regierte, hielt er sich dort immer nur dann auf, wenn die Lage prekär zu werden drohte. Basis seiner Macht und Quelle seines Reichtums war England. Zimperlich ist er bei der Wahrung seiner Großmachtinteressen nicht vorgegangen. So ließ Knud 1012 Erzbischof Ælfheah von Canterbury und 1016 König Edmund Ironside von England umbringen, sein Statthalter in Dänemark, der mächtige Jarl Ulf Spraklingsson, wurde gar 1026 im Dom von Roskilde gemeuchelt. Gleichwohl hat Knud in besonderer Weise die Kirche gefördert und wollte als christlicher König gelten. Zunächst holte er 1019 Kleriker aus England, um sich von den expansiven Bestrebungen der hamburgisch-bremischen Kirche abzusetzen. Das konnte den Vertretern der Reichskirche natürlich nicht gefallen. Erzbischof Unwan von Hamburg-Bremen (1013–1029) griff des-

halb zu unkonventionellen Methoden und ließ den von Knud für Seeland bestimmten Bischof Gerbrand († 1030) unterwegs gefangen nehmen, weil er von Erzbischof Æthelnoth von Canterbury (1020–1038) geweiht worden war und damit die Rechte Hamburgs übergangen worden waren. Gerbrand blieb nichts anderes übrig, als die Oberhoheit Unwans anzuerkennen und in dessen Auftrag zu vermitteln, was Knud denn auch huldvoll akzeptiert haben soll.

Knuds Politik veränderte sich, nachdem er 1027 eine Pilgerfahrt nach Rom unternommen hatte, vielleicht als Sühne für vorherige Bluttaten. In der Apostelstadt nahm er am 26. März 1027 an der Kaiserkrönung Konrads II. (1024–1039) teil und wollte fortan als Herrscher Englands und der nordischen Völker mit der übrigen Christenheit in Frieden leben. Aus dem Verständnis des Gottesgnadentums heraus besetzte er die kirchlichen Ämter und verpflichtete die Bischöfe zum Gehorsam ihm gegenüber. Ausdruck dieser Haltung ist die erste Seite des um 1031 angefertigten Liber Vitae aus dem New Minster in Winchester mit einer Federzeichnung der Krönung von Knud und seiner normannischen Gemahlin Ælfgifu. Beachtlich ist, dass Engel Schleier bzw. Krone halten und auf Christus in der Mandorla (begleitet von den Patronen der Kirche, Maria und Petrus) zeigen, ein Hinweis auf die göttliche Einsetzung des Herrscherpaares.

Nach dem zu erwartenden Zusammenbruch von Knuds Großreich war es die Aufgabe seiner Nachfolger in Dänemark, sowohl die Erhaltung der Dynastie als auch den Ausbau der Kirche zu sichern. König Svend Estridsen (1047–1074) und noch mehr Knud dem Heiligen (1080–1086) gelang es, das Königtum zu einer den Verhältnissen auf dem Kontinent vergleichbaren Machtfülle zu führen. Eine besondere Stütze war ihnen dabei die Kirche, der vor allem Knud durch Besitzschenkungen und Privilegien die notwendige wirtschaftliche Grundlage verschaffte und die er so an sich band. Damit war zum Nutzen beider das Bündnis von Thron und Altar in einem geeinten dänischen Nationalstaat geschmiedet und das Christentum fest verankert.

Zu klären blieb nun nur noch die Frage der kirchlichen Zuständigkeiten. Das Erzbistum Hamburg-Bremen beanspruchte nach wie vor den Norden für sich, während die dortigen Herrscher gemäß ihrer politischen Selbstständigkeit eigene Kirchenprovinzen anstrebten. Das musste zu Konflikten führen, zumal mit Erzbischof Adalbert (1043–1072) in Hamburg ein Mann von herrischem Auftreten an die Spitze berufen worden war, der energisch seine Ziele zu verfolgen wusste. Er plante sogar, eine ausgedehnte Missionsreise in die nordischen Länder bis auf die Orkneys und Island zu unternehmen, um seine Ansprüche durchzusetzen. Svend Estridsen konnte das gerade noch abwenden mit dem Argument, die Barbaren seien leichter durch Landsleute zu bekehren. Gemeint war natürlich, dass Svend die Einmischung Adalberts in die inneren politischen Angelegenheiten verhindern wollte.

Mission war in Dänemark zu dieser Zeit ohnehin nicht mehr nötig. Es gab bereits Hunderte von Kirchen im Lande, und die Diözesanstruktur stand schon 1060 mit acht Bistümern fest (Lund, Schleswig, Ribe, Århus, Roskilde, Odense, Viborg und Børglum). Deshalb war es nur konsequent, wenn Svend Estridsen 1052/1053 direkten Kontakt mit dem Papst aufnahm. Das konnte in Hamburg-Bremen überhaupt nicht gefallen, denn der eigene Status als Erzbistum beruhte auf der Zuständigkeit für die nordischen Missionsbistümer. Der Ruf des kleinen Bremen als „Rom des Nordens" wäre dahin.[22] Sollte das Beispiel des Dänen Schule machen und zum Erfolg führen, würde das Hamburger Erzbistum eigentlich überflüssig. Noch konnte es sich jedoch halten, denn Papst Alexander II. (1061–1073) ernannte am 2. Februar 1073 auch Adalberts Nachfolger Erzbischof Liemar (1072–1101) zum Missionslegaten für den Norden mit der Verantwortung für Dänemark, Schweden, Norwegen, Island und alle Inseln.

Die nordische Kirche musste also noch auf ihre Emanzipation vom Kontinent warten, drängte aber danach. Unterstützung kam aus Rom, wo Papst Gregor VII. (1073–1085) ein Interesse an der Schwächung des Reiches hatte und die Ansprüche des Papsttums auf die gesamte Christenheit zu erweitern gedachte.

Liber Vitae des New Minster von Winchester, England, um 1031. Krönungsbild von Knud d. Gr. und Ælfgifu, die der Kirche New Minster ein Altarkreuz schenken, in der Arkade darunter eine Gruppe von Mönchen. Es handelt sich um die einzige zeitgenössische Darstellung Knuds.

Der dänische König Erik Ejegod (1095–1103) reiste 1095/1096 nach Rom und fand dort Unterstützung für seine Pläne. Nach der Entsendung des Legaten Alberich nach Dänemark und weiterer Verhandlungen wurde wohl 1103 die päpstliche Ernennungsurkunde ausgefertigt, sie ist Ende des 13. Jahrhunderts verbrannt. Jedenfalls spricht ein päpstliches Schreiben vom 8. Mai 1104 von einem Erzbistum Lund, dessen erster Erzbischof Asker wurde (1089–1137), der zugleich Oberhaupt aller nordischen Kirchen sein sollte. Für die Dänen war das ein großer Erfolg.

Die Erhebung Lunds war allemal eine Anerkennung der Fortschritte der Christianisierung im Norden und zugleich Auftrag zum weiteren Ausbau der kirchlichen Organisation und Kultur. Die Erzbischöfe von Lund nahmen diesen Auftrag selbstbewusst an, was nicht zuletzt der um 1145 geweihte romanische Dom zeigt. Die Zahl der Pfarreien in Dänemark verdoppelte sich im 12. Jahrhundert von 1000 auf 2000, und mehr als 90% der heute noch benutzten Steinkirchen stammen ebenfalls aus dem 12. Jahrhundert. Damit war auch das politische Ziel der nordischen Könige, vorerst jedenfalls des dänischen, erreicht, nämlich eine dem Papst direkt unterstellte selbstständige Kirchenprovinz. Das Königtum, zwar eine alte Institution, gewann erst durch die Kombination mit der Kirche wirkliche Macht und Anschluss an den Kontinent. Frei von der Einmischung seitens des Erzbistums Hamburg-Bremen konnte man sich nun entfalten. Für Norweger und Schweden war freilich klar, dass das Erzbistum Lund nur ein Anfang sein konnte, denn auch sie beanspruchten eine jeweils eigenständige Kirchenprovinz.

3. Konfrontation von Heidentum und Christentum: Norwegen

Vom Kontinent aus betrachtet lag Norwegen am Rand der bewohnten Welt und war daher eher uninteressant. Durch Handelsbeziehung sind die Norweger früh mit dem Christentum in Kontakt gekommen, auch gab es Missionsversuche vor allem von Angelsachsen, aber keine planmäßigen Aktionen. Adam von Bremen behauptet, sein Erzbistum habe die Missionsbischöfe Liafdag, Odinkar den Älteren (vor 1000) und Poppo nach Norwegen entsandt, dann erst seien die Engländer gekommen, was ihn zu der spitzen Bemerkung veranlasste: „Wir können also sagen, die Unsrigen haben gearbeitet, die Engländer aber sich in ihre Arbeit eingedrängt".[23] Immerhin gab Adam eine recht treffliche Beschreibung der Lebenssituation der Norweger: „Norwegen ist infolge seiner rauen Gebirge und unermesslichen Kälte das unfruchtbarste aller Länder, nur zur Viehzucht geeignet. [...] Dadurch erzieht das Land zu sehr tapferen Kriegern, die nicht durch üppige Früchte verweichlicht sind und öfter andere angreifen, als selbst von irgendjemand belästigt werden. [...] Deshalb ziehen sie aus Mangel an Besitz in der ganzen Welt umher, bringen von Raubfahrten zur See die reichsten Güter aller Länder nach Hause und helfen so der Dürftigkeit ihres Landes ab". Außerdem seien sie „alle den ruchlosen Künsten von Zauberern ergeben".[24] Letzteres ist alles, was Adam über die pagane Religion der Norweger zu sagen weiß.

Das dünn besiedelte Land mit seinen weit verstreuten Gehöften wurde unter einem nominellen Königtum von etlichen Kleinkönigen oder Jarlen beherrscht, die sehr auf ihre Selbstständigkeit achteten. Überdies gab es Rivalitäten zwischen dem südlichen und dem nördlichen Landesteil, was die Macht der Herrscher stark einschränkte. Sie wussten jedoch von der einigenden und identitätsstiftenden Kraft der Kirche und hatten deshalb vor allem aus politischen Gründen Interesse an der Einführung des Christentums. Dadurch hätten sie ihre Machtposition sichern können, aber genau das wollten die Kleinkönige verhindern und hielten daher umso nachhaltiger an der alten Religion fest. Das Ergebnis dieser Konstellation war eine lange sich hinziehende Konfrontation von Heidentum und Christentum, eine weniger von Kirchenleuten denn von Herrschern getragene Mission sowie die enge Verquickung von nationaler Einigung und Christianisierung.

Der Erste, der die sich mit der Kirche ergebenden Möglichkeiten erkannte, war König Harald Schönhaar (um 870–930). Deshalb schickte er, der mehrere Söhne von verschiedenen Frauen hatte, seinen Sohn Hákon nach England an den Hof von König Æthelstan (925–939), um ihm eine christliche Erziehung angedeihen zu lassen. Möglicherweise beeindruckt von der politisch instrumentalisierbaren Einigungsfunktion der Kirche auf dem Kontinent und zum Schutz vor den missionarisch verbrämten Expansionsgelüsten christlicher Herrscher dachte Harald wohl daran, seinen Sohn so für die Doppelaufgabe von Landeseinigung und Christianisierung vorbereiten zu lassen. Doch zunächst ging dieser Plan nicht auf, denn in den letzten Jahren seiner Regierungszeit musste Harald sich die Herrschaft mit einem seiner anderen Söhne teilen, mit Erik Blutaxt (†954). Er trägt seinen Beinamen zu Recht, denn einige seiner Brüder hat er erschlagen, andere hielt er nach dem Tode seines Vaters 930 in ihrer Funktion als Unterkönige in Schach. Aber er trieb es wohl zu toll und wurde schon nach vier Jahren ins englische Exil gezwungen und dort ermordet. Erst 934 konnte daher, wie ursprünglich geplant, Haralds Sohn Hákon Aðalsteinsfóstri (um 930–960; der Beiname bedeutet „Ziehsohn des Æthelstan") endgültig die Nachfolge antreten. Er war der Erste, der sich tatkräftig um die Durchsetzung des Christentums in Norwegen bemühte, dieses Ziel allerdings nicht erreichte.

Größeren Erfolg bei der Einigung und Christianisierung Norwegens hatte Olaf Tryggvason (995–1000), ein Urenkel von Harald Schönhaar. Nach dem gewaltsamen Tod seines Vaters, eines Kleinkönigs von Uppland, auf der Flucht ins Exil geboren, wurde Olaf gefangen und wuchs unter estnischen Seeräubern auf. Freigekauft stand er längere Zeit in militärischen Diensten bei König Waldemar von Hólmgard in Novgorod. Es folgten Wikingerfahrten in Ost- und Nordsee. Bei einer dieser Touren ist er auf den Scillyinseln getauft worden.

995 kehrte Olaf nach Norwegen zurück, setzte seine Thronansprüche durch und schaffte es, die verschiedenen Landesteile unter sei-

ner Herrschaft zu vereinigen. Das wichtigste Hilfsmittel bei diesem politischen Unternehmen war die endgültige und landesweite Einführung des Christentums, dessen stabilisierende und identitätsstiftende Funktion Olaf zielsicher erkannte und nutzte. Zimperlich ist er dabei nicht vorgegangen, oft genug sogar ausgesprochen brutal, wie die folgende Geschichte zeigt.

König Olafs Missionsmethode bestand darin, dass er die Führer des Landes neben der Predigt durch mancherlei Versprechungen zum Religionswechsel zu bewegen versuchte oder aber, wenn er damit nicht zum Ziel kam, Zwang auf sie ausübte. Diese Strategie wandte Olaf auch gegenüber Eyvind Backenspalter an, der sich weigerte, zum Christentum überzutreten, und deshalb in Nidaros vor den König gebracht wurde. Nach Snorris Erzählung bat Olaf „ihn mit gewinnenden Worten, Christ zu werden, und er wie der Bischof brachten manche Vernunftgründe dafür vor. Eyvind wollte nichts damit zu tun haben". Als die Predigt nichts fruchtete, wurden ihm Geschenke und reiche Lehen angeboten. Eyvind blieb standhaft bei seinem Glauben, selbst als der König die Gangart verschärfte und zur Folterung überging. Er befahl „ein Handbecken mit glühenden Kohlen zu füllen und es auf Eyvinds Bauch zu setzen, der bald auseinander platzte". Sterbend verweigerte Eyvind erneut die Taufe und gab sich als ein „durch Finnenzauber in einem Menschenkörper lebendig gewordener Geist" zu erkennen.[25] Seine lange kinderlos gebliebenen Eltern hätten ihn vor seiner Geburt Thor und Odin geweiht. Er habe dieses Gelübde erneuert und seitdem mit Hingebung Odin gedient und sei so zu einem mächtigen Häuptling geworden. „Nun bin ich auf so manche Weise Odin geweiht, dass ich mich unter keinen Bedingungen von ihm loslösen kann, auch will ich es nicht".[26] Diese brutale Geschichte zeigt in der Spannung zwischen Eyvinds unbeugsamer Haltung und Olafs Grausamkeit die Dramatik des religiösen Zweikampfes, der sich eigentlich zwischen den Zaubermächten oder Odin und Christus abspielte. Die Bindung durch ein Gelübde ließ keinen Glaubenswechsel zu, und

deshalb ging die Auseinandersetzung unentschieden aus, wenn man Eyvinds Beharren nicht sogar als Sieg verstehen möchte.

Auf solche Weise vor die Alternative Tod oder Taufe gestellt, zogen die Norweger natürlich den Religionswechsel vor. Den endgültigen Durchbruch zu einem christlichen Norwegen erzielte Olaf Haraldsson (1015–1030), der norwegische Nationalheilige. Als Wikinger weit herumgekommen, ist er vermutlich 1013 im Exil in Rouen getauft worden. 1015 nach Norwegen zurückgekehrt, wurde Olaf der erste Herrscher, der den größten Teil des heutigen Norwegens in seine Macht gebracht hat. Energisch setzte er in Verbindung mit der Reichseinigung die Christianisierungspolitik von Olaf Tryggvason fort, vor allem mit der Hilfe von Bischöfen und Priestern, die er aus England mitgebracht hatte. 1022 leitete er eine Thingversammlung in Mostar, auf der das Christentum offiziell für das gesamte Königreich angenommen wurde. Davon spricht der Runenstein auf der Insel Kuli rund 100 km westlich von Trondheim. Er zeigt ein großes Kreuz und die nur teilweise lesbare Runeninschrift „Zwölf Winter hat das Christentum die Dinge verbessert in Norwegen". In ihrer Wertung vermittelt die Inschrift einen deutlichen Eindruck von der Missionspropaganda für den neuen Glauben in dieser frühen Phase der Christianisierung.

Ohne religiöse Zweikämpfe ging es auch jetzt nicht ab, wie die Geschichte von Olaf dem Heiligen und Dala-Guðbrandr, einem Kleinkönig aus Gudbransdalen, zeigt. Dieser hatte im Jahre 1022 zum Kampf gegen den König aufgerufen, weil er sich der Forderung zum Religionswechsel nicht beugen wollte. Nach einigen Scharmützeln traf man sich in Listad auf dem Thing und Olaf verlangte, man solle an den Christengott glauben. Dala-Guðbrandr entgegnete: „Wir wissen nicht, von wem du redest. Du nennst den einen Gott, den weder du sehen kannst noch irgendein anderer Mann. Wir aber haben einen Gott, den man jederzeit sehen kann. [...] Er wird euch furchtbar erscheinen und mächtig". Hinter dem vorgeschobenen Aspekt der Sichtbarkeit des Gottes stand wie immer in diesen Auseinandersetzungen die Frage der Macht. Dala-Guð-brandr meinte, durch die bloße Präsentation der Thor-Kultstatue auf dem Thing den religiösen Zweikampf für seinen Glauben entscheiden zu können. Und so wurde das „große Bildnis in Menschengestalt, das ganz von Gold und Silber glänzte", aus der Kultstätte herbeigeschafft und in die Mitte der Thingwiese gestellt. Dala-Guðbrandr hielt eine missionarische Rede, die sogar in einem Bekehrungsaufruf gipfelte: „Wo ist nun dein Gott, König? Ich sollte meinen, er trägt jetzt seinen Kinnbart etwas niedrig. [...] Denn jetzt ist unser Gott gekommen, der über alles herrscht und der mit durchdringenden Augen auf euch sieht. Ich sehe es ja, ihr seid jetzt alle voller Angst und wagt kaum eure Augen zu erheben. Nun lasst von eurem Wahnwitz und glaubt an unsern Gott, der alle eure Schicksale in der Hand hat". Jetzt war der Zweikampf eröffnet, und Olaf hielt als Vertreter Christi dagegen: „Du drohst uns mit deinem Gott, der blind und taub ist und weder sich noch andern helfen kann, und der nicht einmal von seinem Platz fort mag, wenn man ihn nicht trägt. Und jetzt, glaube ich, hat ihn bald sein Verhängnis ereilt". Dann ließ er das Kultbild zerschlagen, das „ganz auseinander barst, und aus seinem Inneren kamen Mäuse wie Katzen groß und Ottern und Schlangen. Die Bauern aber waren so bestürzt, dass sie flohen".[27] Übrigens ist dieses Detail nicht unwahrscheinlich, denn die Statue war innen hohl und wurde täglich mit Brot und Fleisch versorgt. Damit war der Zweikampf entschieden. Olaf forderte erneut den Religionswechsel, und Dala-Guðbrandr gestand die Niederlage Thors ein: „Schlimm ist man jetzt mit unserem Gott umgegangen, und nun, da wir sehen, dass er keine Macht hatte, uns zu helfen, wollen wir an den Gott glauben, an den du glaubst".[28] Daraufhin wurde er von Bischof Sigurd getauft, verbündete sich mit König Olaf und ließ eine Kirche erbauen.

An keiner Stelle dieser dramatischen Geschichte ist von einer auch nur notdürftigen Glaubensunterweisung die Rede, es ging in diesem religiösen Zweikampf eben allein um die alles entscheidende Frage der Macht und der Nützlichkeit der Götter.

Das Christentum wurde nach Überwindung solcher Widerstände bei einem großen Teil der Bevölkerung durchgesetzt, die heidnischen Kulte wurden verdrängt und erste Elemente einer kirchlichen Organisation einschließlich des Kirchenrechts aufgebaut. Für Olaf Haraldsson entwickelten sich die Dinge nicht so gut. Als der Däne Knud der Große die Oberhoheit über Norwegen gewann, kam es am 29. Juli 1030 zur Schlacht von Stiklestad, bei der Olaf den Tod fand. Schon im Sommer 1031 wurde sein Leichnam in die Clemenskirche von Nidaros überführt. Später ließ sein Neffe, König Olaf Haraldsson III. Kyrre (1066–1093), am ursprünglichen Begräbnisplatz die Christuskirche, den Dom von Trondheim, errichten, unter deren Altar Olafs Schrein gesetzt wurde. Die folgenden norwegischen Herrscher bezogen ihre Legitimation zumindest teilweise aus ihrer Abstammung von Olaf dem Heiligen, ein deutlicher Beleg für den politischen Nutzen der stabilisierenden Kraft der nun sich entfaltenden Kirche.

Ähnlich wie in Dänemark kam es jetzt darauf an, eine eigenständige Kirchenprovinz aufzubauen. Den ersten Schritt dazu unternahm König Olaf Kyrre, dessen Regierungszeit als Periode inneren und äußeren Friedens und ökonomischen Aufschwungs gilt, weil er durch eine Gesandtschaft nach Rom für Einvernehmen mit dem Papsttum sorgte. Vor allem Sigurd der Jerusalemfahrer (1103–1130) trieb dann die Errichtung eines norwegischen Erzbistums voran. Der Legende nach soll er auf einem Kreuzzug in den Jahren 1108 bis 1113 in Jerusalem einen Splitter des wahren Kreuzes erhalten und sich im Gegenzug verpflichtet haben, ein Erzbistum aufzubauen. So war es wohl nicht, aber Rom anerkannte Sigurds Einsatz als christlicher Ritter und auch die positive Entwicklung der Kirchenorganisation in Norwegen. 1152 kam der päpstliche Legat Nikolaus Breakspear (um 1100–1159) nach Norwegen und reiste ein halbes Jahr lang im Land umher. Offensichtlich war sein Eindruck positiv, denn Anfang 1153 errichtete er auf einer Synode in Nidaros das Erzbistum Nidaros/Trondheim, das neben fünf Suffraganbistümern auch die Färöer, Hebriden, Orkney-Inseln, Island und Grönland umfasste. Die Bestätigungsbulle wurde am 30. November 1154 in Rom ausgestellt. Die Bindung an Rom war zunächst eng, denn Nikolaus wurde Ende 1154 als Hadrian IV. (1154–1159) als bislang einziger Engländer zum Papst erhoben und hielt sein Versprechen, immer ein Freund der Norweger bleiben zu wollen. Nidaros, der schon um 1000 gegründete Marktort mit Königshof und Kirche, inzwischen Hauptsitz der norwegischen Könige, wurde auch als kirchliches Zentrum ausgebaut.

4. Friedlicher Religionswechsel: Island

In Island verlief die Annahme des Christentums aus verschiedenen Gründen vollkommen anders als in den übrigen Ländern. Erstens lag die unwirtliche Insel im Nordatlantik nach damaligen Verhältnissen gleichsam jenseits der Enden der Erde. Zweitens waren Gesellschaftsstruktur und Rechtsstatus einzigartig in Europa. Im Jahre 930 haben die Isländer sich ein Gesetz gegeben, das Allthing eingesetzt und als obersten, aber auch einzigen Beamten einen Gesetzessprecher gewählt. Drittens gab es zwar Missionsaktivitäten aus Norwegen, aber letztlich hat allein die Rechtsgemeinschaft der Isländer über die Annahme des Christentums entschieden.

Rund 1000 km von Norwegen entfernt, ist Island erst seit 870 von Norwegern dauerhaft besiedelt worden. In der sogenannten Landnahmezeit bis 930 ließen sich rund 400 Einwanderer auf der Insel nieder. Schon vorher lassen sich erste Spuren des christlichen Glaubens auf Island in Gestalt von irischen Einsiedlern nachweisen, die allerdings nicht an Mission dachten, sondern bald nach der Ankunft der Landnehmer die Insel wieder verließen. Auch unter den norwegischen Siedlern waren einige Christen, die sogar namentlich bekannt sind: Jörund der Christ, Aud der Tiefsinnige, Ketil der Einfältige und Helgi der Magere. Ohne Priester und kirchliche Struktur konnte sich ihr Glaube freilich nicht lange halten, zumal er ohnehin nicht besonders gefestigt gewesen sein dürfte. Helgi, so heißt

es, „hatte einen sehr gemischten Glauben. Er glaubte an Christus, aber bei Seefahrten und schwierigen Unternehmungen rief er Thor an".[29] Immerhin, durch verschiedene Kontakte scheint der Einfluss des Christentums im Verlauf des 10. Jahrhunderts zugenommen zu haben.

Die Isländer waren sehr auf ihre Selbstständigkeit bedacht, deshalb wollten sie auf keinen Fall ihre Entscheidung für das Christentum als Anpassung an die Religion ihres mächtigen Nachbarn, des norwegischen Königs Olaf Tryggvason, und damit als Anerkennung von dessen Autorität erscheinen lassen. Eine Missionsinitiative ging allerdings von ihm aus, denn er sandte 997 den wohl aus niedersächsischem Gebiet stammenden Priester Thankbrand auf die Insel, „einen sehr herrischen und streitbaren Mann, aber ein guter Geistlicher und voller Tatkraft".[30] Wegen seines ungestümen Wesens wollte Olaf ihn loswerden und schickte ihn 997 zur missionarischen Bewährung nach Island. Er sollte sich an die Häupter der führenden Familien Islands wenden, weil Olaf sich davon die Möglichkeit zu flächendeckender Mission versprach. So gelang Thankbrand die Taufe von Siðu-Hallr, der sich allerdings weniger von der christlichen Lehre als von dem liturgischen Prunk überzeugen ließ, den der Priester bei der Feier der Michaelsmesse entfaltete. Dieser Erfolg gab Thankbrand die Möglichkeit, mit Siðu-Hallr 998 auf dem Allthing „unerschrocken die Gottesbotschaft zu verkünden, und viele nahmen da den Glauben an".[31] Im Anschluss daran reiste Thankbrand durch das Ost- und Südland, taufte viele Isländer und trieb mit Unterstützung führender Männer die Mission voran bis zum Allthing von 999, das die endgültige Entscheidung bringen sollte.

Thankbrands Mission scheiterte schließlich daran, dass er auf die ihn verhöhnenden Spottstrophen einiger Dichter nicht in christlicher Weise, sondern wie ein Isländer unbeherrscht mit Totschlag reagierte und daraufhin von der Insel verbannt wurde. Zwar konnte Thankbrand dem Christentum nicht zum endgültigen Durchbruch verhelfen, aber auf dem Thing des Jahres 999 „war viel die

Rede von dem Glauben, den er verkündet hatte, und einige lästerten Gott sehr. Aber die, die getauft waren, schmähten die Götter, und so kam es zu einer starken Spaltung".[32]

Die isländische Gesellschaft war gespalten und genau in dieser Aufkündigung der Rechtsgemeinschaft zwischen Heiden und Christen lag das Problem, denn dadurch war das die isländische Gesellschaft einigende Band zerschnitten und somit der Friede gefährdet. Deshalb sollte das Thing des Jahres 999 eine Entscheidung zwischen beiden Parteien herbeiführen. Diese früher fälschlich in das Jahr 1000 datierte demokratische Versammlung ist einzigartig in der frühmittelalterlichen Missionsgeschichte. Bei den Vorverhandlungen wurde mit allen möglichen Tricks gearbeitet, auch vor Bestechung schreckte man nicht zurück. Schließlich einigte man sich darauf, den Schiedsspruch dem Gesetzessprecher Thorgeir von Ljosvath zu überlassen. Die Entscheidung über Annahme oder Ablehnung des Christentums wurde demnach genauso herbeigeführt wie bei der Beilegung von Fehdefällen, ein bemerkenswerter Vorgang. Nun schlug also die Stunde Thorgeirs. Als Heide alten Schlages wusste er, was zu tun war. „Er legte sich hin und breitete seinen Mantel über sich und lag da den ganzen Tag und die folgende Nacht und sprach kein Wort".[33] Nach diesem schamanistischen Ritual rief Thorgeir am nächsten Morgen die Thingversammlung zum Gesetzesfelsen und „sagte, es dünke ihn, dass ihre Verhältnisse in eine unhaltbare Lage geraten seien, wenn nicht alle ein und dasselbe Gesetz hier im Lande haben sollten. Er stellte den Männern in mannigfacher Weise vor, dass man es dahin nicht kommen lassen dürfe, und sagte, das würde zu einer solchen Zwietracht führen, dass gewiss zu erwarten sei, dass Mord und Totschlag unter den Landsleuten entstehen würde, wodurch das Land veröden würde. [...] ‚Nun aber scheint es mir rätlich‘, sagte er, ‚dass wir nicht die bestimmen lassen, die sich am feindlichsten gegenüberstehen, sondern lieber einen Ausgleich zwischen ihnen suchen.‘ [...] Er schloss seine Rede mit dem Erfolg, dass beide Teile zugestanden, dass alle ein Gesetz haben sollten, welches er für gut befinden würde, ihnen vorzutragen. So wurde nun dies als Gesetz verkündet, dass alle, die hierzulande noch ungetauft wären, Christen werden und die Taufe annehmen sollten; aber für die Kindesaussetzung und das Pferdefleischessen sollten noch die alten Gesetze gelten. Opfern sollte man heimlich, wenn man wollte, doch bei Strafe des Lebensringzauns [dreijährige Landesverweisung], wenn Zeugen dafür beigebracht würden. Doch schon nach wenigen Jahren wurde dieser heidnische Brauch abgeschafft gleich den anderen".

Entscheidend für dieses Urteil war, den Frieden der Gesellschaft zu bewahren, und dazu sollten alle ein Gesetz und einen Glauben haben. Das isländische Wort für „Glauben" (sidr) ist übrigens präziser mit „Sitte, Brauch, Gewohnheit" zu übersetzen. In den Quellen wird das Christentum daher auch als „die neue Sitte" (inn nyi sidr) bezeichnet. Der „Sittenwechsel" wurde also vollzogen, indem alle bei der Thingversammlung anwesenden Isländer getauft wurden. Gleichwohl hatte Thorgeirs Schiedsspruch Kompromisscharakter, denn die Annahme des Christentums war eher nominell, ist doch weder von einer Abschwörung der alten Götter, einer Taufunterweisung oder gar einer Lebensänderung die Rede. Außerdem wurden den Heiden bestimmte Zugeständnisse gemacht.

Auch wenn die Isländer die weitreichenden Folgen ihres Entschlusses vielleicht nicht überblicken konnten und ihnen im Moment mehr an der sozialen Funktion der Religion lag, war damit die entscheidende Weichenstellung vollzogen worden. Unabhängig vom Papsttum entstand allmählich die isländische Kirche. Der erste Bischof Islands war Isleifr Gizurarson (1056–1080), der zunächst auf dem väterlichen Hof in Skálholt residierte, den sein Sohn und Nachfolger Gizurr Isleifsson (1082–1118) zum ständigen Bischofssitz machte. 1106 kam als zweites Bistum Hólar hinzu. Beide Bistümer wurden 1152/1153 dem norwegischen Erzbistum Nidaros/Trondheim unterstellt. Wie auch in den anderen Ländern, so war die Basis für die Durchdringung des Landes mit dem neuen Glauben die Errichtung eines Netzes von Pfarreien. Bei einer Bevölkerung von rund 100 000 Menschen gab es in Island zu Beginn des 13. Jahrhunderts immerhin 330 Kirchen, etwa 700 Kapellen und 450 Priester.

5. Langsamer Wandel: Schweden

Anders als für Dänemark und Norwegen sind die Nachrichten über die Entwicklung in Schweden dürftig. Die territoriale Einigung des Landes zog sich in einem langen Prozess von ca. 1000 bis um 1250 hin. Sie konzentrierte sich auf zwei zentrale Landschaften mit den Stammesverbänden der Svear im Svealand, der Region um den Mälarsee, und der Götar im Götaland, weiter südlich im heutigen Öster- und Västergötland in der Gegend um Vättern- und Vänernsee, getrennt durch nahezu undurchdringbare Wälder. Der Süden des heutigen Schweden, Schonen, gehörte in dieser Zeit zu Dänemark, der Norden des Landes spielte noch keine Rolle. Vorherrschende Macht waren stets die Svear, die schon früh weiträumige Beziehungen in den slavischen und baltischen Ostseeraum ebenso unterhielten wie zu den Kiever Rus', den Sarazenen und den Byzantinern. Die politische Entwicklung verlief offenbar ohne größere Konflikte und Umbrüche, das Königtum der Svear, denen die Götar tributpflichtig waren, wurde mehr und mehr gestärkt und bereitete so den Weg zu einem gesamtschwedischen Reichsverband.

Erste von Hamburg-Bremen ausgehende Missionseinsätze gab es schon im 9. und 10. Jahrhundert, jedoch bis auf die kleine Christengemeinde in Birka ohne durchschlagende Erfolge. Immerhin ist dort ein Silberkreuz aus der Zeit um 900 gefunden worden, das als die älteste bekannte Christusdarstellung aus dem Norden gilt. Der erste Herrscher, über den historisch verwertbare Nachrichten vorliegen, ist Erik Segersäll, „der Siegreiche", der um 995 (oder 980) gestorben sein dürfte. Nach Adam von Bremen soll er in Dänemark getauft worden, bei seiner Rückkehr ins Svealand jedoch wieder dem heidni-

schen Glauben verfallen sein. Ihm folgte sein Sohn Olov Schoßkönig (um 995 [oder 980]–1020). Er war der erste schwedische Herrscher, der sich ernsthaft für die Verbreitung des Christentums eingesetzt hat. Ebenfalls Olov gelang erstmals definitiv die Verbindung von Svealand und Götaland, weshalb er als der erste König Schwedens angesehen wird. Allerdings waren die Herrscher in ihrer Macht durch die Adelseliten ziemlich begrenzt, was auch Olov erfahren musste. Ihm war das alte schwedische Kultzentrum in Altuppsala ein Dorn im Auge, über das Adam von Bremen schreibt: „Dieses Volk [die Schweden] besitzt einen besonders angesehenen Tempel in Uppsala, nicht weit vom Ort Sigtuna und von Birka entfernt. In diesem ganz aus Gold gefertigten Tempel verehrt das Volk die Statuen dreier Götter, und zwar so, dass als Mächtigster von ihnen in der Mitte der Dreisitzanlage Thor seinen hohen Thron hat. Den Platz rechts und links von ihm nehmen Wodan und Frikko [= Freyr] ein. […] Außerdem verehren sie zu Göttern erhobene Menschen, die sie für große Taten mit der Unsterblichkeit beschenken".[34] Dort trafen sich alle neun Jahre die Abgesandten der schwedischen Stämme zum Opferfest, das nach Adam so ablief: „Von jeder Art männlicher Lebewesen werden neun Stück dargebracht; mit ihrem Blut pflegt man die Götter zu versöhnen. Die Leiber werden in einem den Tempel umgebenden Hain aufgehängt. Dieser Hain ist den Heiden so heilig, dass man glaubt, jeder einzelne Baum darin

Silberkreuz aus Birka, Grab 660, Uppland, um 900. Die Details sind aus Filigrandraht und Granulation gebildet. Das Kreuz gilt als die älteste Christusdarstellung im Norden aus einer skandinavischen Werkstatt.

habe durch Tod und Verwesung der Schlacht-
opfer göttliche Kraft gewonnen. Da hängen
Hunde, Pferde und Menschen; ein Christ hat
mir erzählt, er habe zweiundsiebzig solche
Leichen ungeordnet nebeneinander hängen
sehen. Im Übrigen singt man bei solchen Op-
ferfeiern vielerlei unanständige Lieder, die ich
deshalb lieber verschweigen will".[35]

Adams Bericht ist in der Forschung oft
angezweifelt worden, zumal ein eindeutiger
archäologischer Nachweis für den Tempel in
Uppsala bisher noch nicht gelungen ist. Mag
er die Details auch ausgeschmückt haben, so
ist doch seine Schilderung einer der wertvolls-
ten Belege für die Existenz germanischer
Tempel und der dort abgehaltenen Opferfeste.
König Olov wollte diesem Treiben ein Ende
machen, konnte sich aber gegen die von dem
heidnischen Kultzentrum Uppsala ausgehende Opposition nicht durchsetzen. Sie traf mit
Olov ein Abkommen, „wenn er selbst Christ
sein wolle, dann möge er nach seiner Wahl in
der besten Landschaft Schwedens sein Gesetz
aufrichten. Dort solle er eine Kirche und
christlichen Kult begründen, aber er dürfe
keinen aus dem Volk zum Abfall vom Kult der
Götter zwingen, es sei denn, jemand wünsche
aus freien Stücken, sich zu Christus zu bekehren".[36] So wurde es gemacht, und Olov zog
sich in das schon weiter gehend christianisierte Västergötland zurück. Dort hat er vermutlich das Bistum Skara gegründet und dem
Erzbistum Hamburg-Bremen unterstellt. In
Svealand blieb Sigtuna sein Stützpunkt, wo er
als erster schwedischer König Münzen schlagen ließ, die christliche Symbole aufweisen.

Die wenigen Quellenzeugnisse aus der Folgezeit weisen auf heftige innere Machtkämp-
fe, aber auch auf eine allmähliche Entwicklung kirchlicher Institutionen hin. Gleichwohl
blieb Uppsala der Zankapfel zwischen den
konkurrierenden Religionen. Selbst der fromme König Stenkil (1060–1066) schaffte es
nicht, den Tempel zu schließen, als die Missionare einen neuen Versuch starteten. Die
Ernennung des Bremer Dekans Adalward des
Jüngeren im Jahre 1064 zum Bischof von Sigtuna (bis 1070/1071) zielte nämlich unter anderem darauf, im Verein mit Bischof Egino

von Schonen (um 1060–1072) Altuppsala „als
Mittelpunkt des barbarischen Irrglaubens" zu
zerstören, was nach Adams Erzählung indes
nicht gelang. Denn „als der sehr fromme König Stenkil vernahm, unter dem Volke gehe
ein Gerücht von solchen Absichten der Be-
kenner Gottes um, brachte er sie besonnen
von diesem Vorhaben ab und erklärte, man
werde sie sofort mit dem Tode bestrafen, ihn
selbst aus dem Reich vertreiben, weil er Frev-
ler ins Land geholt habe, und wahrscheinlich
würden alle jetzt Gläubigen ins Heidentum
zurückfallen. [...] Diesen Vorstellungen des
Königs fügten sich die Bischöfe, bereisten
aber alle Götenstädte, zerbrachen die Götzenbilder und gewannen daraufhin viele tausend
Heiden zum Christentum".[37] Erkennbar wird
der Loyalitätskonflikt Stenkils zwischen seinem Glauben und dem noch immer beträchtlichen heidnischen Bevölkerungsanteil. Um
nicht die bisherigen Missionserfolge zu ge-
fährden, musste er den geplanten Gewalt-
streich verhindern und die Fortexistenz des
Kultzentrums hinnehmen.

Dieses Nebeneinander heidnischer und
christlicher Kultstätten ist typisch für die
skandinavische Christianisierungsepoche. Das
Zugeständnis freier Religionswahl, an dem
auch die Herrscher nichts ändern konnten,
hatte Bestand, und es fiel den Heiden gewiss
leichter als den christlichen Missionaren, die
auf dem Absolutheitsanspruch ihres Glaubens
beharrten. Da Priester auf dem Land ohnehin
noch Mangelware waren, verlagerte sich in
dieser Mischkultur der Übergangsepoche die
Konfrontation der Religionen mehr auf die
Ebene des Volkes. Die Leute selbst wurden zu
missionarischen Zeugen ihres neuen Glaubens. Das zeigt sich beispielsweise in zahlreichen Inschriften auf Runensteinen. Obwohl
der Ursprung dieser Schriftzeichen auf den
Götterfürsten Odin zurückgeführt wurde, sind
sie von den Christen unbekümmert weiter benutzt worden. Runensteine mit christlichen
Texten sind die ersten schriftlichen Belege des
Religionswechsels in Schweden, gleichsam
steinerne Predigten von den Bekehrten selbst.
Dass sie in besonders großer Zahl in Uppland
auftauchen, wo sich das Zentralheiligtum von

Runenstein von
Sika, Uppland. Dar-
stellung einer
Messfeier, die be-
tende Gemeinde
rechts vom Altar
ist in Männer und
Frauen aufgeteilt.
Möglich ist auch
die Deutung als
heilige Familie im
Stall von Bethle-
hem, vor dem die
drei Weisen stehen.

Runenstein von Enberga, Uppland. Gedenkinschrift auf den Bandleibern von ineinander verflochtenen Tieren, die sich um ein Kreuz winden.

Altuppsala befand, verdeutlicht ihre bedeutende Rolle in der religiösen Konfrontation.

Diese Runeninschriften können sowohl als individuelle Zeugnisse der Bekehrung wie auch als predigtähnliche Bekenntnisse gewertet werden. Bisweilen sind sie sogar durch christliche Bildprogramme ergänzt worden. So zeigt der Stein aus Harg einen Glockenturm, übrigens das älteste Bild eines schwedischen Kirchenbaus, und der von Sikahällen eine Kirche, in der gerade die Messe gefeiert wird. Ein großer Teil der Runensteine ist zur Erinnerung an Verstorbene errichtet worden und sollte, oftmals in Verbindung mit guten Werken, deren Seelenheil dienen und zur Fürbitte für sie aufrufen. Besonders eindrücklich repräsentiert ein Runenstein aus Enberga in Uppland die Situation des Übergangs, dessen Inschrift lautet: „Gisl und Ingemund, gute junge Männer, zum Gedächtnis von Halvdan, ihrem Vater, und Ödis, ihrer Mutter. Möge Gott ihrer [!] Seele helfen". Offensichtlich waren Ödis und ihre Söhne bereits Christen, während Halvdan als Heide gestorben war.

Bedeutend sind diese Runeninschriften vor allem deshalb, weil sie wertvolle Einsichten in die Aufnahme des neuen Glaubens durch die Bevölkerung und somit in die Frömmigkeitsgeschichte bieten. Denn mit den christlichen Bildprogrammen, Kreuzverzierungen, Fürbittegebeten, Namen und Begriffen zeigen die Steine das breite Spektrum eines sich vertiefenden Glaubens. Die missionarische Aktivität in einer zum Teil noch heidnischen Umwelt wurde dabei von einzelnen Familien getragen, die sich schon seit Generationen zum neuen Glauben bekannten. Offenbar haben sie auf ihre eigenständige Entscheidung Wert gelegt, denn interessanterweise werden Missionare in den Inschriften nicht erwähnt, obwohl es sie gegeben haben muss. Wenn diese christlichen Familien, wovon in den meisten Fällen auszugehen ist, zunächst ohne den Schutz einer örtlichen Kirche und erst recht ohne die Aufsicht kirchlicher Organisation und Hierarchie auskommen mussten, ist es nicht verwunderlich, dass sich in ihrem geistlichen Leben pagane Anklänge und dogmatische Unsicherheiten fanden. Ob das Verhalten dieser Christen zu Auseinandersetzungen mit den heidnischen Bevölkerungsteilen oder gar zu religiösen Zweikämpfen geführt hat, ist schwer zu sagen. Vermutlich wird es alle Reaktionsformen gegeben haben, wobei sich das Schwergewicht mit zunehmender Durchsetzung des Christentums natürlich von der Konfrontation zur friedlichen Konkurrenz bis hin zur Koexistenz verlagerte.

Diese Situation spiegelt sich ferner in der Verwendung von Thorshämmern und Kreuzanhängern, die als Amulette getragen worden sind. Die aus dem 8. bis 11. Jahrhundert stammenden Anhänger in Form eines Thorshammers zeigen nicht nur die Lebendigkeit des Kultes um den Gott Thor, sie hatten in der heidnisch-christlichen Umbruchszeit auch bekenntnishaften Charakter, wollten doch die Anhänger der altskandinavischen Religion durch den Hammer als Symbol ihrer mächtigsten Gottheit die Präsenz der eigenen Tradition zum Ausdruck bringen. Die Heiden reagierten also auf das vordringende Christentum mit der Intensivierung eines alten Kultes. Denn diese Amulette, eine Art Predigt ohne

Worte, tauchten in Dänemark und Schweden in den Zeiträumen des 10. Jahrhunderts auf, in denen dort die Mission begann, und wurden mit zunehmender Durchsetzung der Christianisierung im 11. Jahrhundert von Kreuzanhängern abgelöst.

Deshalb ist es auch nicht verwunderlich, dass Hammer- und Kreuzanhänger gleichzeitig in einzelnen Gräbern auftauchen. Manche Devotionalienhändler verfügten sogar über Gussformen, mit denen sie unterschiedslos beide Amulettformen in einem Arbeitsgang für die Gläubigen der konkurrierenden Religionen anfertigen konnten. Besonders überraschend ist die kleine Fundgruppe der Thorshämmer mit Kreuzsignierung. Auf dem silbernen Hammer aus Lugnås in Västergötland wirken die gepunzten Hämmer und Kreuze sogar wie austauschbare Symbole. Was war wohl der Sinn dieser erstaunlichen Amulette? Anhänger des Gottes Thor werden sie kaum produziert haben, und auch bewusste Christen kommen nicht in Betracht. Es bleibt als Erklärung eigentlich nur der gezielte Einsatz durch interessierte Kreise, die aus missionsstrategischen Gründen den altgläubigen Schwankenden und Unentschlossenen den Religionswechsel durch die Anknüpfung an ihre pagane Vergangenheit erleichtern wollten. Das können nur Vertreter jener Elite gewesen sein, die aus machtpolitischen Erwägungen das Christentum förderten. Der Hammer, das Attribut des heidnischen Gottes Thor, wurde dadurch zu einer Präfiguration des Kreuzes, des Symbols Christi. So wunderlich konnte es in der Übergangsepoche eben zugehen.

Diese Beispiele zeigen die allmähliche Ausbreitung christlicher Vorstellungen in der schwedischen Bevölkerung. Abgeschlossen wurde dieser Prozess im 12. Jahrhundert durch den intensiven Aufbau kirchlicher Strukturen in Verbindung mit dem Zentralismus der Königsmacht. Auch in Schweden strebte man daher nach der Einrichtung eines Erzbistums, betrieben vor allem von den Königen Sverker I. (1130–1156), Erik dem Heiligen (1150–1160) und Karl Sverkersson (1161–1167). Sie hatten die Unterstützung des päpstlichen Legaten Nikolaus Breakspear, der 1153 nach Abschluss der Verhandlungen in Norwegen gleich nach Schweden weiterreiste, um auch dort ein Erzbistum zu errichten. Innerschwedische Rivalitäten verhinderten diesen Plan zunächst, aber im August 1164 wurde als letztes der skandinavischen Erzbistümer Uppsala, das ehemalige heidnische Zentralheiligtum, zum Erzsitz erhoben, zunächst mit vier Suffraganbistümern (Skara, Linköping, Västerås und Strängnäs, später Växjö und Åbo) und vorläufig unter dem Primat des Erzbischofes von Lund.

Die Christianisierung ist immer ein Prozess ohne Ende. Ebenso wie in den bisher behandelten Ländern, so reichte es zur Durchsetzung des Christentums auch in Skandinavien nicht, die Glaubensinhalte in der Taufe anzunehmen, es mussten auch die Vorschriften

Gussform aus Trendgården, Jütland, 2. Hälfte 10. Jh. In dem Speckstein konnten Kreuze und Thorshämmer gleichzeitig gegossen werden, ein Beleg dafür, dass wendige Handwerker sowohl für Christen wie Heiden arbeiteten.

Stabkirche von Hylestad im Setesdal, Norwegen, um 1200. Die Holzschnitzerei vom Portal zeigt Szenen aus der Sage von Sigurd und dem Drachen, hier wie der Held den Leib des sich windenden Untiers mit dem Schwert durchbohrt.

und Rituale der Kirche durchgesetzt und verinnerlicht werden. Erreichen ließ sich das nur durch den Aufbau einer flächendeckenden Kirchenorganisation, und das bedeutete vor allem die Bereitstellung einer ausgebildeten Priesterschaft und eigener Sakralbauten. Für die Bevölkerung vollzog sich damit ein gewaltiger Umbruch. Die bislang auf Familien und Dynastien basierende Gesellschaftsordnung veränderte sich radikal zu einer Zentralmacht mit den wichtigsten Institutionen Königtum und Kirche. Die neue Lehre griff, durchaus auch im Sinne einer sozialen Kontrolle, regulierend in das Alltagsleben der Menschen ein. Speisegewohnheiten und Sexualleben wurden dem Kirchenkalender angepasst, Sonn- und Feiertage waren zu beachten, Fastentage geboten, Ehegesetze erlassen und neue Bestattungssitten eingeführt. Beispielsweise änderte sich die Einstellung zum Tod vollkommen. Der Einzelne konnte sich nicht mehr auf die Integration in den Geschlechterverband verlassen, er war jetzt als Individuum vor die Wahl zwischen ewiger Errettung oder Verdammnis ge-

stellt. Kurzum, ein neues Menschen- und Weltbild sollte durchgesetzt werden.

Das sichtbare Zeichen der neuen Zeit waren die Kirchengebäude, die mit ihren Glocken auch für eine neue Gliederung des Tages sorgten. Früher lagen die Kult- und Opferplätze in den Wäldern, abgesehen von den auch kultisch genutzten Hallen. Nun also wurden Kirchen erbaut, und zwar in beachtlicher Zahl als kleinere ländliche Gemeindekirchen. Diese frühesten Kirchen waren Holzkonstruktionen, von denen sich keine erhalten hat. Auch wenn sie nur begrenzte Lebensdauer hatten, waren sie keineswegs ärmlich, sondern oft reich ausgestattet. Beliebt waren offenbar reich geschnitzte Portale mit eleganter Tierornamentik, die in den Nachfolgebauten wieder verwendet worden sind. Ein Beispiel dafür ist die Stabkirche von Hylestad im norwegischen Setesdal aus der Zeit um 1200, deren Portal Szenen aus der Sage von Sigurd dem Drachentöter zeigt, der hier unbekümmert als Präfiguration Christi gedeutet worden ist. Einzigartig sind die Stabkirchen mit ihrer märchenhaften Architektur, von denen es in Norwegen Hunderte gegeben hat. Etwa dreißig sind in baulich stark verändertem Zustand noch erhalten. Vom 12. Jahrhundert an errichtete man immer mehr Steinbauten. Diese Kirchen waren sehr klein, was dafür spricht, dass sie von reichen Grundherren für die von ihnen abhängigen Bauernstellen errichtet worden sind.

Nach Jahrhunderten der Konfrontation und Konkurrenz zwischen Heidentum und Christentum hatte der neue Glaube gewonnen, der Norden war damit endgültig in Europa angekommen. Dementsprechend stolz vermeldete Adam von Bremen, natürlich die Rolle von Hamburg-Bremen übertreibend, im Rückblick: „Die trotzigen Völker der Dänen, Norweger und Schweden, die nur barbarisch krächzen konnten, wissen nun längst zum Lobe Gottes das Halleluja zu singen. [...] Jenes furchtbare Land, das wegen seines Götzenkultes immer unzugänglich gewesen war, [...] hat seine natürliche Wildheit abgelegt und lässt überall voller Eifer die Prediger der Wahrheit ins Land; vernichtet sind die Altäre der Götzen, allerorten werden Kirchen errichtet und

Stabkirche von
Borgund in Sogne,
Norwegen, 2. Hälfte
12. Jh. Besonders
gut erhaltene Kir-
che aus Kiefernholz
mit sechsstufigem
Dach.

von allen wird der Name Christi im gemeinsamen Loblied öffentlich gepriesen. Das ist eine
wunderbare Veränderung durch die Hand des
Höchsten".[38] Allerdings, und das verschweigt
Adam, war damit der ehrgeizige Plan der Karolinger und der Hamburg-Bremer Erzbischöfe, der auf die Integration des Nordens in die
Reichskirche zielte, endgültig gescheitert.
Zwar vereinte der christliche Glaube Europa
mehr und mehr, die Idee eines einheitlichen
Reiches jedoch verkümmerte. Die Zukunft
schien in dem Europa der Nationen zu liegen.
Das Augenmerk der Missionare musste sich
nun auf den Osten richten.

VII.

Konkurrenz zwischen Rom und Byzanz: Südosteuropa

1. Fränkische und byzantinische Mission im Widerstreit

Die Lage im Südosten Europas war seit der Völkerwanderungszeit unübersichtlich und in mehrfacher Hinsicht typisch für die politische und missionarische Entwicklung des Frühmittelalters. Die seit dem 4. Jahrhundert christliche Welt des Römischen Reiches war weitgehend auf den Mittelmeerraum konzentriert, entfaltete dort ihre Kultur und wusste von den Regionen nördlich der Donau nur, dass dort in unwirtlichen Ländern barbarische Völker siedelten. Man musste schmerzliche Bekanntschaft mit ihnen machen, als die Germanen und dann die Slaven nach Westen drängten. Die Frühgeschichte der Slaven lag in einem Dunkel, das sich erst zu lichten begann, als sich im Balkangebiet die Völkerschaften der Avaren, Karantanen, Bulgaren, Mähren, Böhmen, Slowaken, Kroaten, Bosnier und Serben festsetzten. Die nicht besonders friedfertigen neuen Nachbarn rückten bald ins Blickfeld des Frankenreichs im Westen und des Byzantinischen Reichs im Süden, lagen sie doch wie ein Puffer zwischen diesen beiden Machtblöcken. Letztere mussten ein Interesse an befriedenden Maßnahmen haben, wozu die Sicherung von Einflusssphären, der Aufbau verlässlicher politischer Allianzen und Eroberungsaktionen ebenso gehörten wie missionarische Aktivitäten. Da überdies die Kirche bei Franken und Byzantinern fest etabliert war, trug das Heidentum der slavischen Völker einerseits zum Auseinanderleben der Kirche im Westen und im Osten bei und führte andererseits zur Konkurrenz römisch-katholischer und griechisch-orthodoxer Missionsbemühungen.

Ein besonderes Konzept für die Ausbreitung des Christentums hatte die byzantinische Kirche nicht. Sie betrachtete den Kaiser auch in seiner weltlichen Herrschaft als Repräsentanten Gottes auf Erden, was darin zum Ausdruck kam, dass er als Laie während der Zelebration der Liturgie unter den Klerikern im Altarraum saß. Sobald neue Völker in das Reich integriert wurden, mussten sie eben Christen werden. Die Kirche griff eigentlich erst ein, wenn Bischöfe zu weihen waren und für die Bindung an die byzantinische Metropolie gesorgt werden musste. Diese schlichte Methode konnte nicht mehr angewandt werden, nachdem sich die im Donaugebiet siedelnden Slaven zu ernst zu nehmenden Machtfaktoren entwickelten. Die Byzantiner bekamen das zu spüren, als ihnen der furchterregende Bulgarenfürst Krum (803–814) in einer Schlacht am 26. Juli 811 eine empfindliche Niederlage beibrachte, bei der Kaiser Nikephoros I. (802–811) fiel, und mit seinen Truppen bis an die Mauern Konstantinopels vorrückte. Im Interesse des Reiches war also eine nachhaltige Balkanpolitik vonnöten. Weil es an der Grenze zu den mohammedanischen

Arabern, an deren Mission übrigens niemand dachte, schon Probleme genug gab, folgte man nicht wie die Karolinger einem imperialmissionarischen Konzept, sondern eher einem von Infiltration und allmählicher Akkulturation. Da sich auf dem Balkan bereits unabhängige politische Zentren und mehr oder weniger gefestigte Reiche gebildet hatten, war das wohl auch kaum anders möglich. Wenn aber durch die Annahme des Christentums die eigene nationale Selbstständigkeit nicht gefährdet war, dann konnte es gerade für die Machtelite durchaus attraktiv sein. Denn so bot sich die Chance zum Übergang von einfacher Stammesorganisation zu festeren staatlichen Strukturen und überdies zu einer gleichsam internationalen Anerkennung durch zivilisatorische Angleichung. Die Slaven des Donaugebietes haben sie genutzt und dabei geschickt ihre spezielle geographische Lage mit ins Spiel gebracht. Um den neuen Glauben einzuführen, brauchten sie Missionare, und

Karte der Slavenmission 750–900

die konnten nur aus dem Frankenreich, Byzanz oder direkt aus Rom kommen. Zwischen diesen Hauptakteuren gab es Reibereien, auf eine gemeinsame Missionspolitik konnten sie sich nicht verständigen und verdächtigten sich sogar zuweilen gegenseitig der Irrlehre. Die Slavenfürsten vermochten daher zwischen den Machtblöcken zu lavieren. Dadurch entstanden Abhängigkeiten von der einen Seite, die automatisch zu Konflikten mit der anderen führen mussten. Eine wichtige Rolle spielte dabei die seit 395 bestehende Aufteilung zwischen den beiden Hälften des Römischen Reiches, was in der Konsequenz von einer historischen Tragweite war, die noch in die Spaltungen des neuzeitlichen Europas hineinreicht.

Diese Besonderheiten des Balkanraumes haben trotz regionaler Unterschiede zu einem recht ähnlichen Ablauf von Mission und Christianisierung geführt. Hauptsächlich durch archäologische Funde nachweisbar, stand am Anfang die allmählich wachsende Bekanntschaft mit dem Christentum durch verschiedenste Kontakte mit den Nachbarländern und mit einzelnen Kaufleuten, Missionaren oder Gefangenen. Über diese persönliche Vermittlung ist kaum Näheres zu erfahren, sie muss aber für den späteren Glaubenswechsel von großer Bedeutung gewesen sein. Unter diesen gleichsam staats- und kirchenunabhängigen Glaubensboten waren gewiss auch manche Scharlatane, Abenteurer und andere schillernde Figuren, die das eine oder andere Sektengrüppchen entstehen ließen. Im 7. Jahrhundert hatten schon Columban und Amandus die Mission bei den Slaven ins Auge gefasst, konnten ihre Pläne jedoch nicht umsetzen.

Nach der ersten Phase des Kennenlernens kam es dann zu aufsehenerregenden Taufen von Herrschern oder hohen Adeligen. Sie gingen in der Regel wohl auf persönliche, meist auch politisch motivierte Entscheidungen zurück, bekamen aber durch Patenschaften christlicher Herrscher sofort eine unübersehbare politische Dimension. Damit trat an die Stelle der schlichten Integration der kompliziertere Versuch der Hierarchisierung durch den Aufbau einer „Familie der Könige". Die

Fürsten der missionierten Völker wurden durch das Taufpatronat zu geistlichen Söhnen oder Brüdern erhoben, was keineswegs nur ein hohler Ehrentitel war, sondern persönliche Bindungen wachsen ließ. Denn so entstand, zumindest dem Ideal nach, ein ausgetüfteltes Abhängigkeitssystem auf der Basis erhofften gegenseitigen Wohlverhaltens. Der byzantinische Kaiser bildete zwar die Spitze dieser internationalen christlichen Gemeinschaft, vermochte sich indes nicht mehr zu ihrem Beherrscher aufzuschwingen. Das Ergebnis war denn auch kein einheitliches politisches Gebilde unter dem einen christlichen Glauben, sondern eine hierarchische Konstruktion mit abgestuften Verwandtschaftsgraden und den dabei üblichen Streitigkeiten. Natürlich war man in Konstantinopel zu allerhand Zugeständnissen bereit, wusste man doch, dass ein christianisiertes Volk weniger gefährlich war und durch Sprache, Kultur und Institutionen romanisiert werden konnte.

Die getauften Slavenfürsten haben dann in einem dritten Schritt in Rom oder Byzanz um die Entsendung von Missionaren gebeten, wobei sie frei zwischen diesen Zentren wählten und sich überdies die jeweils andere Option offen zu halten wussten. Da die Glaubensboten in ein schon weitgehend christianisiertes Land kamen, waren sie eher Lehrer und Organisatoren, die eine kirchliche Struktur aufbauen, Priester ausbilden und liturgische Fragen einschließlich der Sprachprobleme klären sollten. Wenn sich der Herrscher plötzlich umorientierte, konnte es ihnen allerdings auch passieren, dass sie infolge der Rivalität von Ost und West des Landes verwiesen wurden. Gleichwohl war damit die Formung eines christlichen Staatswesens abgeschlossen, woran selbst vorübergehende Gegenreaktionen nichts änderten. Solche heidnischen Rückzugsgefechte entstanden durch an die Macht gekommene Fürstensöhne, Rivalitäten zwischen christianisierter Elite und an den alten Sitten festhaltender Bauernschaft oder Aristokratie sowie ethnische Gegensätze, konnten aber meist rasch überwunden werden.

Diese Zusammenhänge sind die Grundlage für die rivalisierenden Missionsbestrebungen und die schließlich gelungene Christianisierung des Donauraumes. Sie muss für die einzelnen Länder nicht im Detail geschildert werden, da in den Quellen weniger von dem praktischen Vollzug der Glaubensverkündigung als vielmehr von den politischen Verwicklungen die Rede ist.

2. Böhmen und Mähren zwischen Ost und West

Nachdem Karl der Große 796 das Reich der Avaren niedergeworfen hatte, musste die kirchliche Organisation der eroberten Gebiete geplant werden. Die Aufgaben wurden aufgeteilt, das Gebiet nördlich der Drau dem Erzbischof von Salzburg zugewiesen, das südlich gelegene dem Patriarchen von Aquileja. Bei den Städten an der Adriaküste verlief die Christianisierung ohne größere Probleme, denn sie waren von der slavischen Landnahme verschont geblieben und hatten sich ihre Beziehung zu Rom erhalten. Konflikte zwi-

schen fränkischer und byzantinischer Mission zeichneten sich dagegen in den Neubildungen Böhmen und Mähren ab. Den allmählichen Wandel von der heidnischen Gentilreligion zum Christentum verdeutlichen Grabfunde wie der aus Mikulčice. Die eine Riemenzunge zeigt einen Fürsten mit den paganen Attributen Wimpel und Trinkhorn, die andere einen Geistlichen in Orantenhaltung mit Brustkreuz.

Das Großmährische Reich nördlich der Donau war in dem Machtvakuum entstanden, das die Zerstörung des Avarenreiches durch die Franken hinterlassen hatte. Geschichtlich in Erscheinung trat es erstmals im Jahre 822, als Gesandte Mährens an dem Reichstag zu Frankfurt teilnahmen, ein Hinweis auf politisch kluge Westorientierung. Mojmír I. (830–846) gelang es, sich über die Lokalfürsten zu erheben und die Grundlage für das Großmährische Reich zu legen. Er strebte nach Selbstständigkeit, konnte sich aber gegen Ludwig den Deutschen (843–876) nicht behaupten, der ihn schließlich durch Rostislav (846–870) ersetzte. Dieser Mährenfürst beugte sich zwar

Riemenzungen aus vergoldeter Bronze aus Mikulčice, Tschechien, 9. Jh.

Darstellung eines Fürsten mit den Attributen Wimpel und Trinkhorn.

Darstellung eines Geistlichen mit zum Gebet erhobenen Armen und Kreuz auf der Kasel.

Kreuzanhänger aus Blei aus Uherské Hradiště-Sady, Tschechien, 9. Jh. Auf der Schauseite Christusdarstellung, auf der Rückseite griechische Inschrift ZOE – ISUS – CHRISTOS.

der Oberherrschaft des fränkischen Kaisers, strebte aber insgeheim nach Unabhängigkeit. Als sich die Franken nach einem erfolglosen Feldzug 855 aus Mähren zurückzogen, hatte Rostislav sein Ziel weitgehend erreicht, nun musste er nur noch den Einfluss der bayerischen Kirche zurückdrängen. Geschickt die Kirchenpolitik für seine Pläne einsetzend, wandte er sich direkt an die Zentrale in Rom und erbat die Entsendung eines Bischofs zur Errichtung eines mährischen Erzsitzes. Das hätte die Ostfranken brüskiert, weshalb Papst Nikolaus I. (858–867) zunächst abwartend taktierte und schließlich den Antrag ablehnte. Als sich dann auch noch der politische Horizont durch ein drohendes Bündnis zwischen Deutschen und Bulgaren für Rostislav verdunkelte, vollzog er eine radikale außenpolitische Kehrtwende. Er verzichtete auf römische Unterstützung, verwies die bayerischen Missionare des Landes und kontaktierte, immer mit dem Hintergedanken der Selbstständigkeit, die Macht im Osten. Schmeichelnd schrieb Rostislav an den byzantinischen Kaiser Michael III. (842–867): „Für unser Volk, das sich vom Heidentum abgekehrt hat und

das christliche Gesetz einhält, haben wir keinen solchen Lehrer, der uns in unserer Sprache den wahren christlichen Glauben erklären könnte, damit auch die anderen Länder, wenn sie das sehen, uns nacheifern. So schicke uns, Herrscher, einen Bischof und einen solchen Lehrer; denn von euch geht für alle Länder immer ein gutes Gesetz aus".[1] Das war geschickt gemacht, denn Rostislav appellierte nicht nur an die Rechtgläubigkeit der Ostkirche, ein dieser willkommener kleiner Seitenhieb gegen Rom, sondern auch an die Möglichkeit weiter reichenden Einflusses in anderen Regionen des Balkans. Ein solches Angebot konnte Kaiser Michael nicht ausschlagen. Er berief daraufhin eine Synode ein und entsandte im Jahre 863 die Brüder Konstantinos (826/827–869) und Methodios (um 815–885), die vor allem durch ihre Kenntnis der slavischen Sprache ausgewiesen waren. Der Anhänger mit Christusdarstellung und der griechischen Inschrift „Jesus – Licht – Christus", ein einmaliger Fund aus dem 9. Jahrhundert, könnte als Missionarskreuz mit ihnen nach Mähren gelangt sein. Mission im eigentlichen Sinne war freilich zu dieser

▸ Konstantinos und
  Methodios

Zeit gar nicht mehr erforderlich, denn Mähren war bereits weitgehend christianisiert. Ihr Ziel war vielmehr die Entfaltung christlicher Bildung. Der Mährenfürst hatte dabei vor allem die Schaffung einer slavischen Nationalkirche im Blick.

Konstantinos, geb. 826/827, gest. 14. Februar 869 in Rom, und **Methodios**, geb. um 815, gest. 6. April 885 in Mähren, entstammten einer vornehmen griechischen Familie in Thessaloniki und haben in Konstantinopel die beste Ausbildung genossen. Als Slavenapostel haben sie Kirchenschriften und die östliche Liturgie mit Hilfe eines eigens dafür geschaffenen Alphabets in die altslavische Sprache übersetzt und damit die Voraussetzungen für die Entstehung eigenständiger Kirchen geschaffen. Am 31. Dezember 1980 sind die Brüder von Papst Johannes Paul II. zu Mitpatronen Europas ernannt worden.

Konstantinos war ein bedeutender Gelehrter und theoretischer Denker, während die Stärke seines Bruders in der Praxis lag. Nachdem sie im Jahr 860 theologische Diskussionen bei den Chasaren auf der Krim geführt hatten, wurden sie 863 auf Bitten von Fürst Rostislav zu den Mähren geschickt, um für Glaubensunterweisung in der Landessprache zu sorgen. Sie waren dort weniger als Missionare denn als Übersetzer biblischer und liturgischer Texte tätig. Die dadurch entstehende eigenständige Kirchenstruktur führte zu Spannungen mit ostfränkischen Missionaren, die Konstantinos und Methodios in Rom wegen der Dreisprachenhäresie anklagten. Es gelang ihnen, sich zu rechtfertigen und die Unterstützung von Papst Hadrian II. zu gewinnen. Konstantinos wurde bei dieser Romreise Mönch, erhielt den Namen Kyrillos und verstarb kurz darauf. Sein Bruder Methodios wurde 870 zum Erzbischof von Sirmium und päpstlichen Legaten bei den Slaven ernannt, aber infolge politischer Konflikte 870 von den Ostfranken im Kloster Ellwangen interniert. 873 freigelassen und nach Mähren zurückgekehrt, geriet er weiterhin zwischen die Fronten und hat sich in seinen letzten Lebensjahren ganz auf die Übersetzungsarbeit konzentriert. Die *Vita Constantini* ist 874–879 entstanden, an ihrer Abfassung war Methodios beteiligt, als Verfasser der *Vita Methodii* gilt dessen 912 gestorbener Weggefährte Kliment, Bischof von Ohrid.

Segensbitte der Schüler am Schluss der *Vita Methodii*: *Du aber heiliges und ehrwürdiges Haupt, schau mit deinen Gebeten von oben auf uns herab, die wir uns nach dir sehnen. Bewahre deine Schüler vor jeglicher Anfechtung, breite deine Lehre aus und verfolge die Ketzerei, auf dass wir hier unserer Berufung würdig leben und mit dir deine Herde weiden zur Rechten Christi, unseres Gottes, und das ewige Leben von ihm empfangen!* (Vita Methodii c. 17, S. 105f.)

Für diese Aufgabe waren die berühmten Slavenlehrer bestens gerüstet. Als Konstantinos' ehemaliger Lehrer Photios (um 810–893/894) 858 Patriarch von Konstantinopel wurde, zog er die Brüder in seinen Dienst und schickte sie um 860 als Missionare zum Turkvolk der Chasaren, einem religionspolitisch merkwürdigen Staat nördlich des Schwarzen Meeres. Dessen Oberschicht hatte durch den Einfluss jüdischer Flüchtlinge aus Byzanz im 8. Jahrhundert offiziell den mosaischen Glauben angenommen, duldete aber auch den Islam und das Christentum. Zur Vorbereitung haben Konstantinos und Methodios extra die hebräische Sprache erlernt. Am Hofe des Chasarenfürsten kam es dann zu einem ausführlichen Streitgespräch, in dem sich die Brüder in brillanter Polemik mit den Vertretern des jüdischen und muslimischen Glaubens auseinander setzten und immerhin 200 Chasaren taufen konnten. Aufgrund dieser Erfahrung lag es nahe, sie 863 zu den Mähren zu senden.

Dort sollten Konstantinos und Methodios den Wunsch des Fürsten Rostislav nach Glaubensunterweisung in der Landessprache erfüllen. Als sie von diesem Auftrag gehört hatten, so die Vita des Methodios, „gaben sie sich mit anderen, die des gleichen Geistes waren wie sie, dem Gebet hin. Und da offenbarte Gott dem Philosophen [i. e. Konstantinos] die slavische Schrift, und nachdem er die Buchstaben sogleich geordnet und den Text zusammengestellt hatte, machte er sich auf den Weg nach Mähren und nahm Methodios mit".[2]

Sie schufen das glagolitische Alphabet, das später in vereinfachter Form als kyrillische Schrift weite Verbreitung fand. Mit ihren Schülern übersetzten sie Teile der Bibel, die Liturgie sowie Texte der Kirchenväter und des Kirchenrechts ins Slavische. Damit entwickelten Konstantinos und Methodios eine gesamtslavische Kult- und Schriftsprache, die einen volkssprachlichen Gottesdienst und damit eine wirkliche Christianisierung ermöglichte und das entscheidende Instrument für die kirchliche und kulturelle Entwicklung des Slaventums in der Zukunft lieferte. Missionspraktisch ist die Bedeutung dieser Leistung kaum zu überschätzen, denn indem neben der griechischen und lateinischen nun auch eine slavische Gottesdienstsprache entstand,

folgte man dem alten Grundsatz, das Evangelium in der Landessprache zu verkündigen. Solange die eigene Oberhoheit nicht in Frage gestellt wurde, erhob Rom gegen dieses Vorgehen keine Einwände. Es wäre nun auf dieser Grundlage möglich gewesen, kirchliche Strukturen in Mähren aufzubauen, da es aber noch keine Hierarchie gab, konnten auch keine Priester geweiht werden. Deshalb machten sich Konstantinos und Methodios 866 mit ihren Schülern auf den Weg nach Konstantinopel. Als sie sich in Venedig einschiffen wollten, erreichte sie eine Einladung von Papst Nikolaus I. nach Rom.

Was so günstig begonnen hatte, sollte jedoch bald durch die Veränderung der politischen Verhältnisse behindert werden. Denn

Kiever Blätter, Böhmen, Anfang 10. Jh. Ältestes erhaltenes altslavisches Sprachdenkmal in glagolitischer Schrift, bestehend aus sieben Pergamentblättern mit zehn Messformularen, wohl von Konstantinos aus dem Lateinischen übersetzt.

Silbernes Brust-kreuz aus Mikulčice, Tschechien, 9. Jh. Christusdarstellung in langer, gesäum-ter Tunika, darüber ein Schildchen. Die maskenhafte Aus-führung des Kopfes deutet auf iro-fränkische Vorbilder hin, Gewand und Gesamtkonzeption auf östliche Her-kunft.

864 war es Ludwig dem Deutschen gelungen, Rostislav erneut in seine Abhängigkeit zu zwingen, woraufhin Mähren wieder den baye-rischen Missionaren offen stand. Denen aber gefiel die byzantinische Konkurrenz über-haupt nicht, zumal sie selbst im Lande wenig Anklang fanden, und sie wollten unbedingt der Erzdiözese Salzburg ihren Einfluss si-chern. Es ging also um Macht und Besitz, nur so unverblümt direkt konnten sie nicht gegen die überzeugende Arbeit von Konstantinos und Methodios argumentieren. Sie mussten sich andere Gründe einfallen lassen, und da-für kamen, wenn sie bei den entscheidenden Stellen Gehör finden wollten, nur theologi-sche in Frage. Die waren rasch gefunden bei dem erfolgreichen Ansatzpunkt der Missions-methode der beiden, der Sprache. Mit durch-sichtiger Polemik behaupteten die ostfränki-schen Kirchenvertreter, Gott habe „nur drei Sprachen auserwählt – die hebräische, die grie-chische und die lateinische –, in denen es sich ziemt, Gott zu loben".[3] Kurzum, sie bezichtig-ten Konstantinos und Methodios der „Drei-sprachenhäresie". Die Brüder verteidigten sich gegen diese und andere Vorwürfe erfolgreich in Rom, wo sie Papst Hadrian II. (867–872),

der Nachfolger des inzwischen verstorbenen Nikolaus I., festlich empfing. Ihre Schüler wurden zu Priestern geweiht und gemeinsam feierten sie in mehreren Kirchen Roms die Li-turgie in slavischer Sprache. Der Papst segne-te sogar die slavischen Kirchenbücher, um die Christianisierung der Mähren nicht zu gefähr-den und überdies das Land an Rom zu binden. Das Werk der Brüder war voll anerkannt.

Die Auseinandersetzungen waren dennoch nicht zu Ende. Konstantinos verstarb am 14. Februar 869 in Rom. Papst Hadrian ging jetzt noch weiter und erhob Methodios 870 zum Erzbischof von Sirmium und unterstellte ihm neben dem Großmährischen Reich auch Pannonien, das Gebiet um den Plattensee, in dem als fränkischer Vasall Fürst Kocel († um 875) herrschte. In einem Brief an Kocel beton-te der Papst überdies: „Nicht nur dir als Einzi-gem, sondern vielmehr allen slavischen Län-dern sende ich ihn als Lehrer von Gott und vom heiligen Apostel Petrus, dem Ersten auf dem Stuhle und Schlüsselbewahrer des Him-melreiches".[4] Damit verkündete er unmissver-ständlich seinen Anspruch auf die römische Mission unter allen slavischen Völkern, was natürlich wieder die Salzburger auf den Plan rief. Der erneute politische Umschwung be-günstigte sie, denn 870 wurde Rostislav von seinem Neffen Svatopluk I. (870–894) ge-stürzt, der mit Ludwig dem Deutschen ver-bündet war. Rostislav wurde an Bayern ausge-liefert, in Regensburg zum Tode verurteilt, von Ludwig begnadigt und lediglich geblen-det. Methodios geriet zwischen die Fronten, wurde von den Salzburgern verhaftet und für zweieinhalb Jahre im Kloster Ellwangen in-haftiert. Die Proteste von Papst Hadrian be-wirkten nichts. Das Einvernehmen mit den Ostfranken hielt jedoch nicht lange, schon bald warf der auf Selbstständigkeit bedachte Svatopluk die Ostfranken aus dem Land und baute sein Großmährisches Reich weiter aus. Er konnte seinen Einfluss erheblich auswei-ten, wobei ihm die beabsichtigte Christianisie-rung als Begründung für seine Eroberungszü-ge diente.

Die Lage blieb kompliziert. Im Frieden von Forchheim 874 arrangierte sich der Mährenfürst wieder mit den Ostfranken und begünstigte mit Wiching († nach 912) einen Repräsentanten der bayerischen Kirche, der 880 von Papst Johannes VIII. (872–882) zum Bischof von Nitra in Pannonien geweiht wurde. Dieses Bistum unterstand zwar Mähren und damit kirchenrechtlich auch Methodios, aber Wiching dachte nicht daran, sich dem Griechen zu fügen, erneuerte den lateinischen Gottesdienst und verleumdete ihn in Rom. Vom Papst nach Rom zitiert, gelang es Methodios, die Anschuldigungen der Gegenpartei zu entkräften. Jetzt erklärte Johannes, dass „Gott nicht nur in drei, sondern in allen Sprachen zu lobpreisen" sei, und betonte: „Welcher die drei Hauptsprachen geschaffen hat, nämlich das Hebräische, das Griechische und das Lateinische, derselbe schuf auch alle anderen zu seinem Lob und seiner Ehre".[5]

Den Einfluss von Bischof Wiching vermochte Methodios jedoch nicht einzudämmen, deshalb zog er sich zurück und übersetzte weitere Kirchenschriften ins Slavische. Den Sieg der ostfränkischen Partei musste er nicht mehr erleben, denn er starb am 6. April 885. Nicht der von ihm designierte Gorazd († nach 885), sondern Wiching bekam das Erzbistum Mähren zugesprochen. Da Papst Stephan V. (885–891) außerdem die Verwendung der slavischen Liturgie stark einschränkte und die Vertreibung der Schüler des Methodios billigte, brach das so erfolgreich begonnene Missionswerk der Brüder Konstantinos und Methodios in Mähren und Pannonien zusammen. Wiching konnte sich seines Erfolges nicht lange erfreuen, denn schon 892 kam es zu einem Krieg zwischen Svatopluk und dem ostfränkischen König Arnulf von Kärnten (um 850–899), und der Bischof musste Nitra verlassen. Bald begann auch der Zerfall des Großmährischen Reiches, wozu Spannungen zwischen den Anhängern der lateinischen und der slavischen Liturgie nicht wenig beitrugen. Es zerfiel schließlich 906 in Verbindung mit einer heidnischen Reaktion und einem Volksaufstand unter dem Ansturm der Ungarn.

Die Missionsgeschichte Mährens ist aufgrund ihrer engsten Verflechtung mit der politischen Entwicklung und der geostrategischen Lage des Landes im Spannungsfeld von Ost und West mehr als verworren. Sie zeigt, wie ein geschickter Herrscher sich mit Hilfe des Papstes der Eingliederung in einen der Machtblöcke entziehen konnte. Sie zeigt aber auch, dass den führenden Kirchenmännern politischer Einfluss wichtiger war als die Förderung der Christianisierung des Volkes. Vor diesem Hintergrund sind die „Slavenapostel" Konstantinos und Methodios Ausnahmepersönlichkeiten, denen es wirklich darum ging, den Menschen das Evangelium in ihrer Muttersprache zu bringen.

3. Mission und Diplomatie in Bulgarien

Bulgarien, in früheren Zeiten die Brücke, auf der sich griechisches und lateinisches Christentum begegneten, hat diese Funktion mit der Landnahme der Slaven und der Entstehung des Ersten Bulgarenreiches (681–1018) verloren. Die aus Mittelasien vorgedrungenen Protobulgaren, ein turkstämmiges Nomadenvolk, hatten sich, vermischt mit slavischen Bevölkerungsteilen, zwischen Donau und Balkangebirge festgesetzt und waren mit ihrem Erobererstaat zu einem für Byzanz bedrohlichen Nachbarn geworden. 681 erzielten sie in einem Friedensvertrag die Anerkennung durch Byzanz, seitdem gilt dieses Jahr als Gründungsdatum des Ersten Bulgarenreiches. Es entwickelte sich rasch zu einem wichtigen Machtfaktor auf der Balkanhalbinsel und erreichte unter Khan Krum eine gewaltige Ausdehnung von der byzantinischen Nordgrenze bis zur fränkischen Südostgrenze. Im Süden Bulgariens konnten manche ehemals Byzanz unterstehende Gebiete gewonnen werden, deren slavische Bevölkerung bereits zu großen Teilen christianisiert war. Krum deportierte sie samt ihrer Priesterschaft aus Sicherheitsgründen ins Landesinnere und sorgte dadurch unfreiwillig für die weitere Ausbreitung des Christentums. Es war also in Bulgarien keineswegs unbekannt, und die Weigerung der Machtelite, die Religion des mächtigen Nachbarn Byzanz anzunehmen, hatte vornehmlich politische Gründe.

Von Verfolgungen ist trotz dieser ablehnenden Haltung dem Christentum gegenüber jedoch kaum etwas bekannt, im Gegenteil, mit zunehmender Entfaltung des Bulgarenreiches wurde es für dessen Herrscher interessant. Denn erstens waren auf Dauer die inneren Spannungen zwischen schon christianisierten slavischen Untertanen und bulgarischer Führungsschicht der Entwicklung des Reiches nicht zuträglich und zweitens lag es wegen der Nachbarschaft zu Byzanz nahe, Zugang zur Familie der christlichen Herrscher und Völker zu gewinnen, um gleichsam durch sakrale Legitimation mit ihnen auf gleiche Augenhöhe zu kommen. Khan Boris I. (852–889, †907) hat das erkannt und sich zur Christianisierung seines Reiches entschlossen. Die Frage war nur, ob er das in Anlehnung an Rom oder an Byzanz vollziehen sollte. Ähnlich wie in Mähren kam es nun auch in Bulgarien zu einem politisch bedingten Hin und Her. Besorgt wegen der Annäherung zwischen dem Großmährischen Reich und Byzanz, hatte Boris sich 863 mit dem ostfränkischen Herrscher Ludwig dem Deutschen verbündet und dadurch der bayerischen Mission Möglichkeiten eröffnet. Eine wirkliche Wahl hatte Boris jedoch nicht, denn der größte Teil des schon in Diözesen aufgeteilten bulgarischen Reichs unterstand mit seiner Hauptstadt Pliska jurisdiktionell bereits dem Patriarchen von Konstantinopel. Der byzantinische Kaiser Michael III. unterstrich deshalb 864 durch einen Feldzug nachhaltig seine Ansprüche und nötigte Boris zum Abschluss eines dreißigjährigen Friedensvertrages. Bekräftigt wurde er durch den offiziellen Übertritt des Khans und seines Volkes zum byzantinischen Christentum. Boris erhielt 865 (oder 866) in Pliska aus der Hand eines griechischen Priesters die Taufe und bekam wegen des Patronats von Kaiser Michael den christlichen Namen Michael. Es gehört wohl in das Reich der Legende, dass ein Mönch für Boris ein Bild vom Jüngsten Gericht gemalt haben soll, was ihn dermaßen erschreckt habe, dass er sich sofort taufen ließ.

Als es 866 zu Misshelligkeiten zwischen Papst Nikolaus I. und dem Patriarchen Photios kam, ergriff Boris geschickt die günstige Gelegenheit in der Hoffnung, Rom werde ihm bei der Loslösung der bulgarischen Kirche aus byzantinischer Jurisdiktion helfen. Er beorderte eine Gesandtschaft an Ludwig den Deutschen nach Regensburg mit der Bitte um die Entsendung von Priestern und liturgischem Gerät. Noch wichtiger war eine Botschaft an den Papst, den er ebenfalls um Priester und Bischöfe bat. Beigefügt war ein langer Fragenkatalog, der nicht erhalten ist, sich aber durch die 106 Antworten des Papstes rekonstruieren lässt.

Diese *Responsa Nicolai papae ad consulta Bulgarorum* sind in ihrer Konzentration auf dogmatische, ethisch-kultische und kirchenrechtliche Probleme ein einzigartiges Dokument sowohl für die Stimmungslage eines Landes im Christianisierungsprozess als auch für die Haltung Roms im Verhältnis zu Byzanz. Der Papst erscheint darin teils als geistlicher Hirte, teils als taktierender Politiker. Ein großer Teil der Antworten spiegelt die gesellschaftliche und soziale Situation des bulgarischen Volkes und die daraus resultierenden Schwierigkeiten bei der Einführung des Christentums. Sie bestanden in erster Linie in dem zu überwindenden heidnischen Religionsverständnis, das eine Trennung von Heiligem und Profanem nicht kannte. Aus Sicht der Bulgaren mussten alle Lebensbereiche, die eben religiös bestimmt waren, nach dem Glaubenswechsel neu geregelt werden. Das aber schuf Unsicherheiten, und deshalb bat Khan Boris den Papst um Orientierungshilfe. Die Fragen, welche Tiere man essen dürfe, ob nun etwa anstelle eines Pferdeschweifs als Kriegstrophäe ein Kreuz mitgeführt werden müsse, wie die Mitgift bei einer Eheschließung auszusehen habe, ob man Kranken zur Heilung ein magisches Halsband umhängen könne und ob Frauen Hosen tragen dürften, gehörten für den Papst eindeutig in den Bereich des Weltlichen, für den er sich als nicht zuständig erklärte. Leicht irritiert bemerkte Nikolaus deshalb: „In euren Fragen fordert ihr ständig Gesetze für die weltlichen Angelegenheiten".[6] Antworten gab er aus pastoraler Fürsorge gleichwohl. Dabei nutzte er die gestellten Fra-

Riemenzunge in Buchform aus vergoldeter Bronze aus Mikulčice, Tschechien, 9. Jh. Die Vorderseite des „Einbandes" zieren fünf blaue Glaseinlagen und Granulation, die Rückseite zeigt geritztes Pflanzenornament auf gepunztem Hintergrund, möglicherweise Darstellung eines Codex mit geistlichem Inhalt.

gen zu einer ausführlichen Unterweisung in Glaubens- und Sittenfragen und betonte dabei die hervorragende Bedeutung des christlichen Glaubens als Tugendlehre. In seelsorgerlicher Klugheit war der Papst bemüht, nicht zu viel zu verlangen, und bemerkte zur Fastenfrage: „Zu welchen Zeiten und an welchen Tagen man sich im Jahresablauf von Fleischspeisen enthalten soll, ist unserer Meinung nach überflüssig, euch zu erklären, da ihr noch Neulinge und gleichsam Kinder im Glauben seid".[7] Desgleichen erschien es ihm aufgrund der inneren Situation des Bulgarenreiches nötig zu sein, auf friedliche Mission zu drängen: „Über diejenigen, die sich weigern, das christliche Glaubensgut anzunehmen, und die den Götzen opfern oder vor ihnen die Knie beugen, können wir euch nichts anderes schreiben, als dass ihr sie eher durch Ermahnungen, Aufmunterungen und vernünftige Beweisführung als durch Gewaltanwendung zum rechten Glauben führen sollt, weil sie ihn sonst ohne Einsicht annehmen. [...] Denn alles, was nicht aus einem freiwilligen Versprechen hervorgeht, kann nicht gut sein".[8] Diese und ähnliche Anfragen der Bulgaren belegen den immensen kulturellen Wandel, der sich durch die Annahme des Christentums ergab und der eine langwierige Anstrengung zur tatsächlichen Christianisierung erforderte.

In einer anderen Gruppe von Fragen, mit denen Boris auf eine unabhängige bulgarische Kirche hinarbeitete, nutzte Papst Nikolaus in seinen Antworten die günstige Gelegenheit, die kirchliche Autorität von Konstantinopel herabzusetzen, und sprach der dortigen Kirche die Berechtigung, sich Patriarchat zu nennen, einfach ab.[9] Das war eine klare Brüskierung, die Boris auf römische Unterstützung hoffen ließ. Solche Hoffnung wurde jedoch enttäuscht, als Boris mit der Frage, ob für Bulgarien ein Patriarch geweiht werden könne, zum Kern seines Anliegens kam. Nikolaus antwortete nämlich ausweichend, dazu könne er ohne nähere Kenntnis der Lage noch nichts sagen. Der Papst spielte auf Zeit und kündigte eine Zwischenlösung an: „Freilich sollt ihr inzwischen einen Bischof haben, und wenn mit wachsendem göttlichem Wohlwollen sich das Christentum dort ausgebreitet hat und Bischöfe für die einzelnen Kirchen geweiht sind, dann soll aus ihrer Reihe einer gewählt werden, der, wenn auch nicht Patriarch, so doch gewiss Erzbischof genannt werden muss".[10]

Boris war dennoch zufrieden, unterstellte die bulgarische Kirche Rom und erlaubte den entsandten Bischöfen Formosus von Porto (864–876) und Paulus von Populonia († 866/868) samt ihren Priestern, den kirchlichen Aufbau fortzuführen. Eine ihrer ersten Taten war die Ausweisung der griechischen Geistlichen. Damit war das eingetreten, was Byzanz gefürchtet hatte, der Einfluss Roms reichte nahezu bis an die Mauern Konstantinopels. Patriarch Photios sah darin nicht nur einen Affront, sondern geradezu einen Abfall vom rechten Glauben. Die Bulgarenfrage war zu einem gesamtkirchlichen Problem geworden und die Kompetenzrangeleien zwischen Rom und Byzanz wurden auf dem Rücken der eben christianisierten Bulgaren ausgetragen. Photios fuhr schweres Geschütz auf und stellte im Frühjahr 867 in einer Enzyklika sein Patriarchat als Quelle der Rechtgläubigkeit heraus, durch dessen Aktivitäten „selbst das barbarische und Christus hassende Volk der Bulgaren" bekehrt worden sei. Dann aber seien „gottlose und abscheuliche Männer [...], die aus der Finsternis hervorkamen, denn sie sind Ausgeburten des westlichen Landes, [...] wie ein wilder Eber über den frisch gepflanzten Weinberg des Herrn hergefallen und haben ihn mit ihren Füßen und Zähnen verwüstet, nämlich durch die Spuren ihres schändlichen Verhaltens und [...] durch die Verkehrung der Dogmen".[11] Ob diese wüsten Beschimpfungen Khan Boris beeindruckt haben, ist ungewiss. Da auf einer Synode in Konstantinopel im Spätsommer 867 die Absetzung von Papst Nikolaus I. beschlossen wurde, fiel die Unterstützung Roms weg und Boris neigte sich wieder Byzanz zu.

Die drohende Kirchenspaltung wurde jedoch durch radikale Veränderungen abgewendet. Bevor der Papst von den Beschlüssen der orthodoxen Synode erfuhr und reagieren konnte, verstarb er am 13. November 867. Kaiser Michael III. wurde von Basileios I. (867–886), den er selbst zum Mitkaiser erhoben hatte, bei einem Festgelage in der Nacht vom 23. auf den 24. September 867 ermordet. Als erste Amtshandlung entließ er Photios und setzte den verbannten Patriarchen Ignatios (867–877) wieder in sein Amt ein. An Nikolaus, dessen Tod ihm noch nicht bekannt war, schrieb er unschuldig in einem Brief, er habe von den Synodalbeschlüssen nichts gewusst, und lud zu einer weiteren Synode nach Konstantinopel ein. Dieses 8. Ökumenische Konzil fand 869/870 statt. Die Finesse, mit der hier jede Seite um ihren Vorteil kämpfte, steht heutigen politischen Auseinandersetzungen in nichts nach. Entscheidend für die Bulgaren

war der Beschluss, das Land auf dem Gebiet des einstigen Illyrien gehöre historisch zu Konstantinopel. Deshalb wurde der Anschluss an die Ostkirche vollzogen, Bulgarien erhielt einen eigenen Erzbischof und damit die von Boris ersehnte begrenzte Autonomie. Rom protestierte zwar, hatte damit aber keinen Erfolg.

In der Folgezeit konnte sich das religiöse Leben in Bulgarien mit Unterstützung von Byzanz in ruhigen Bahnen entwickeln. Die aus Mähren vertriebenen Schüler von Konstantinos und Methodios wurden 885 ins Land gerufen, wo sie mit Hilfe slavischen Schrifttums die Grundlage für eine eigenständige Kirche und Kultur Bulgariens schufen. Besondere Verdienste erwarb sich dabei Kliment von Ochrid (ca. 840–916), der angeblich innerhalb von sieben Jahren 3500 Priester und Diakone ausgebildet haben soll, die er dann auf die sieben unter Boris eingerichteten Bistümer verteilte. Damit war der Kern einer slavischen Geistlichkeit für die bulgarische Kirche geschaffen. Kliment verfasste für die weitere Christianisierung des Landes eine Sammlung von Musterpredigten und wurde 893 der erste Bischof bulgarischer Sprache.

Khan Boris trat 889 in ein Kloster ein und übergab die Macht seinem Sohn Vladimir-Rasate (889–893). Als dieser das wiedererstarkende Heidentum begünstigte, musste Boris noch einmal auf die politische Bühne zurückkehren. Das erregte selbst im Westen großes Aufsehen, wie der Bericht in der Chronik Reginos von Prüm (um 840–915) zeigt: „Inzwischen wich sein Sohn [...] weit von der väterlichen Sinnes- und Handlungsweise ab, fing an, auf Raub auszugehen, sich dem Trunke, der Schlemmerei und Wollust zu ergeben und mit aller Anstrengung das eben erst getaufte Volk zu den Gebräuchen des Heidentums zurückzuführen. Als der Vater dies vernahm, legte er, von gewaltigem Eifer entflammt, das heilige Gewand ab, umgürtete sich wieder mit dem Wehrgehenk und verfolgte seinen Sohn in königlicher Kleidung, die Gottesfürchtigen um sich scharend; in kurzem nahm er ihn ohne Schwierigkeiten gefangen, stach ihm die Augen aus und warf ihn ins Gefängnis".[12] Um sein Werk der Christianisierung Bulgariens zu retten, setzte er daraufhin mit Symeon (893–927) seinen in Byzanz erzogenen jüngeren Sohn als Khan ein. Danach zog er sich wieder ins Kloster zurück, das er nochmals 896 verließ, um mit seinem Volk einen Angriff der Ungarn abzuwehren. Nach seinem Tod am 2. Mai 907 wurde Boris bald als Heiliger verehrt.

Symeon führte Bulgarien zu einer kulturellen Blütezeit und erlangte anstelle der angestrebten byzantinischen Kaiserwürde immerhin den Titel eines Zaren. Eine Synode in der Hauptstadt Preslav verkündete 918/919 die völlige kirchliche Eigenständigkeit und verlieh dem Erzbischof der bulgarischen Kirche den Titel eines Patriarchen, was Byzanz erst im Zusammenhang mit einem Friedensschluss mit Symeons Sohn und Nachfolger Peter (927–969) anerkannte. Die politische Entwicklung unter diesem Bulgarenzaren war allerdings ungünstig. Erneut brachen Streitigkeiten mit Byzanz aus. 972 nahmen die Byzantiner unter Kaiser Johannes I. Tzimiskes (969–976) die Hauptstadt Preslav ein, benannten sie in Joannopolis um und bauten sie als Garnisonsstadt aus. Außerdem wurde das bulgarische Patriarchat aufgehoben und die Kirche wieder dem Patriarchen von Konstantinopel unterstellt. Es sollte noch schlimmer kommen. Im Jahre 1014 wurden die Bulgaren von den Byzantinern vernichtend geschlagen. Nach Berichten zeitgenössischer Chroniken befahl Kaiser Basileios II. (976–1025), die 14 000–15 000 Gefangenen zu blenden, nur jeder Hundertste behielt ein Auge, damit er die Übrigen führen konnte. Seitdem trug der Kaiser den Beinamen Bulgaroktónos, Bulgarentöter, den er mit Stolz geführt haben soll. Damit war das Erste Bulgarenreich am Ende. Es wurde 1018 als byzantinische Provinz in das Reich eingegliedert und der Kirchenführer zum Erzbischof herabgestuft. Der Christianisierung der Bulgaren konnten diese verzwickten politischen Entwicklungen jedoch nichts mehr anhaben.

4. Byzantinische Erfolge im Lande der Rus'

Die Geschichte der Christianisierung der Kiever Rus' ist verworren und daher schwer durchschaubar. Das gilt auch für die Entstehung des russischen Volkes selbst. Byzantinische Quellen bezeichnen den Raum zwischen Don und Donau mit Großskythien und den zwischen der unteren Donau und dem Schwarzen Meer mit Kleinskythien. Letzterer gehörte zu den Provinzen des Römischen Reiches, weshalb es dort auch schon Christen gegeben hat. Früher Überlieferung nach sollen sich der Apostel Andreas und später Johannes Chrysostomus (349/350–407) um die Bekehrung der Skythen bemüht haben. Sicheren Boden erreicht man erst mit dem 9. Jahrhundert, in dessen zweiter Hälfte die Rus' in einem komplizierten Prozess staatliche Formen annahmen. Unter der Führung der aus Skandinavien kommenden Waräger bildeten slavische Verbände ein zusammenhängendes Herrschaftsgebiet von der Ostsee bis zum Schwarzen Meer, dessen Bewohner die wichtigen Handelsstraßen kontrollierten und zu Raubzügen neigten. Durch die Nachbarschaft zum christlichen Byzanz gerieten die Rus' ganz unter dessen kulturellen Einfluss und kamen durch wirtschaftliche Kontakte, aber auch durch kriegerische Auseinandersetzungen mit dem Christentum in Verbindung. Zu Beginn des 10. Jahrhunderts normalisierten sich nach der Machtergreifung des Fürsten Oleg (882–912) die Beziehungen zu Byzanz, wozu eine wachsende Zahl von Christen in der Kiever Oberschicht beitrug. Jedenfalls gab es Mitte des 10. Jahrhunderts bereits eine Christengemeinde mit Kirche in Kiev. Als nämlich unter Fürst Igor (912–945) ein Handelsvertrag mit Byzanz abgeschlossen wurde, beschwor der Fürst mit seinem heidnischen Gefolge den Vertrag bei einem Standbild des Gottes Perun, während seine christlichen Gefolgsleute dies in der St. Elias-Kirche taten.

Den ersten entscheidenden Schritt zur Christianisierung der Kiever Rus' vollzog Olga (945–969). Ihr Mann Igor war bei einem Beutezug gegen die Derewljanen erschlagen worden und sie hatte die Regentschaft für ihren

Miniatur aus der
Nestorchronik.
Fürstin Olga lässt
im Jahre 945
die Gesandten
der Derewljanen
im Badehaus
verbrennen.

noch minderjährigen Sohn Svjatoslav (geb. um 942) übernommen. Olga füllte zunächst ganz die Rolle der Witwe aus, die grausame Rache für den Tod ihres Gemahls nahm. In dieser schlimmen Geschichte spielte eine kulturelle Besonderheit des Nordens die Hauptrolle, das Badehaus. Als Gesandte der Derewljanen bei Olga erschienen, um für ihren Fürsten um ihre Hand anzuhalten, gab sie Einverständnis vor und lud gastfreundlich in die Sauna ein. Dann befahl sie ordentlich einzuheizen, schloss die Gesandten ein und ließ sie verbrennen. Bei einer anderen Gelegenheit soll Olga dafür gesorgt haben, dass zahlreiche Derewljanen erst betrunken gemacht und dann erschlagen wurden.[13] Ziel solcher und ähnlicher Aktionen war es, sich die Stämme gefügig zu machen und dann administrative Strukturen aufzubauen.

Unbeschadet dieser fragwürdigen Methoden ist Olga die erste christliche Fürstin der Kiever Rus' geworden. Über ihre Taufe gibt es Berichte in verschiedenen Versionen. Wahrscheinlich ist Olga 954/955 in Kiev unter dem Patronat des byzantinischen Kaisers Konstantin VII. Porphyrogennetos (945–959) getauft und das dadurch entstandene Bündnis bei ih-

rem Besuch in Konstantinopel 957 gefestigt worden. Obwohl sie den Taufnamen Helena, den Namen der Gemahlin des Kaisers, annahm und die Prachtentfaltung bei ihrem Empfang am byzantinischen Hof nicht ohne Wirkung gewesen sein dürfte, lag Olgas Bereitschaft zur Taufe ein kühl berechneter politischer Plan zugrunde. Durch die Anlehnung an Byzanz wollte sie die eigene, nicht unumstrittene Macht gegen die heidnische Opposition sichern und die internationale Autorität ihres Reiches stärken, dabei aber möglichst der byzantinischen Vorherrschaft entgehen. Denn schon 959 schickte sie Gesandte an Otto den Großen und bat ihn um einen Bischof und Priester für die Rus'. Wie in den anderen slavischen Ländern begann also auch hier das Lavieren zwischen Ost und West aus Eigeninteresse. Am Hofe Ottos wurde Olgas Ansinnen begeistert aufgenommen, betrieb man doch gerade die Erhebung Magdeburgs zum Erzbistum für alle östlich der Elbe zu gründenden Bistümer. Schon hatte man wohl die Vision eines bis nach Kiev reichenden christlichen Imperiums.

Die Sache entwickelte sich freilich ganz anders, und der schöne Plan scheiterte kläglich.

Der ausersehene Mainzer Mönch Libutius (†961) starb vor der Ausreise, und nun fiel auf Vorschlag des Mainzer Erzbischofs Wilhelm (954–968) die Wahl auf den Trierer Mönch Adalbert (†981), ein eklatanter Fehlgriff. In der von ihm selbst verfassten Fortsetzung der Chronik Reginos betont Adalbert empört, er habe eigentlich Besseres von seinem Kirchenherrn erwartet und sich doch schließlich „niemals gegen ihn vergangen".[14] Unter diesem Vorzeichen konnte die Reise des zum Missionsbischof Erhobenen im Jahre 961 nur scheitern. Und so kam es dann auch. Bereits ein Jahr später meldete Adalbert sich wieder am Hofe Ottos, „da er in der Angelegenheit, derentwegen er gesandt worden war, nichts ausrichten konnte und sah, dass man ihn vergeblich bemüht hatte". Mit Genugtuung registriert er noch, dass Erzbischof Wilhelm, der ihm diese „so schwierige Reise" eingebrockt hatte, ihn nun „mit vielem Gut und Vergünstigungen wie ein Bruder einen Bruder" aufnahm.[15] Mission konnte, das zeigt dieser Fall am Rande, auch an der Unfähigkeit und dem Unwillen der Missionare selbst scheitern. Denn Adalberts eigene Worte sind entlarvend und zeigen, dass er den Auftrag zur Missionspredigt bei den Rus' als Strafaktion verstand und sich verheizt fühlte. Ein Mann mit Berufung zur Mission ist Adalbert nicht gewesen. Allerdings darf man nicht ihm allein die Erfolglosigkeit des Unternehmens anlasten, denn erstens war Kiev über die Entsendung eines schlichten Bischofs anstelle eines Erzbischofs enttäuscht und sah keinen Grund, sich in die Abhängigkeit von Magdeburg zu begeben. Und zweitens war Olga zu dieser Zeit wohl bereits von ihrem Sohn Svjatoslav Igorevič (962–972), einem verwegenen Haudegen und heidnischen Kriegshelden, entmachtet worden. Sie wird übrigens seit dem 12. Jahrhundert von der russischen Kirche als Heilige und „Vorläuferin des christlichen Landes" verehrt.[16]

Damit war der Einfluss des Westens auf die Kirche der Rus' beendet, bevor er richtig begonnen hatte. Svjatoslav war zwar meistens außerhalb Kievs zu Kriegszügen unterwegs, kämpfte jedoch auch gegen die wachsende Bedeutung der Christen in der Hauptstadt. Sein ältester Sohn und Nachfolger Jaropolk (972–978) erwog sogar den Übertritt zum Christentum, was wiederum die hauptsächlich in Novgorod ansässige heidnische Partei zum Widerstand veranlasste. Ihr Führer war Vladimir, Svjatoslavs illegitimer jüngerer Sohn. In einer solchen Situation konnte es schon einmal passieren, dass wertvolle Kunstgegenstände zweckentfremdet wurden, wie ein tschechisches Beispiel zeigt. Der Kelch aus dem Fürstengrab von Kolin war ursprünglich ein karolingisches Abendmahlsgerät, das auf unbekannten Wegen in den Osten gelangt und dort von einem Fürsten als Trinkgefäß benutzt worden ist.

Vladimir I. Svjatoslavič der Heilige (978/979–1015) begann seine Herrschaft als energischer Vertreter des Heidentums. Er hatte vor Jaropolk nach Schweden fliehen müssen, war von dort mit warägischen Söldnern zurückgekehrt und hatte Novgorod eingenommen. Durch Verrat fiel ihm auch Kiev in die Hand, woraufhin er seinen Bruder Jaropolk umbringen ließ. Vladimir förderte den Opferkult, zu dem auch Menschenopfer gehört haben sollen, und veranlasste die Aufstellung neuer Götzenbilder. Sein Ziel war es wohl, durch die Vereinheitlichung der paganen Kulte die politische Einheit seines Herrschaftsgebietes zu erreichen. Um seine spätere Entscheidung für das Christentum umso heller erstrahlen lassen zu können, hat die Nestorchronik diese Phase von Vladimirs Leben in düsteren Farben geschildert. So soll er sich in ungezügelter Lust mit mindestens sieben Hauptfrauen und 800 Kurtisanen vergnügt haben, und „er beschlief das Weib seines Bruders", obwohl es schwanger war.[17] In scharfem Kontrast dazu steht seine Hinwendung zum christlichen Glauben, zu der es unterschiedliche Überlieferungen gibt. In das Reich der Legendenbildung dürfte gehören, dass Vladimir sich von der Vernunft leiten ließ und vor seiner Entscheidung Vertreter der drei großen Religionen empfing, um sich über ihren Glauben informieren zu lassen. Bei den mohammedanischen Gesandten habe ihn die Aussicht beeindruckt, nach dem Tod von 70 schönen

Frauen verwöhnt zu werden, wohingegen er ihren Hinweis, der Islam verbiete das Weintrinken, mit den Worten kommentiert haben soll: „Den Russen ist es eine Freude zu trinken, ohne das können wir nicht sein“.[18] Schlussendlich habe sich Vladimir für die Annahme des Christentums orthodoxer Prägung entschieden.

Das ist hübsch erfunden, aber tatsächlich waren es handfeste politische und wirtschaftliche Gründe, die für Byzanz sprachen. Denn 987 benötigte Kaiser Basileios II. nach einer verheerenden Niederlage gegen die Bulgaren und einem Putsch im eigenen Lande dringend militärische Hilfe. In seiner verzweifelten Lage wandte er sich an Vladimir mit der

Silbervergoldeter Kelch aus dem Fürstengrab von Kolin, Tschechien, 1. Hälfte 9. Jh. Ursprünglich sind nur Becher und der obere Knauf, der Rest ist im 19. Jh. ergänzt worden. Wohl in der Hofwerkstatt Karls d. Gr. als liturgischer Kelch hergestellt, diente er einem böhmischen Fürsten als Teil des Trinkgeschirrs.

Bitte um Truppen. Dieser schickte ein Hilfskorps von 6000 Mann, forderte dafür aber die Hand einer byzantinischen Prinzessin, nämlich von Anna (†nach 1011), der Schwester des Kaisers. Noch nie hatten byzantinische Herrscher eine „Purpurgeborene", also im Palast zur Welt Gekommene, als der Vater bereits Kaiser war, außer Landes gegeben, erst recht nicht an einen Barbaren. Selbst dem westlichen Kaiser Otto dem Großen war das nicht gelungen, als er für seinen Sohn Otto II. um Anna hatte werben lassen. Basileios hatte keine andere Wahl, verlangte jedoch zuvor die Taufe des Herrschers der Rus' und seines Volkes. So geschah es denn auch. Vladimir ließ sich vermutlich am 6. Januar 988, dem Epiphaniasfest, taufen und erhielt den Taufnamen Vasilij, die russische Namensform der Kaisers Basileios. Damit war er geistlicher Sohn sowie Schwiegersohn des byzantinischen Kaisers, ein beachtlicher Erfolg.

Wahrscheinlich zu Ostern oder Pfingsten 988 folgten als nächste Akte die Zerstörung der heidnischen Götterstatuen sowie die Massentaufe der Bevölkerung von Kiev im Dnjepr. Damit war die Anbindung des Reiches der Rus' an den kirchlichen und politischen Machtbereich von Byzanz endgültig vollzogen, ohne dass jedoch in den folgenden Jahren besondere Aktivitäten von dieser Seite aus zu verzeichnen gewesen wären. Der Religionswechsel der Rus' bedeutete eine radikale Wende für den Kiever Staat. Er festigte die Stellung des Fürsten, der nun zur „Familie der Könige" aufgestiegen war und über internationales Prestige verfügte, und förderte die Einheit des Reiches. Nennenswerten Widerstand gegen die von Vladimir verordnete Entscheidung scheint es nicht gegeben zu haben, allerdings erreichte die Predigt des Evangeliums die verstreut siedelnde bäuerliche Bevölkerung erst mit erheblicher Verzögerung, so dass sich der sogenannte Doppelglaube lange halten konnte, also die nur oberflächliche Annahme der Taufe bei Erhaltung heidnischer Vorstellungen und Riten in den Häusern oder der Natur, wo die Kontrolle der Priester nicht hinreichte. Vladimir trieb die Christianisierung seines Volkes energisch voran. Unter sei

ner Obhut wurde zügig ein Netz kirchlicher Institutionen in neun Bistümern aufgebaut, was auch zur administrativen Erschließung des Reiches beitrug. Durch die Einführung der slavischen Gottesdienstsprache ist die Kirche zum entscheidenden Faktor bei der Verbreitung ethischer Normen und kultureller Errungenschaften geworden, was sich auch in der Förderung des Kirchenbaus durch Vladimir spiegelt. Kathedralkirche der Rus' in Kiev wurde 996 das „Gotteshaus zum Heimgang der allerheiligsten Gottesgebärerin", auch Zehntkirche genannt, weil Vladimir zu ihrem Unterhalt ein Zehntel seiner Einkünfte bestimmt hatte. Eher unwahrscheinlich ist jedoch, dass es „in dieser großen Stadt, der Hauptstadt des Reiches, mehr als vierhundert Kirchen gibt", wie Thietmar von Merseburg (975–1018) behauptete.[19]

Die Grundlagen der russischen Kirche waren geschaffen, als Vladimir am 15. Juli 1015 starb, heute als Heiliger und apostelgleicher Großfürst verehrt. Sein Sohn Jaroslav der Weise (1019–1054) setzte sein Werk fort, förderte den Ausbau der Kirche und machte Kiev nach dem Vorbild Konstantinopels zu einer imposanten Metropole. Jurisdiktionell gehörte die russische Metropolitankirche nun zum Patriarchat von Konstantinopel, und so ist es auch bis zum Jahre 1448 geblieben. Bei der weiteren Christianisierung des Volkes kam dem Mönchtum größte Bedeutung zu. Das gilt vor allem für das Kiever Höhlenkloster, das zum geistlichen Mittelpunkt und Zentrum der kirchenslavischen Kultur wurde. In einem der ältesten Denkmäler russischer Überlieferung, dem mit der „Predigt über Gesetz und Gnade" verbundenen Lobpreis Vladimirs durch den Kiever Metropoliten Ilarion (1051–1054), wird erzählt, dass Gott den Russen mit Vladimir einen „Apostel unter den Herrschern" geschenkt habe, den er durch direkte Offenbarung bekehrt und beauftragt habe, seinen Untertanen den Glauben zu bringen. Das Volk der Rus', ehemals in der Finsternis des Heidentums gefangen, sei dann selbst zum Heilsträger geworden. Damit war im russischen Selbstverständnis die Vorstellung vom „Heiligen Russland" geboren, die im kirchlichen

Denken stets verankert blieb.[20] Auch als der Kiever Staat im 13. Jahrhundert mit der Herrschaft der Tataren unterging, blieb diese Tradition doch für die weitere Entwicklung der russischen orthodoxen Kirche von Bedeutung.

In einem langwierigen Prozess sind die südosteuropäischen Slavenstämme für das Christentum gewonnen worden, ähnlich wie in Skandinavien in Verbindung mit der Herausbildung staatlicher Formen. Die Besonderheit lag in der Konkurrenz ostfränkischer, römischer und byzantinischer Missionsinitiativen, bei denen es nach Auskunft der Quellen bisweilen weniger um die Menschen als um den Ausbau von Einflussmöglichkeiten ging. Auch die betroffenen slavischen Herrscher scheinen ihr Augenmerk bei der Planung des Religionswechsels mehr auf die Sicherung ihrer Macht im Inneren und auf die Anerkennung durch die christlichen Staaten gerichtet zu haben. Im Ergebnis konnte die Ostkirche größere Erfolge verbuchen, freilich um den Preis einer wachsenden Distanz zur Westkirche. Der Schlüssel zur Christianisierung der Slaven lag letztendlich in der Verwendung der slavischen Kirchensprache, die gleichberechtigt neben das Griechische und Lateinische trat. Das begünstigte allerdings auch die Herausbildung weitgehend eigenständiger Kirchenprovinzen. Zwar folgte Europa jetzt zu weiten Teilen dem christlichen Glauben, nahm aber allmählich Abschied von der Vorstellung eines einheitlichen Gesamtreiches und begann, sich in Nationen und Christenheiten aufzuteilen.

VIII.

Mission mit allen Mitteln: Nordosteuropa

1. Neue Ostpolitik der Ottonen

An der Ostgrenze des Frankenreiches war es lange Zeit weitgehend ruhig geblieben. Hin und wieder gab es kriegerische Aktionen von beiden Seiten, aber im 9. Jahrhundert waren die Karolinger zu sehr mit anderen Problemen beschäftigt, um sich mit den Stammesverbänden jenseits von Elbe und Saale energischer auseinander zu setzen. Man hatte zu einer friedlichen deutsch-slavischen Nachbarschaft gefunden, sogar slavische Gruppen innerhalb des Reiches angesiedelt. So gab es etwa am oberen Lauf des Mains ein sogenanntes Slavenland, in dem die Main- und Rednitzwenden lebten. Mit diesem Arrangement waren alle zufrieden, und an Mission oder gar Eroberung schien niemand zu denken. Anfang des 10. Jahrhunderts jedoch änderte sich mit dem Auftauchen der Ungarn die Situation dramatisch. Im Jahre 907 fügten sie den Bayern bei Pressburg eine katastrophale Niederlage bei und verbanden sich gleichzeitig mit

den Daleminziern und den Böhmen. Erstmals entstand hier an der östlichen Reichsgrenze ein Machtfaktor von überregionaler Bedeutung, der das Hinterland von Sachsen und Thüringen bedrohte. Dem ersten Sachsen auf dem ostfränkischen Thron, König Heinrich I., blieb gar nichts anderes übrig, als über eine wirksame Ostpolitik nachzudenken.

Diese Ostpolitik beschränkte sich ganz auf militärische Vorstöße. In den Jahren 928 bis 934 zog Heinrich I. mehrfach erfolgreich gegen verschiedene Slavenstämme und konnte so der Bedrohung Herr werden. Ein politisches und missionarisches Konzept hatte er wohl nicht, sondern beließ es jeweils bei Eroberung der zentralen Stammesburg, Gestellung von Geiseln und jährlichen Tributzahlungen. Das gelang ihm im Sommer 929 auch gegenüber dem Prager Fürsten Wenzel (920/ 921–935). Der Nationalheilige Böhmens entstammte einer politisch motivierten Zweckehe zwischen Vratislav I. von Prag (915–921) und Prinzessin Dragomira von Brandenburg (um 890–936) und wird in späteren Legenden als eifriger Vorkämpfer des Christentums gefeiert. Über seine Regierung ist wenig bekannt, wohl aber über die mörderischen politisch-religiösen Konflikte seiner Zeit. Als der ca. 907 geborene Wenzel die Nachfolge seines Vaters Vratislav antrat, wurde die Vormundschaftsregierung seiner Mutter Dragomira übertragen, während man ihn mit seinem Bruder Boleslav I. (929/935–967/973) der Großmutter Ludmila zur christlichen Erziehung übergab. Dragomira aber gehörte zu einer das Christentum ablehnenden antifränkischen Partei, die die Oberhand gewann. Ludmila war wohl bereit, die Oberherrschaft Heinrichs I. anzuerkennen, und fiel deshalb am 16. September 921 einem Mordanschlag zum Opfer. Nachdem Wenzel 923/924 selbst

die Regierung angetreten hatte, setzte er seine Mutter gefangen, akzeptierte die Vormacht des deutschen Königs und bemühte sich um die Christianisierung des Landes. Das aber gefiel seinem Bruder Boleslav nicht, der politisch wie kirchlich nach Selbstständigkeit strebte und offenen Widerstand leistete. Kurzerhand lud er Wenzel zur Taufe seines Sohnes nach Altbunzlau ein und ließ ihn dort am 28. September 935 ermorden. Dieser Brudermord erregte selbst in jener gewaltbereiten Zeit Aufsehen. Wenzels Gebeine wurden 938 in die Prager Veitskirche überführt, seine Verehrung als Heiliger setzte jedoch erst nach dem Tode Boleslavs im Jahre 970 ein. Die Legenden stilisierten Wenzel als Opfer, und das, nicht seine fürstlichen Aktivitäten, ließ ihn zu einem geeigneten „politischen" Heiligen werden. Waren es früher Märtyrer und Missionare, die zu Heiligen aufstiegen, so übernahmen

Karte der Völker zwischen Elbe und Weichsel im 10. Jh.

nun Mitglieder regierender Häuser diese Rolle. Nicht mehr nur die Ausbreitung und Festigung des Glaubens, sondern Ehre und Schutz des Landes standen jetzt im Vordergrund. Das Schicksal Wenzels zeigt jedenfalls, dass der Kampf der Religionen noch nicht ausgestanden war und nach wie vor unter dem Diktat der Machtpolitik stand.

Als Heinrichs Sohn Otto I. die Herrschaft übernahm, waren die Probleme also durchaus noch nicht gelöst, und auch er musste sich der Ostpolitik zuwenden. Anders als sein Vater verstand er sie jedoch von vornherein zugleich als Missionspolitik. In diesem Sendungsbewusstsein sah er sein Königtum in der Nachfolge des großen Karl, der Ottos eigenem Stamm, den Sachsen, einst das Christentum gebracht hatte, und wollte deshalb wie dieser den Glauben über die Grenzen des Reiches hinaus ausbreiten.

Otto ging das Slavenproblem energisch an. Dass er dabei zunächst nicht an Krieg dachte, mag mit seiner Aufgeschlossenheit den Slaven gegenüber zusammenhängen. Denn vor seiner Krönung lebte er einige Zeit an der slavischen Grenze und war dort mit einer vornehmen Slavin eine illegitime Ehe eingegangen. Otto verfolgte eine Doppelstrategie, die seine Absichten offen legte. Erstens richtete er an der Grenze Markgrafschaften ein, die die Elbslaven unter Kontrolle halten sollten. Zweitens gründete er 937 in Magdeburg das Mauritiuskloster mit dem Fernziel der Schaffung eines Erzbistums für die umfassende Mission der slavischen Welt. Die Eingliederung der von Heinrich eroberten Regionen in das Reich und der Aufbau einer neuen Kirchenprovinz im Osten waren Ottos Großprojekte. Sie konnten nur gelingen, wenn der Expansionsdrang der slavischen Stämme gezügelt und Frieden durchgesetzt werden konnte. Bei den Böhmen ließ sich das ohne Gewalt bewerkstelligen, sie befanden sich seit 950 wieder fest unter deutscher Oberhoheit. Die ständig für Unruhe sorgenden Ungarn konnte Otto am 10. August 955 auf dem Lechfeld vernichtend schlagen. Ein Triumph war das zweifellos, der allerdings in nichtfränkischen Quellen kaum Beachtung gefunden hat.

Zum epochalen Ereignis und zur Entscheidungsschlacht zwischen Christen und Heiden hat ihn erst die ottonische Hofpropaganda stilisiert. So wurde der grandiose Sieg zum Ruhme Ottos immer größer und für die Ungarn immer schlimmer, verstärkt durch den Umstand, dass sie fortan nicht mehr ins Reich einfielen. Das aber lag nicht, wie man im Westen meinte, an der Niederlage, sondern an einer bestimmten heidnischen Vorstellung. Drei ungarische Heerführer waren gefangen genommen und hingerichtet worden, und nun glaubten die Ungarn, diese würden als Knechte ihrer Henker vom Jenseits aus den Deutschen als böse Geister dienen. Neuerliche Kriegszüge gen Westen konnten deshalb

Martyrologium Zwiefalten. Martyrium Wenzels

Kaiser Otto I.
urkundet über die
Errichtung des
Erzbistums Magde-
burg, Ravenna,
Oktober 968

nur scheitern, weshalb die Ungarn sich gegen Byzanz wandten. Einen weiteren entscheidenden Sieg konnte Otto am 16. Oktober 955 an der Recknitz in Mecklenburg gegen die Elbslaven erringen. Damit erst waren die Voraussetzungen für die Gründung von Missionsbistümern geschaffen.

Geschickt nutzte Otto dafür sein Ansehen als Retter der Christenheit vor der Ungarngefahr aus und verhandelte mit Papst Agapet II. (946–955) über die Errichtung von Magdeburg

als Erzbistum für die Slavenmission. Ungeteilte Zustimmung fanden Ottos Ziele jedoch nicht. Widerstand kam ausgerechnet von Ottos eigenem Sohn, Erzbischof Wilhelm von Mainz, pikanterweise Spross der illegitimen Verbindung Ottos mit einer Slavin. Wilhelm hatte nicht so sehr die Mission als vielmehr seinen Einflussbereich im Blick. Er war offenbar hartnäckig, denn obwohl Papst Johannes XII. (955–964) dem Heidenbekämpfer Otto anlässlich seiner Kaiserkrönung in Rom 962 seinen Lieblingswunsch erfüllte, konnte Magdeburg erst nach Wilhelms Tod 968 förmlich als Erzbistum gegründet und Adalbert, der einst in Kiev gescheitert war, unterstellt werden. Neben den Bistümern Brandenburg und Havelberg für das Lutizenland nordöstlich von Elbe und Havel, die wahrscheinlich erst jetzt und nicht schon 948 eingerichtet worden sind, wurden ihm die neuen Bistumssitze Merseburg, Zeitz und Meißen für das Sorbenland zwischen Saale und Elbe zugeordnet. Ein weiteres Bistum gründete Otto wohl 972 im ostholsteinischen Oldenburg für die Abodritenmission.

Es sah alles danach aus, als ob jetzt auf der Basis friedlicher Verhältnisse die Mission in Angriff genommen werden könnte. Doch die Ruhe war trügerisch. Den sächsischen Markgrafen war entgangen, dass im Nordosten die Redarier dabei waren, ein mächtiges Bündnis gegen die Herrschaft des Reiches und dessen Missionsabsichten zu schmieden, und so musste es zur Katastrophe kommen. Als Otto II., des Kaisers Sohn und Nachfolger, im Juli 982 bei Crotone in Süditalien gegen die Sarazenen eine vernichtende Niederlage erlitt, fühlten sich die von Tributforderungen bedrängten Slaven östlich der Elbe zu einem Aufstand ermutigt. Lutizen und Abodriten zerstörten 983 die Bistümer Brandenburg und Havelberg und machten für Generationen die Ansätze der ottonischen Missionspolitik zunichte. Die Marken- und Kirchenorganisation im Osten, das Großprojekt Ottos des Großen, war zerstört, hinweggefegt von Slaven, die sich auf die Kraft ihrer alten Gottheiten besonnen hatten.

Wie schwierig in der Folgezeit die Mission werden sollte, zeigt das Beispiel des Prager Bischofs Adalbert (983–997). Der später als Märtyrer sowie Schutzpatron von Böhmen und Polen verehrte Mann entstammte der mächtigen Familie der Slavnikiden, die in politischer Gegnerschaft zu den Přemysliden stand. Deshalb und wegen seines asketischen Reformeifers, der den Gottesstaat auf Erden auch mit politischen Mitteln durchsetzen wollte, musste er 995 sein Bistum verlassen. Daraufhin entschloss sich Adalbert zur Mission bei den

Adalbert, geb. um 956 auf Libice, gest. am 23. April 997 bei Elbing, Taufname Vojtěch, Sohn des böhmischen Fürsten Slavník (gest. 981) aus dem Geschlecht der Slavnikiden, die im Gegensatz zu den zur Herzogswürde aufgestiegenen Přemysliden standen. Seinen Namen erhielt er bei seiner Firmung in Magdeburg durch Erzbischof Adalbert. 982 zum Bischof von Prag bestimmt, kämpfte er gegen heidnische Sitten und den jüdischen Handel mit christlichen Sklaven. Wegen rigoroser Reformvorstellungen und des Gegensatzes seiner Familie zu Fürst Boleslav II. (967/973–999) musste er 988 sein Amt aufgeben, zog nach Rom und trat in das Kloster St. Bonifatius und Alexius auf dem Aventin ein. 992 bis 995 erneut auf dem Prager Bischofsstuhl, ließ Adalbert sich nach seiner endgültigen Ausschaltung von diesem Amt in Rom von Papst Gregor V. (996–999) zur Heidenmission entsenden. Im Frühjahr 997 beauftragte ihn Bolesław Chrobry (992–1025) mit der Mission bei den Pruzzen, wo er den Märtyrertod erlitt. Bolesław Chrobry kaufte seinen Leichnam frei und setzte ihn in Gnesen bei. Aufgrund der besonderen Verehrung durch Kaiser Otto III. und Papst Silvester II. (999–1003) wurde Adalbert schon 999 heilig gesprochen. Bei einem Einfall der Böhmen in Polen entführte 1039 Fürst Břetislav I. (1005/ 1012–1055) seine Gebeine und ließ sie im Prager Veitsdom bestatten. In Böhmen, Polen und Ungarn wird Adalbert als Landespatron verehrt. Die erste Vita Adalberts wurde schon 998/999 von Johannes Canaparius (gest. 1004) unter Mitwirkung von Adalberts Bruder Gaudentius (960/970–um 1011) verfasst, die zweite 1004 von Brun von Querfurt (um 974–1009). Adalbert bei den Pruzzen über sich selbst: *Ich bin der Geburt nach ein Slave, dem Namen nach Adalbert, dem Stande nach ein Mönch, der Weihe nach ehemaliger Bischof, dem Amte nach jetzt euer Apostel. Euer Heil ist die Ursache meiner Reise, dass ihr die tauben und stummen Götzenbilder verlassen und euren Schöpfer erkennen möget.* (Vita et passio Adalberti c. 28, S. 65)

Pruzzen an der Ostseeküste. In beachtlicher Weise stellte er sich dort mit seinen Mitarbeitern auf die Heiden ein. Als er nämlich merkte, dass diese das äußere Erscheinungsbild der Missionare mit ihren Tonsuren und rasierten Gesichtern irritierte, forderte er, „die Klerikertracht abzulegen, Haare und Bärte wachsen zu lassen, wie es bei den Eingeborenen üblich war".[1] Aber auch diese Anpassung nützte nichts. Am 23. April 997 erlitt Adalbert vermutlich bei Elbing den Märtyrertod, was bei den Christen Entsetzen und Verehrung zugleich auslöste.

War die neue Ostpolitik der Ottonen damit auch vorerst gescheitert, so ergaben sich immerhin in Böhmen, Polen und Ungarn neue Möglichkeiten für die Kirche. Fürst Boleslav von Böhmen, der die Kirche seines Landes in eigener Regie aufbauen wollte, erzielte Ostern 973 auf dem Reichstag zu Quedlinburg die Errichtung des Bistums Prag, das allerdings noch der Erzdiözese Mainz zugeordnet wurde. Ein ebenfalls gegründetes Bistum für Mähren hatte nur kurzen Bestand. In Polen gab es vor der Mitte des 10. Jahrhunderts überhaupt keine nachweisbare Missionsarbeit, dafür ging dann aber die Christianisierung umso rascher vonstatten. Ausgangspunkt war eine Eheschließung, die Boleslav I. von Böhmen aus politischen Gründen eingefädelt hatte. Seine Tochter Dobrava († 977) heiratete 966 den Polenfürsten Mieszko I. (um 960–992) und bekehrte ihren Gatten zum Christentum. „Da sie ihren Gemahl noch in mannigfachen heidnischen Irrtümern verstrickt sah, überlegte diese Getreue Christi in ihrem einfachen Gemüt voll Eifer, wie sie ihn für ihren Glauben gewinnen könnte. In jeder Weise versuchte sie, ihn für sich einzunehmen, nicht um die Begierden dieser bösen Welt zu stillen, sondern wegen des Nutzens, der aus dem lobenswerten und von allen Gläubigen begehrten Preis des ewigen Lebens besteht". Deshalb habe sie, so Thietmar von Merseburg, auf das Einhalten der Fastenzeiten, wozu der Verzicht auf Fleisch und die „Kasteiung des Leibes", also sexuelle Enthaltsamkeit gehörten, verzichtet.[2] Dieses Vergehen sei aber entschuldbar, weil es zum Ziele, eben der Taufe Mieszkos, geführt habe.

Nach diesem entscheidenden Schritt wurden in Polen bis zu zwanzig archäologisch nachweisbare Missions- und Seelsorgezentren mit kleinen Holzkirchen errichtet. Deshalb und wegen der schon 968 erfolgten Gründung eines Bistums in Posen konnte die Christianisierung rasch Fortschritte verzeichnen. Dazu trug ferner die Kooperation mit den Ottonen bei, die sich zu einer Basis der Gleichrangigkeit des polnischen und deutschen Reiches entwickeln sollte. Dabei wurde den Polen sogar Spielraum für eine eigenständige Kirchenpolitik gewährt. So war der erste polnische Bischof der aus Böhmen kommende Jordan (968–984), ein direkt dem Papst unterstellter Missionsbischof. Darüber hinaus griff Mieszko kurz vor seinem Tod im Jahre 992 zu einem höchst ungewöhnlichen Mittel. Er übereignete sein Land in einem Rechtsakt Papst Johannes XV. (985–996) und unterstellte sich so dem Schutz Roms. Das war die erste Schenkung eines vollständigen Staatswesens an den Heiligen Stuhl. Konsequenterweise erhielt das polnische Christentum eine lateinische Prägung in einer bis heute besonders engen Bindung an Rom. Die Frage ist nur, warum Mieszko das getan hat und welchen Zweck er damit verband. Die ältere, noch von dem deutschpolnischen Gegensatz bestimmte Forschung sah darin eine Stoßrichtung gegen die imperiale Kirchenpolitik des Deutschen Reiches. Das kann es jedoch kaum gewesen sein, da Mieszko gerade zu dieser Zeit der verlässlichste Partner des Reiches war. Wahrscheinlicher und weniger spektakulär ist die Annahme, dass es um die Absicherung der territorialen Gewinne Mieszkos ging, um eine Art dynastisches Testament. Ein Hintergedanke war gewiss auch das Fernziel einer eigenständigen Kirchenprovinz für Polen. Sein Sohn Bolesław Chrobry (992–1025) folgte der Politik seines Vaters, indem er mit dem Reich zusammenarbeitete und den Plan einer polnischen Kirche verfolgte.

Dann gab es noch Ungarn, das eine nicht unbeträchtliche Rolle im Machtgefüge spielte. Lange Zeit hatte es so ausgesehen, als ob die Ungarn sich der Ostkirche zuwenden wollten. Denn schon 948 hatten sich die Fürsten Bulcsú und Tormás, später auch Gyula Zombor in Konstantinopel taufen lassen. Das Ostreich

Zwei Bildfelder der zweiflügligen Bronzetür der Domkirche von Gnesen (Gniezno), Polen, 1170–1190. Die im Wachsausschmelzverfahren gegossenen Flügel stellen in 18 Relieffeldern Szenen aus dem Leben Adalberts dar, hier der Märtyrertod des Heiligen und die Aufbahrung des Leichnams.

entwickelte erhebliches Interesse an den Ungarn, nicht nur aus missionarischen Gründen, sondern weil es Hilfe gegen die Bulgaren benötigte. Bulcsús Taufe war wohl eher politisch motiviert, denn er hat 955 die Ungarn gegen Otto den Großen geführt und war für die Niederlage auf dem Lechfeld verantwortlich. Danach sank die Attraktivität des Bündnispartners Ungarn drastisch, Kaiser Konstantin VII. wandte sich der Kiever Fürstin Olga zu und die üppigen Geschenke und Ehrungen blieben aus. Vielleicht auch aus dem Eindruck heraus, der christliche Gott sei doch mächtiger als die eigenen Gottheiten, kam es zu einer radikalen Kehrtwende in der ungarischen Außenpolitik. Großfürst Taksony (†970) bemühte sich um friedliche Beziehungen zu seinen Nachbarn und erkannte wie so mancher Slavenherrscher zuvor den legitimierenden Wert der christlichen Taufe. Kirchenpolitisch wollte er sich jedoch nicht in das Gefüge der großen Reiche einbinden lassen und ersuchte daher 961/962 Papst Johannes XII., einen Bischof für Ungarn zu weihen. Der für diese Aufgabe vorgesehene Zacheus hat Ungarn jedoch nie erreicht, weil Otto der Große seinen Einsatz verhinderte. Der soeben zum Kaiser gekrönte Sachse hatte den Papst absetzen lassen, und mit Johannes ging auch Zacheus unter. Vor allem wollte Otto die Ungarnmission nach seinen und nicht nach Roms Vorstellungen gestalten. So kam es denn auch, weil Großfürst Géza (972–997) sein Land der Mission aus dem Westen öffnete. Er sandte Boten in das Westreich, die dem Kaiser seinen Wunsch nach Bekehrung übermitteln sollten. Otto ließ den Sankt Gallener Mönch Brun zum Bischof für die Ungarn weihen, der im Frühherbst 972 nach Ungarn reiste und Géza taufte.

Die systematische Christianisierung des Landes erfolgte dann unter Gézas Sohn und Nachfolger Vajk (997–1038), der nach seiner Taufe den Namen Stephan (István) annahm und seit 1083 als Nationalheiliger verehrt wurde. Noch vor Regierungsantritt hatte er Gisela (um 985–um 1060) geheiratet, die Schwester von Herzog Heinrich II. von Bayern (1002–1024), dem späteren deutschen Kaiser. Diese Ehe festigte die Westorientierung Ungarns, das Stephan zu einem zentralistischen, flächendeckend christlich geprägten Staat ausbaute. So ließ er für je zehn Gemeinden eine Kirche errichten, für die jeweils ein Priester zuständig war. Auf diese Weise sind in relativ kurzer Zeit rund 2000 Kirchen in Ungarn entstanden. Gisela hat ihren Gatten dabei nach Kräften unterstützt und Kirchen und Klöster mit reichen Schenkungen bedacht. Besonders berühmt ist das sogenannte Gisela-Kreuz, das sie bereits 1006 zum Andenken an ihre Mutter anfertigen ließ.

Nach diesen Erfolgen glaubte man um die Jahrtausendwende an den Abschluss der Christianisierung Europas. Das war zwar etwas voreilig, aber immerhin waren die zu ihren alten Kulten zurückgekehrten Elbslaven schon mit dem Christentum bekannt gemacht worden und selbst im Nordosten hatte Adalbert von Prag das Evangelium verkündet.

Dieser Märtyrer war es dann auch, der die in religiöser Hochgestimmtheit begangenen Feierlichkeiten zum Jahre 1000 bestimmte. Bolesław Chrobry hatte zielsicher den Wert von Adalberts sterblichen Überresten für seine Kirchenpläne erkannt, sie deshalb den Pruzzen abgekauft und nach Gnesen überführen lassen. Gaudentius, Adalberts Bruder sowie Augenzeuge von dessen Martyrium und Translation, berichtete darüber bis nach Rom, was die Heiligsprechung des Blutzeugen beschleunigte. Bolesław Chrobry wollte damit ein Erzbistum für Polen erreichen, für das der Gaudentius als geeigneter Kandidat erschien. Diese Idee stieß bei Kaiser Otto III. und Papst Silvester II. auf wohlwollendes Interesse, weil beide von Adalberts Märtyrertod tief beeindruckt waren. Darüber hinaus verfolgte Otto III. in jener Zeit sein die Welt in Staunen versetzendes Programm einer Erneuerung des Römischen Reiches, der *renovatio imperii Romanorum*, das auf eine Neuorganisation des staatlichen wie religiösen Lebens hinauslief. Sich selbst sah der 980 Geborene dabei in erstaunlichem Selbstbewusstsein als das Haupt der Familie der christlichen Herrscher. In diesem Zusammenhang entschloss sich Otto im Jahre 1000, zum Grab des heiligen Adalbert in

Kreuz der
Königin Gisela,
wohl Regensburg,
nach 1006

Gnesen zu pilgern, und nutzte zugleich die Gelegenheit, um das politische Verhältnis zu Polen zu regeln. Für alle Beteiligten war der berühmte „Akt von Gnesen" eine höchst feierliche und ertragreiche Angelegenheit. Das galt vor allem für Bolesłav Chrobry, den Otto zum König erhob „und ihm als Triumphpanier einen Nagel vom Kreuz des Herrn und die Lanze des heiligen Mauritius als Geschenk übergab. Bolesłav schenkte ihm dafür den Arm des heiligen Adalbert. Und sie waren an dem Tage in solcher Freundschaft vereint, dass der Kaiser ihn zum Bruder und Helfer der Herrschaft machte und Freund und Verbündeten des römischen Volkes nannte. Obendrein übertrug er ihm auch noch alle kirchlichen Reichsrechte im ganzen polnischen Königreich und in allen Gebieten, die er unterworfen hatte oder noch unterwerfen würde".[3] Diese uneingeschränkt positive Sicht der Dinge in einer polnischen Quelle wurde nicht von allen geteilt, Thietmar von Merseburg etwa klagte darüber, dass Otto einen zinspflichtigen Abhängigen zum Herrn erhoben habe. Jedenfalls hatte der Pole das erreicht, wonach alle slavischen Fürsten jener Zeit strebten, eine unabhängige Landeskirche mit einem eigenen Erzbistum. Erster Erzbischof von Gnesen mit den Suffraganbistümern Kolberg, Krakau und Breslau wurde wie geplant Gaudentius (1000–1006).

Zum Abschluss dieser neuen Ostpolitik erhoben Otto III. und Papst Silvester im Winter 1000/1001 den ungarischen Großfürsten Stephan zum König und errichteten das Erzbistum Gran (Esztergom). Als erster Erzbischof wurde mit dem deutschstämmigen Astric († vor 1039) ein Schüler Adalberts von Prag eingesetzt. In diesem Zusammenhang soll es einer späteren Quelle zufolge ähnlich wie zuvor in Polen einen Schenkungsakt gegeben haben, der Ungarn dem heiligen Petrus übereignete. Damit waren die Herrscher von Polen und Ungarn in die „Familie der Könige" aufgestiegen und hatten durch die Einrichtung von Erzbistümern ihre staatliche und kirchliche Souveränität erhalten. Otto III. aber hatte den imperialmissionarischen Kurs seiner Vorgänger verlassen und im Gegenteil so-

gar die Eigenständigkeit dieser Staaten gefördert. Als Schwäche ist ihm diese Ostpolitik nicht ausgelegt worden, im Gegenteil. Die Buchmalerei des Reichenauer Skriptoriums rühmte ihn durch Prachtbilder, auf denen Roma, Gallia, Germania und nun auch Sclavinia dem Kaiser huldigten.

2. Mission im nordöstlichen Slavengebiet

Haupt- und Staatsaktionen wie jene des Jahres 1000 waren zwar aufsehenerregend, konnten aber von der Alltagsrealität schnell überholt werden. Das zeigte sich 1002, als das schöne Bild der „Familie der Könige" zwischen Deutschland und Polen plötzlich Risse bekam. Wegen Auseinandersetzungen um die Lausitz war Bolesłav Chrobry im Juli 1002 auf dem Reichstag in Merseburg erschienen, um mit König Heinrich II. (1002–1024) über Meißen zu verhandeln. Dabei kam es zum Eklat, als der Polenkönig von Bewaffneten angegriffen wurde und nur mit knapper Not entkommen konnte. Auch wenn Heinrich tatsächlich nichts von dem Anschlag gewusst haben sollte, entstand Misstrauen, das sich zu einem 15 Jahre dauernden Krieg zwischen den beiden Herrschern entwickelte. Das schadete der Mission vor allem deshalb, weil dadurch Kräfte gebunden wurden und sich im Nordosten beider Reiche unbehelligt Slavenstämme zusammenrotten konnten. Heinrich II. verbündete sich in seinem Ärger über den Polen sogar 1003 mit den heidnischen Lutizen, was nun gar nicht zu dem Bild eines christlichen Herrschers passte. Dahinter stand wohl die nackte Angst vor der Übermacht Bolesłav Chrobrys. Jedenfalls schloss Heinrich mit den Lutizen einen durch Geschenke bekräftigten Friedensvertrag sowie eine Militärallianz „und gewann dadurch alte Feinde zu engen Bundesgenossen".[4] Später verstieg er sich sogar dazu, ihnen für ein durch Steinwurf durchlöchertes Kultbild Schadenersatz zu zahlen.

Mit diesem Vorgehen zog sich Heinrich II. den Zorn des Missionars Brun von Querfurt zu, der ihm aus Sorge um den Erfolg seiner Bemühungen Ende 1008 einen deutlichen

SCLAVINIA GERMANIA GALLIA ROMA

Evangeliar Ottos III., Reichenau, um 1000. Auf einer Doppelseite (fol. 23v/24r) befindet sich rechts das Bildnis des Kaisers in herrscherlicher Pracht. Die hier abgebildete linke Seite zeigt vier Personifikationen der Provinzen des Reiches, die sich barfuß in demütiger Haltung dem Herrscher nähern und ihm mit reichen Gaben huldigen. Die Bildkonzeption greift nicht nur antike Herrschaftssymbolik auf, sondern erinnert auch an die christliche Huldigungszeremonie in der Anbetung der Magier und lässt Otto somit als irdische Vergegenwärtigung Christi erscheinen.

Brief schrieb. Anklagend fragte er den König, ob es recht sei, „ein christliches Volk zu bekämpfen und mit einem heidnischen Freundschaft zu halten?"[5] Für ihn war das eine rhetorische Frage, denn „es wäre besser, mit Heiden um des Christentums willen Krieg zu führen, als Christen Gewalt anzutun um weltlicher Ehre willen".[6] Zwar war Brun ein unbedingter Verfechter der friedlichen Ausbreitung des Evangeliums, die Lutizen sah er

jedoch als vom Glauben Abgefallene an und erwartete von Heinrich, er solle den vor dem Aufstand von 983 bestehenden Zustand wiederherstellen, also alles beseitigen, was der endgültigen Christianisierung der Lutizen im Wege stehen könnte. Das falsche Bündnis verhinderte nach Bruns Meinung erst die erforderliche politisch-militärische Strafmaßnahme und dann die Predigt zur Fortführung der durch Aufstände unterbrochenen Christianisierung, ein herber Vorwurf gegen einen christlichen König. Dieser ließ sich davon freilich nicht beirren, sondern nutzte mehrfach die militärische Unterstützung der Lutizen. Bolesław Chrobry konnte er dennoch nicht bezwingen und erst der am 30. Januar 1018 geschlossene Frieden von Bautzen beendete die Feindseligkeiten.

Brun von Querfurt, geb. um 974, gest. am 9. März 1009 in Ostpruzzen, stammte aus einem Grafengeschlecht und wurde nach der Erziehung in der Magdeburger Domschule von Kaiser Otto III. 996 in die Hofkapelle aufgenommen. Beeindruckt von Adalberts Martyrium und dem Eremiten Romuald von Camaldoli (um 952–1027), trat Brun 998 in das römische Kloster St. Bonifatius und Alexis auf dem Aventin ein, strebte aber in die Mission. 1004 in Magdeburg zum Missionserzbischof erhoben, wandte er sich den noch heidnischen „Schwarzen Ungarn" und den Petschenegen in der südrussischen Steppe zu. 1008 wirkte Brun in Polen und schrieb in diesem Zusammenhang seinen berühmten Mahnbrief an Heinrich II. wegen dessen Bündnis mit den heidnischen Lutizen, der jedoch wirkungslos blieb. Mit 18 Mitarbeitern zog Adalbert 1009 in die Grenzgebiete zwischen Pruzzen und Russen, wo er bald von heidnischen Jadwingern erschlagen wurde. Brun verstand die Mission als universellen Auftrag in der Nachfolge des Apostels Petrus. Verfasst hat Brun eine Vita Adalberts und die *Vita quinque fratrum*. Seine eigene, um die Mitte des 12. Jahrhunderts bezeugte Vita ist verloren, eine um 1400 geschriebene nur von geringem Wert.

Thietmar von Merseburg zum Märtyrertod Bruns: *Als er [...] predigte, untersagten es ihm die Einwohner zunächst; als er weiter das Evangelium verkündigte, nahmen sie ihn gefangen und enthaupteten ihn, der in der Liebe zu Christus, dem Haupt der Kirche, sanft war wie ein Lamm.* (Thietmar von Merseburg VI 95, S. 345)

Ein guter Anfang für die Mission im Nordosten war das nicht gerade, denn Heinrichs Politik festigte auf Dauer die Hegemonie der Lutizen im mittleren Elbslavengebiet, wo das Heidentum noch bis in die Mitte des 12. Jahrhunderts beherrschend blieb. Bolesław Chrobry hatte Polen zur bestimmenden Großmacht in Osteuropa geführt, die aber bald nach seinem Tod im Jahre 1025 zerfiel und durch Aufstände und heidnische Reaktionen zerrissen wurde. Ähnliche Krisen gab es in Böhmen und Ungarn, wobei sich die Unzufriedenheit über die Umgestaltung der Gesellschaft mit Empörung über die Durchsetzung des Christentums mischte. Das alles zeigt, wie brüchig die Verhältnisse noch waren und wie schwach die Verankerung in dem neuen Glauben tatsächlich war. Nur mächtige Herrscher konnten die Institutionen der Kirche erhalten und finanzieren, fielen sie aus, dann konnten schnell Vertreter der alten Kultvorstellungen zu den traditionellen Verhältnissen zurückkehren. Deshalb ging von dem Kultbund der Lutizen eine solche Gefahr aus.

Die Bewahrung oder Wiederherstellung der heidnischen Religion im Zusammenhang mit den politischen Auseinandersetzungen kann nicht überschätzt werden. Denn die Ablehnung des Christentums war in erster Linie eine besondere Form des Widerstandes gegen die expansive Politik hauptsächlich des Deutschen Reiches. Für die Elbslaven war der Gott des Christentums geradezu der *deus teutonicus*, der Stammesgott des mächtigen Nachbarn. Ihm zu folgen hätte Unterwerfung und Bruch mit der überkommenen Kulttradition bedeutet. Dies umso mehr, als sich mit der fremden Religion auch eine Veränderung der Gesellschaftsordnung einschließlich höherer wirtschaftlicher Belastungen und eingeschränkter Freiheit verbinden würde. Der drohende Verlust der Selbstständigkeit und die hohen Tributforderungen steigerten deshalb die Bindung der elbslavischen Stämme an ihren heidnischen Glauben und förderten ihre Zusammenschlüsse. Seit dem Aufstand von 983 formte sich daher unter der Führung der Lutizen ein mächtiges Bündnis gegen Reichsherrschaft und Mission.

Die durch verschiedene Gottheiten, zentrale Heiligtümer, Kultplätze und von Priestern geführte Rituale geprägte Religion der Elbslaven war demnach ein überaus lebendiger

Gegner des Christentums. Archäologische Funde bestätigen die Nachrichten kirchlicher Quellen, wonach im Mittelpunkt des Kultes Tempelanlagen wie etwa die bis heute noch nicht lokalisierte Burg Riedegost im Stammesgebiet der Redarier standen. Wenn auch mit Abscheu, so wusste Thietmar von Merseburg doch detailliert über „den eitlen Aberglauben und noch sinnloseren Kult dieses Volkes" zu berichten und die Burg zu beschreiben: „In der Burg befindet sich nur ein kunstfertig errichtetes Heiligtum, das auf einem Fundament aus Hörnern verschiedenartiger Tiere steht. Außen schmücken seine Wände, soviel man sehen kann, verschiedene, prächtig geschnitzte Bilder von Göttern und Göttinnen. Innen aber stehen von Menschenhänden gemachte Götter, jeder mit eingeschnitztem Namen".[7] Für die Wartung dieser Heiligtümer seien Priester eingesetzt, die die Kulthandlungen leiten. Außerdem „hat jeder Gau dieses Landes seinen Tempel und sein besonderes,

von den Ungläubigen verehrtes Götzenbild", von dem man in den Krieg auszieht und das man nach dem Sieg mit Geschenken ehrt, „und sorgfältig erforscht man [...] durch die Lose und das Ross, was die Priester den Göttern als genehmes Opfer darbringen müssen. Ihr unsagbarer Zorn aber wird durch Menschen- und Tieropfer besänftigt".[8] Zu diesen Kultzentren gehörte auch das schon vor 983 errichtete Groß Raden in der Nähe von Sternberg in Mecklenburg, eine imposante Anlage mit einer großen Kulthalle.

Es herrschte Religionskrieg, und die Priester sorgten für die Einhaltung der Rituale, was manche Kirchenmänner auf grausame Weise zu spüren bekamen. Trotz dieser identitätsstiftenden Ideologie gelang es den Elbslaven jedoch auf Dauer nicht, sich zu einem Staatsgebilde zusammenzufügen. Die Bindung der einzelnen Stämme an ihre speziellen Gottheiten war offenbar stärker, und so brach 1057 ein Kampf um die Vorherrschaft innerhalb

Slavische Kultanlage Groß Raden, Mecklenburg. Luftaufnahme des archäologischen Freilichtmuseums.

Geweihbehälter,
Berlin-Spandau,
10. Jh.

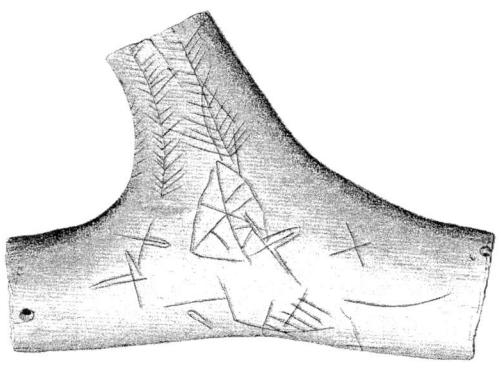

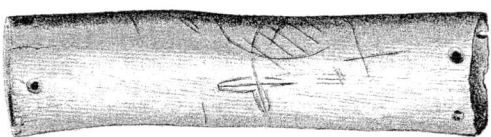

des Lutizenbunds aus. Die Redarier und Tollenser fühlten sich überlegen, weil sie nahe dem Kultzentrum Riedegost lebten. Das gefiel den anderen Stämmen nicht, so dass die Redarier sogar ihre christlichen Erzfeinde zu Hilfe riefen. Das aber war das Ende des Bundes, das 1068 durch die Zerstörung der Tempelburg Riedegost besiegelt worden ist.

Die Gewinner dieser dramatischen Entwicklung waren die Abodriten, ein westslavischer Stamm um die Hauptburgen Mecklenburg, Schwerin und Dobin, der sich bis nach Ostholstein ausdehnte. Als der Lutizenbund zerfiel, begann seit 1043 Fürst Gottschalk (1043–1066) einen zentral gelenkten abodritischen Staat aufzubauen. Der im Lüneburger Kloster St. Michael christlich erzogene Herrscher war an einer Verständigung mit dem Reich interessiert und förderte deshalb nach Kräften die Christianisierung der wendischen Kleinstämme zwischen Trave und Warnow, wovon Helmold von Bosau (ca. 1120–nach 1177) begeistert berichtet hat: „Wahrhaftig soll dieser hingebungsvolle Mann in solchem Eifer für die göttliche Religion entbrannt sein, dass er häufig selbst in der Kirche Worte der Ermahnung an das Volk richtete, in dem Wunsche nämlich, in slavischer Sprache deutlicher auszudrücken, was von den Bischöfen und Priestern dunkel und geheimnisvoll geredet wurde. Ohne Zweifel hat sich im ganzen Slavenlande niemals jemand so machtvoll und so entflammt von christlichem Glauben erhoben".[9]

Kirchen und Klöster wurden gebaut und um 1060 Bistümer in Oldenburg wieder und in den wendischen Residenzen Ratzeburg und Mecklenburg neu errichtet. Pagane Kultstätten konnten durch Kirchen ersetzt werden und auf mancherlei Weise trug das Christentum zur Erhöhung der Lebensqualität der Bevölkerung bei. So häufen sich beispielsweise aus dieser Zeit Funde von sogenannten dreizipfligen Geweihbehältern. Dabei handelt es sich um mit christlichen Symbolen wie dem Kreuz verzierte Behälter aus ausgehöhltem Hirschgeweih, in denen Arzneimittel aufbewahrt wurden. Ihre Verbreitung in Mecklenburg deutet darauf hin, dass manche Missio-

nare heilkundig waren oder sich Ärzte in ihrem Gefolge befanden. Kurzum, Gottschalks Erfolge waren vielversprechend, aber die Lutizen stachelten ständig die abodritische heidnische Opposition an. Als dann aufgrund innenpolitischer Probleme sein wichtigster Verbündeter, Erzbischof Adalbert von Hamburg-Bremen, gestürzt wurde, war das für Gottschalk eine Katastrophe. Es kam zu einem Aufstand, die heidnische Reaktion gewann die Oberhand und für mehr als ein Jahrhundert brach das Kirchenwesen in Mecklenburg wieder zusammen. Die Rache der Heiden war fürchterlich. Am 7. Juni 1066 wurde Gottschalk mit seinem Gefolge in Lenzen an der Elbe erschlagen, der Priester Yppo auf dem Altar ermordet, Gottschalks Witwe Sigrid, Tochter des dänischen Königs Svend Estridsen, ausgepeitscht und nackt aus dem Lande gejagt. Am 19. Juli wurde Ratzeburg eingenommen und der Mönch Answer mit vielen anderen Gläubigen gesteinigt. Ein schreckliches Martyrium erlitt der greise Bischof Johannes von Mecklenburg (nach 1062–1066): Er „und die übrigen Christen in der Burg Mecklenburg wurden als Gefangene für die Siegesfeier aufgespart. Für sein Bekenntnis zu Christus erhielt er Stockschläge und wurde dann zum Hohn in den verschiedenen Slavenorten herumgeführt; da man ihm Christi Sache nicht abspenstig machen konnte, hieb man ihm Hände und Füße ab und warf seinen Leib auf die Gasse; sein Haupt aber wurde abgeschnitten; die Heiden spießten es als Siegeszeichen auf einen Spieß und opferten es ihrem Gott Redigost. [...] So fielen alle Slaven während dieses allgemeinen Aufstandes wieder ins Heidentum zurück und alle, die am Glauben festhielten, waren erschlagen".[10] Der Kriegszug von König Heinrich IV. (1056–1106) gegen die Wenden im Winter 1068/1069 war in seiner Wirkung nicht besser, galt er doch allein der Rache. Die Brutalität auf beiden Seiten hatte die Ausbreitung des Christentums in Mecklenburg für Jahrzehnte unmöglich gemacht. Gottschalks Sohn Heinrich von Lübeck († 1127) gelang es zwar, 1090/1093 den Wirren ein Ende zu machen und sein Herrschaftsgebiet auszudehnen, mächtige heidnische Grundherren verhinderten jedoch seine Bemühungen um Wiederherstellung der Kirchenorganisation. Als Heinrich es dennoch versuchte, fiel er 1127 einem Mordanschlag zum Opfer.

Erst durch die Markenpolitik Lothars von Süpplingenburg (1125–1137), des späteren Kaisers, in Ostholstein und Mecklenburg ergaben sich neue Missionsmöglichkeiten. Das wiederhergestellte Bistum Oldenburg wurde dem Augustiner-Chorherren Vicelin (1149–1154) übergeben, der als Prediger und Seelsorger erfolgreich tätig wurde.

Dieser gute Neuanfang wurde bald wieder gefährdet durch den sogenannten Wendenkreuzzug des Jahres 1147, ein überaus törichtes Unternehmen. Schon 1108 hatte es einen Aufruf sächsischer geistlicher und weltlicher Herren zu einem Kreuzzug gegen die slavischen Heiden gegeben, jetzt aber ging es unter der Führung von Herzog Heinrich dem Löwen (1129–1195), Markgraf Albrecht dem Bären (1134–1170) sowie der Erzbischöfe von Hamburg und Magdeburg und weiterer Großer zur Sache. Auslösender Faktor war eine Predigt des französischen Abtes Bernhard von Clairvaux (1090–1153), der auf dem Frankfurter Reichstag am 19. März 1147 die Fürsten mit flammenden Worten zum Kreuzzug gegen die Wenden aufrief. Er glaubte an die baldige Wiederkehr Christi, der nach biblischer Ver-

heißung die Bekehrung der gesamten Welt vorausgehen sollte, und verlangte, deren Durchführung zu beschleunigen. Vernichtung oder Bekehrung war die grausame Parole, die Bernhard ausgab und die von Papst Eugen III. (1145–1153) nachträglich in abgemilderter Form abgesegnet worden ist. Mit „Vernichtung" war natürlich die heidnische Religion, nicht das Volk der Wenden gemeint, aber so genau hat man es mit dieser Unterscheidung nicht genommen, zumal kaum einer danach fragte, ob das der Missionsarbeit förderlich sein würde. Die ganze Aktion kam wohl nur deshalb zustande, weil die sächsischen Großen wenig Lust verspürten, sich an dem zweiten Kreuzzug gegen den Islam (1147–1150) zu beteiligen. Sie entschuldigten sich mit dem Hinweis, an ihren eigenen Grenzen gegen Heiden kämpfen zu müssen. Der hehren Absicht zum Trotz ging es weniger um die Beseitigung des Heidentums oder gar Missionierung des Volkes als vielmehr um die Durchsetzung politischer Interessen. Trotz großen Aufwands scheiterte die Sache kläglich, zumal sich die beteiligten Großen, stets auf ihren eigenen Vorteil bedacht, gegenseitig in Schach hielten. Das in das Lutizengebiet

Pektoralkreuz, Starigard, Oldenburg, Ende 10. Jh. Das Christusbild ist stark schematisiert und hebt sich kaum von den Kreuzbalken ab, dagegen ist der dreikantige Kopf hervorgehoben und wirkt wie auf die Brust herabhängend. Es entspricht dem neuen Christusbild des Kölner Gerokreuzes, das die Überwindung des Todes durch Christi Sterben am Kreuz betont.

einfallende Heer legte eine Spur der Verwüstung bis zur Burg Demmin, konnte sie aber wohl nicht einmal einnehmen und zog sich wieder zurück. Noch erfolgloser war der nördliche Zug. Dort kam der Mecklenburger Abodritenfürst Niklot (1131–1160) den Kreuzfahrern zuvor und fiel seinerseits in Wagrien ein. Als Niklot sich dann bereit zeigte, mit seinem Volk das Christentum anzunehmen, beeilte man sich, das Kreuzheer aufzulösen. Die paar Taufen, die Niklot vornehmen ließ, waren eher wertlos. Das ganze Unternehmen hat die Wenden nur für das Christentum unzugänglicher gemacht und, schlimmer noch, eine Phase häufiger Plünderungen und Verheerungen in der Region zwischen Elbe und Oder eingeleitet. Bitter bemerkte der Augenzeuge Helmold von Bosau, es sei weniger um Mission als um Macht und Geld gegangen.

Dementsprechend langsam ging es mit der Christianisierung voran. Im Gebiet der Wenden wurde sie gefördert durch die Anwerbung von Siedlern aus den westlichen Reichsteilen, die dann Gemeinden bildeten und den Glauben bekannt machten. Man hat berechnet, dass das durch die Kriegszüge verödete Land an der Ostseeküste im 12. Jahrhundert von rund 200 000 Menschen auf 50 000 Bauernstellen besiedelt worden ist. Da die sächsischen Landesherren jedoch in erster Linie an Tributzahlungen interessiert waren, änderte sich nicht viel und es muss nicht erstaunen, wenn die Wenden trotz ihrer fortgeschrittenen Kenntnisse des Christentums lieber ihren alten Göttern die Treue hielten. Wo die Probleme wirklich lagen, schildert Helmold von Bosau am Beispiel des Oldenburger Bischofs Gerold (1154/55–1163). Am 8. Januar 1156 war er mit seinen Leuten auf eine Kultstätte der Wagrier gestoßen und hatte den „Hain und Hort der Unheiligkeit" eigenhändig zerstört. Eine Woche später, am 15. Januar 1156, kam es in Lübeck zu einer Konfrontation zwischen Gerold und dem Abodritenfürst Pribislav (1167–1178). Der Bischof „hielt eine mahnende Rede an das Volk, die Götzen zu lassen und den einen Gott zu verehren, der im Himmel ist, die Taufe zu empfangen und den schlimmen Taten, dem Raub und dem Mord an

Christen zu entsagen". Daraufhin benannte Pribislav den Kern des Problems: „Unsere [deutschen] Lehnsherren gehen mit solcher Strenge gegen uns vor, dass uns vor Steuern und härtester Knechtschaft der Tod besser als das Leben erscheint. [...] Wie sollen wir uns denn diesem neuen Glauben öffnen, dass wir Kirchen bauen und die Taufe empfangen, wenn uns täglich Vertreibung droht? [...]' Darauf erwiderte der Bischof: ‚Dass unsere Fürsten bisher euer Volk misshandelt haben, ist nicht zu verwundern; sie glauben eben nicht ernstlich zu sündigen, wenn es gegen Götzendiener und Gottlose geschieht. Kehrt lieber zum christlichen Glauben zurück und unterwerft euch eurem Schöpfer, vor dem sich beugen müssen die stolzen Herren! [...]' Da sagte Pribislav: ‚Wenn es dem Herrn Herzog und dir richtig scheint, dass wir eines Glaubens mit dem Grafen sind, so sollte man uns auch die Rechte der Sachsen an Gütern und Einkünften geben; dann werden wir gern Christen sein, Kirchen bauen und unseren Zehnt zahlen.'[11] Wenn auch verklausuliert, so war Gerold doch bereit, das Fehlverhalten der sächsischen Landesherren zuzugestehen. Pribislav pochte auf gleiches Recht für alle, und er hat es schließlich bekommen, ließ sich taufen und ist von Heinrich dem Löwen belehnt worden. Dadurch hat das nach seinem Vater Niklot benannte Geschlecht der Niklotiden die Umbrüche des 12. Jahrhunderts überlebt und konnte zum Stamm der mecklenburgischen Herzogsdynastie werden.

Pribislav förderte den neuen Glauben nach Kräften. Davon profitierte der umsichtige und angesehene Bischof Berno von Schwerin (1155/1160–1190), der für den Bau des 1171 geweihten Schweriner Domes, die Gründung der Zisterzienserklöster Doberan (1171/1186) und Dargun (1172) sowie den Aufbau eines Pfarreinetzes im Bistum Schwerin sorgte. Berno war auch beteiligt, als 1168 der dänische König Valdemar I. der Große (1157–1182) Rügen mit dem berühmten Zentralheiligtum des Gottes Svantevit in Arkona auf Wittow eroberte und die Ranen das Christentum annahmen. Valdemars Vorgehen war drastisch. Er „ließ das uralte Götzenbild des Svantevit herbei-

bringen, das von allen Slavenvölkern verehrt wurde, befahl, ihm einen Strick um den Hals zu legen, es vor den Augen der Slaven mitten durch das Heer zu schleifen, es in Stücke zu hauen und ins Feuer zu werfen. Er zerstörte auch das Heiligtum mit seinem ganzen Kult und plünderte den reichen Schatz. [...] Fürst der Rugianer war zu dieser Zeit Jaromir, ein edler Mann; nachdem er die Verehrung des wahren Gottes und den rechten Glauben kennen gelernt hatte, eilte er sogleich zur Taufe und befahl den Seinen allen, sich mit ihm zugleich durch das heilige Wasser erneuern zu lassen. Er selbst war, einmal Christ geworden, so fest im Glauben und beharrlich in der Predigt, dass man ihn geradezu als einen von Christus berufenen zweiten Paulus ansehen konnte.[12]

In Rügen, das bis 1325 unter dänischer Oberhoheit blieb, wurden vornehmlich auf dem Gebiet zerstörter Kultstätten Kirchen errichtet. Ein besonderes Beispiel ist der Bau des Gotteshauses von Altenkirchen. Dort wurde ein grabsteinartiges Halbrelief, das bis heute als Svantevitstein bekannt ist, liegend außen am südlichen Kreuzarm der romanischen Kirche eingemauert. Das Götterbild zeigt einen bärtigen Mann, der mit beiden Händen

ein riesiges Füllhorn hält, das Symbol des Gottes Svantevit. So wurde jedem Ranen beim Kirchgang deutlich vor Augen geführt, dass seine alten Götter vom Christentum überwunden worden waren.

Die Christianisierung der weiteren slavischen Stammesverbände, die nicht im Einzelnen erzählt werden kann, verlief in ähnlichen Bahnen wie bei den Abodriten. Die an der Odermündung bis hin zur Weichsel siedelnden Pomoranen widersetzten sich polnischen Missionsbemühungen, weil sie allzu offensichtlich mit der Absicht eigener Herrschaftsausdehnung verbunden waren. Sie öffneten sich dagegen der vom Deutschen Reich ausgehenden Mission des Bischofs Otto von Bamberg (1102–1139). 1124/1125 und 1128 unternahm Otto, ein organisatorisch begabter Mann, Missionsreisen zu den Pomoranen, nachdem ihn zuvor die Eitelkeit des zuständigen Erzbischofs Norbert von Magdeburg (1126–1134) an der Predigt im Gebiet um Havelberg gehindert hatte. Für die Arbeit unter den Pomoranen hatte er eigens die Landessprache erlernt, und das nach Aussage seines Biographen so gründlich, „dass man ihn nicht für einen Deutschen gehalten hätte, wenn man ihn in der Barbarensprache reden hörte".[13] Otto hatte anfänglich mit beträchtlichen Schwierigkeiten zu kämpfen, aber schließlich gelang es ihm, 1125 in Stettin die St. Adalbert-Kirche zu errichten. Die Leute waren sogar bereit, die Götzentempel zu zerstören. Man sah sie „um die Wette ihr Holzwerk fortschleppen, das jetzt besser zum Feuermachen und Kohlkochen diente als früher der Verehrung von Gottheiten und der Aufbewahrung der Abzeichen der Götter".[14] Damit war den paganen Priestern die Erwerbsgrundlage entzogen. Als es infolge einer Seuche in der Stadt zu einer Glaubenskrise kam, machten sie sich das zunutze und wollten den alten Kult wiederbeleben. Der Versuch, die Kirche zu zerstören, misslang jedoch auf wundersame Weise, und der heidnische Priester „bezeugte vor dem Volk, der Gott der Christen sei ein sehr starker Gott. Er versicherte, man dürfe seinen Altar nicht zerbrechen, sondern solle daneben einen zweiten für die Götter aufstellen, damit man beide verehren und so beide günstig stimmen könne". So geschah es, und in der St. Adalbert-Kirche „opferte man auf dem einen [Altar] Gott, auf dem anderen den Dämonen und gehorchte beiden mit gleichem Eifer".[15] Das konnte natürlich kein Dauerzustand sein, weshalb Otto sich besonders intensiv um die christliche Erziehung der Bevölkerung bemühte. In einem Bericht über seine erste Missionsreise an Papst Calixtus II. (1119–1124) hat er aufgelistet, welche Gebote er den Getauften auferlegt hat: Fleisch- und Milchverzicht am Freitag, Heiligung des Sonntags, Beachtung der Fastenzeit, Taufe der Kinder am Oster- oder Pfingstsonnabend und Beibringung von Paten, „dass sie nicht ihre Töchter töteten, welcher Frevel bei ihnen sehr im Schwange war", „jeder solle sich mit einer Frau begnügen", Bestattungen nicht in Wäldern und Hainen, sondern auf Friedhöfen, Abtun aller paganen Bräuche, kein Verkehr mit Heiden „und nicht mit ihnen zusammen oder aus ihrem Geschirr essen oder trinken", regelmäßige Sündenbeichte sowie „in jeglicher Übung und Beobachtung der christlichen Religion gehorsam" zu sein.[16]

Otto von Bamberg, geb. um 1065, gest. am 30. Juni 1139 in Bamberg, entstammte einer edelfreien schwäbischen Familie und stieg im Reichskirchendienst auf. 1088 begleitete er als Kaplan Judith (gest. 1092/1096), die Schwester Kaiser Heinrichs IV., bei deren Vermählung mit Fürst Władysław I. (1080–1102) nach Polen. Um 1093 zurückgekehrt und als Mitglied der Hofkapelle mit der Aufsicht beim Bau des Speyerer Doms beauftragt, wurde Otto 1102 zum Bischof von Bamberg ernannt. In den Wirren des Investiturstreits um Vermittlung und Ausgleich bemüht, gehörte er 1121/1122 zu den Unterzeichnern des Wormser Konkordats. Otto baute durch gezielte Gütererwerbungen seine bischöfliche Landesherrschaft aus und war als geschickter Organisator an der Gründung oder Wiederherstellung von fast 30 kirchlichen Einrichtungen wie Klöstern, Stiften, Zellen und Spitälern zwischen Kärnten und Sachsen beteiligt. Vor allem aber ist sein Name verbunden mit der erfolgreichen Mission bei Pomoranen und Lutizen, wo er 1124/1125 und 1128 wirkte. Organisationstalent, seelsorgliches Bemühen und geschickte Diplomatie halfen Otto dabei ebenso wie der Verzicht auf jede Gewaltanwendung und das Eingehen auf die jeweiligen sozialen Verhältnisse. Bis zu 30 000 Menschen soll er getauft und an mindestens zwölf Orten Kirchen errichtet haben. Das von Otto angestrebte Bistum Kammin wurde erst 1140 verwirklicht. Ottos Bedeutung wird auch daran ablesbar, dass bald nach seinem Tod drei Viten verfasst worden sind. Am 10. August 1189 ist Otto heilig gesprochen worden.

Die Prüfeninger Vita Ottos über seine Mission in Belgard: *Er predigte hier und taufte, und nachdem er alle, die er vorfand, getauft hatte, weihte er die dort errichtete Kirche gleichsam als Abschluss aller seiner Mühsal zu Ehren aller Heiligen. [...] Nach der Taufe [...] lehrte er die Getauften nach den Satzungen der heiligen Väter.* (Prüfeninger Vita Ottonis II 20 und 21, S. 169)

Trotz Ottos Bemühungen ging es nur schleppend voran, und erst mit der Einwanderung deutscher Siedler im 13. Jahrhundert kam es zu einer durchgreifenden Christianisierung. Erfolgversprechend für die Ausbreitung des Christentums schien in den fern der Reichsgrenze liegenden Regionen das Zusammenspiel von Missionaren, bekehrungswilligen Fürsten und deutschen Siedlern zu sein.

3. Mission im Gefolge von Kolonisation

Schon bei der Christianisierung der Elbslaven hatte die Ansiedlungspolitik des Reiches eine bedeutende Rolle gespielt. Die in den dünn besiedelten Osten vordringende Kolonistenbewegung wurde von deutschen Fürsten, Ritterorden und Mönchen getragen, die so nicht nur das Christentum, sondern bis zum 15. Jahrhundert auch den Herrschaftsbereich des Reiches ausdehnten. Dabei ging es der Kreuzzugsmentalität der Zeit entsprechend auch um die Sicherung von Einflusssphären, so dass im Gegensatz zu fast allen Missionsunternehmungen zuvor die Gewaltanwendung eine größere Rolle spielte. Bei der Einschätzung dessen muss man sich jedoch klar machen, dass dies abseits aller wirtschaftlichen und politischen Aspekte als Kampf unterschiedlicher Kulturen und religiöser Systeme mit eigener Dynamik verstanden worden ist. Eben weil nach Auffassung der Kirche die völlig andere Religion der Heiden sie zwangsläufig in die ewige Verdammnis führen würde, fühlten die Herrscher sich berechtigt, diese nach mehreren friedlichen Versuchen schließlich mit Gewalt- oder Schwertmission zum Christentum zu zwingen. Da die Reaktionen der Slavenstämme ebenfalls brutal waren, werden auch dumpfe Rachegelüste eine Rolle gespielt haben. Manche Missionare dieser Zeit hielten dagegen, nur durch individuelle Überzeugung könnten Menschen wirkungsvoll zum christlichen Glauben geführt werden, aber auf sie hörte man nur selten. Darüber hinaus hat die Kolonistenbewegung ein Lebensmodell nach Osten exportiert, das ein hohes Maß an Mobilität und gesellschaftlicher Energie freizusetzen vermochte. Hinzu kommt, dass man sich moderner Methoden des Landesausbaus mit technischen Neuerungen wie dem Wendepflug und der maschinellen Nutzung von Wind- und Wasserkraft bediente. Mag diese Entwicklung auch von der einheimischen Bevölkerung zunächst kritisch betrachtet worden sein, setzte sich doch bald der Effekt der Nachahmung durch. Insofern versteht man heute die sogenannte deutsche Ostsiedlung als Verwestlichung jenes Teils Europas, der sich bislang ohne den Rückgriff auf die römische Tradition entwickeln musste. Die Annahme des Christentums in seiner lateinischen Form und die Kolonisation sind zwei Aspekte auf diesem Weg der Europäisierung als Anpassung an den Westen, welcher Wirtschaft und Gesellschaft des östlichen Mitteleuropas tief greifend veränderte.

Diese Überlegungen sind auch bei der letzten Stufe der mittelalterlichen Mission zu bedenken, nämlich jener der baltischen Völker in den weitläufigen Gebieten zwischen Weichsel und Finnischem Meerbusen, auf die abschließend kurz einzugehen ist. Die Länder der Esten, Letten, Pruzzen und Litauer haben schon früh die Begehrlichkeiten von Deutschen, Polen, Skandinaviern und Russen geweckt. Dabei ging es zunächst um die Sicherung von Handelsvorteilen und Tributeinkünften, aber auch um die günstige Gelegenheit, Kriegsgefangene als Sklaven zu verkaufen. Den vom 13. Jahrhundert an teilweise in der Form von Kreuzzügen durchgeführten Zwangsbekehrungen gingen erste erfolglose Missionsversuche voraus.

Schon in der zweiten Hälfte des 11. Jahrhunderts hatte der dänische König Svend Estridsen zur Sicherung seines Einflusses an der baltischen Küste Missionsversuche unternommen. Sie scheiterten ebenso wie der des französischen Zisterziensermönchs Fulco, der vor 1167 zum Bischof für Estland geweiht worden war. Erfolgreicher waren diejenigen christlichen Stützpunkte, die durch Handelsbeziehungen entstanden. So hatten gotländische Händler in der Region Revele eine Kaufmannskirche an einem Handelsplatz gegründet, an dem 1219 König Valdemar II. von Dänemark (1202–1212) landete. Der von ihm besetzte Burgberg wurde deshalb von den Esten „Dänenburg" (taani linn = Tallinn) genannt. Später entstand unterhalb die Stadt Reval, in der Valdemar 1219/1228 als Suffragan von Lund das Bistum Reval errichtete.

Die ersten Missionsbemühungen in Livland gingen auf deutsche Kaufleute aus Lübeck zurück, die als Partner der Gotländer am florierenden Ostseehandel beteiligt waren. Mit einem ihrer Schiffe gelangte 1180 der Segeberger Augustiner-Chorherr Meinhard (1130/1135–1196) als Schiffskaplan an die untere Düna. Meinhard war ein friedlicher Mann, der sich weniger als Kirchenpolitiker denn als Nachfolger der Apostel verstand. Schon 1186 zum Bischof für Livland mit Sitz in Üxküll ernannt, erbaute er die erste Steinkirche im Ostbaltikum. Ihm gebührt das Verdienst, unabhängig von weltlichen Mächten und in eigener Initiative allein aus dem Drang zur Mission heraus die Christianisierung Livlands eingeleitet zu haben, auch wenn der Abfall vieler getaufter Liven bald den Bestand des Bistums gefährdete. Als nach einem Angriff im Jahre 1198 Meinhards Nachfolger Berthold getötet wurde, entwickelte sich die Sache problematisch. Der neue Bischof, Albert von Buxhoeveden (1199–1229), ehemals Leiter der Bremer Domschule, rückte mit militärischem Gefolge an. Nach Fühlungnahme mit Dänemark, gotländischen Kaufleuten und den Großen des Deutschen Reiches besorgte er sich eine Kreuzzugsbulle von Papst Innozenz III. (1198–1216) und zog daraufhin im Sommer 1200 mit Missionaren, Kaufleuten und Kreuzfahrern an die Dünamündung, wo er ein Jahr später Riga gründete. Um der Bevölkerung den Glauben nahe zu bringen, veranstaltete man dort im November oder Dezember des Jahres 1205 ein Missionsspiel. Dieses in der Missionsgeschichte wohl einmalige Ereignis fand nach sorgfältiger Planung auf dem Marktplatz von Riga statt. Heinrich von Lettland (um 1188–nach 1259), der in Riga wahrscheinlich als Dolmetscher und Erklärer des Spielverlaufs fungierte, berichtet, das „sehr schöne Prophetenspiel" sei aufgeführt worden, „damit die Heidenschaft die Anfangsgründe des christlichen Glaubens durch überzeugende Anschauung lerne". Die szenische Darstellung biblischer Lehren, bei der es nach Heinrichs kargen Angaben wohl am Beispiel von David, Gideon und Herodes um die Behauptung gegen die Feinde Israels durch göttlichen Beistand ging, erwies sich jedoch als didaktische Fehlkalkulation. Denn als lebensecht Gideons Streiter auf die Philister losgingen, „begannen die Heiden aus Furcht, getötet zu werden, zu fliehen" und mussten mit freundlichen Worten zurückgeholt werden.[17] Die realistische Darstellung kriegerischer Szenen widersprach vollkommen den friedlichen Missionsbemühungen und eignete sich kaum als Einladung zum Glaubenswechsel. Auch deshalb ist das große Spiel nur ein einziges Mal aufgeführt worden, so dass das Straßentheater im Missionseinsatz Episode blieb. Andererseits zeigt diese Idee das phantasiereiche Bemühen der Kirchenleute, den Menschen die Inhalte des Christentums nahe zu bringen.

Wie brutal auf der anderen Seite die Mission, wenn man sie überhaupt so nennen will, vonstatten ging, verdeutlicht Heinrichs von Lettland Bericht von der Belagerung der Burg Fellin (Viljandi) in Estland im Jahre 1210. Ein christliches Heer von Deutschen, Liven und Letten zog plündernd durch die Dörfer, tötete viele Heiden, schleppte Gefangene vor das Burgtor und machte den Esten ein Angebot: „Wenn ihr dem Dienst eurer falschen Götter abschwört und mit uns an den wahren Gott glauben wollt, werden wir euch diese Gefangenen lebend zurückgeben und euch in brüderlicher Liebe mit uns durch das Band des Friedens verbinden". Die Burgbesatzer ließen sich nicht darauf ein und verhöhnten die Christen, die daraufhin alle Gefangenen erschlugen. Der Kampf wogte hin und her und nach sechs Tagen war die Burg vor allem durch eine Steinschleudermaschine sturmreif geschossen. Da sprachen die Deutschen: „Widersetzt ihr euch nun noch immer und erkennt unseren Schöpfer nicht an?" Die Esten antworteten: „Wir erkennen, dass euer Gott größer ist als unsere Götter, denn er hat uns überwunden". Daraufhin ließen die Belagerer die „Ältesten aus der Burg kommen, legten ihnen alle Pflichten der Christen dar und versprachen ihnen Frieden und brüderliche Liebe". Immerhin wurden die Esten vor der Taufe katechisiert und die „Vollziehung des Taufsakraments schoben sie wegen des geschehenen schweren Blutvergießens hinaus".[18] Der Bericht verschleiert nicht die Brutalität auf beiden Seiten, und „brüderliche Liebe" wird wohl niemand wirklich empfunden haben. Das Entscheidende war die Frage nach dem mächtigeren Gott, die eben, von beiden Seiten akzeptiert, mit Waffen geklärt werden musste. Natürlich war das Taufbegehren erzwungen, wurde aber dennoch als „Bekehrung" angesehen. Dieses Vorgehen war typisch für die religiöse Konfrontation bei vielen Missionsaktionen im Mittelalter.

Offensichtlich schwebte Albert von Buxhoeveden vor, eine unabhängige Herrschaft Livland mit Riga als Erzsitz zu schaffen. Mit seiner Billigung gründete im Jahre 1202 der Zisterziensermönch Theoderich von Treyden (†1219) den Schwertbrüderorden (*Fratres milicie Christi de Livonia*), einen der sechs in Nordosteuropa aktiven Ritterorden. Bis 1207 unterwarf dieser das Livengebiet, erhielt ein Drittel davon als Reichslehen und schuf damit den ersten Ordensstaat des Hochmittelalters. Erzbistum wurde Riga trotzdem noch nicht, das gelang erst 1245/1255, aber immerhin schaffte es Albert, dass Riga 1214 aus der Kirchenprovinz Hamburg-Bremen gelöst und direkt dem Papst unterstellt wurde. Dieser hatte übrigens ein lebhaftes Interesse daran, dass die Liven allein durch die Überzeugungskraft des biblischen Wortes bekehrt werden sollten. Das war wohl mehr ein im fernen Rom ausgesprochener frommer Wunsch, denn tatsächlich war die Mission bei Liven, Letten, Kuren und Esten oft genug von Gewalt auf beiden Seiten geprägt. Albert war eben eher Staatsmann als Missionar. Nachdem er seinen Bruder Hermann zu Hilfe gerufen und ihn zum Bischof der Esten (1219–1248/1254) mit Sitz in Dorpat erhoben hatte, gelang es den beiden 1225, ihre Bistümer durch König Heinrich VII. (1222–1242) zu Marken des Reiches erheben zu lassen. Hinter den bald auftretenden politischen Auseinandersetzungen verschiedenster Art trat die eigentliche Aufgabe der Christianisierung in den Hintergrund.

Die Ausbreitung des Glaubens bei den Stämmen der Pruzzen zwischen Weichsel und Düna war ebenfalls eine langwierige, vom politischen Kräftespiel abhängige Angelegenheit. Weil sie häufig in das benachbarte Polen einfielen, hatte der Gnesener Erzbischof die Pruzzenmission zur vordringlichen Aufgabe erklärt. 1215 wurde der Zisterzienser Christian (1215–1244) aus dem pommerschen Kloster Kolbatz zum Missionsbischof im Pruzzenland erhoben. Im Jahre 1222 begann er in dem Gebiet um die Burg Kulm mit seiner friedlichen, auf freiwillige Bekehrung zielenden Missionsarbeit, die einen guten Eindruck von dem praktischen Vorgehen der Missionare vermittelt. Zunächst wandte Christian sich an die Machtelite der Pruzzen und konnte wohl die eine oder andere Taufe spenden. Danach kümmerte er sich um die eigentliche Christianisierung, wozu auch die Errichtung von Kirchen und deren wirtschaftliche Absicherung gehörte. Christian hat dabei zunächst auf das Eintreiben des Zehnten verzichtet und sich allein auf freiwillige Zuwendungen ge-

stützt. Der nächste Schritt war die Errichtung eines Bistums, was ihm bei einem Romaufenthalt im Jahre 1215 gewährt wurde. Besonders mühevoll war es, die ethischen Überzeugungen des Christentums bei der Bevölkerung durchzusetzen. So scheint es bei den Pruzzen möglich gewesen zu sein, dass Familien, denen mehrere Töchter geboren wurden, diese bis auf eine töteten. Christian bemühte sich darum, die zur Tötung bestimmten Mädchen zu kaufen. Dazu erwirkte er bei Papst Honorius III. (1216–1227) 1218 eine Bulle, in der dieser die Christen zu Geldspenden für den Loskauf aufforderte. Schließlich dachte Christian daran, Schulen einzurichten, in denen Pruzzen zu Missionaren und Priestern ihres Volkes ausgebildet werden sollten.

Christians Bemühungen zeitigten jedoch keinen endgültigen Erfolg, denn die benachbarten Herrscher versuchten sie politisch auszunutzen, und deshalb nahm der heidnische

Die baltischen
Länder im 13. Jh.

Widerstand zu. Der Missionar vollzog nun eine Kehrtwende und kam zu der Überzeugung, nur mit Waffengewalt den Glauben bewahren zu können. Christian ersuchte den Papst um Sammlung eines Kreuzheeres und gründete überdies 1228 den Ritterorden *Milites Christi de Prussia de Dobrin*. Auch er war nicht erfolgreich und Christian geriet für mehrere Jahre in pruzzische Gefangenschaft. Erst ab 1231 ist dann das Christentum durch den 1198 im Heiligen Land gegründeten Deutschen Orden (*Ordo fratrum hospitalis S. Mariae Teutonicorum Hierosolymitani*) unter der Führung seines Hochmeisters Hermann von Salza (1209–1239) zwangsweise eingeführt worden. Ausgehend von der Burg Thorn nahmen die Ordensritter mit wenig friedlichen Mitteln das Land in Besitz und bauten es mit Hilfe von deutschen Siedlern aus. Für die der Zwangstaufe folgende Umerziehung des Volkes wurde eine Kirchenhierarchie aufgebaut, die im Jahre 1243 in der Errichtung der vier pruzzischen Bistümer Kulm, Pomesanien, Ermland und Samland durch Papst Innozenz IV. (1243–1254) gipfelte. Sie wurden 1255 Riga unterstellt, das nun zum baltischen Erzbistum aufstieg. In jahrelangen blutigen Kämpfen, die bis 1283 anhielten, unterwarf sich der Deutsche Orden das ganze Pruzzenland, zunehmend unterstützt von Pruzzen, die sich taufen ließen und dadurch eine privilegierte Stellung erlangten. Sie bildeten nach der endgültigen Überwindung des Heidentums mit den Ordensrittern, deren Hochmeister seit 1309 in Marienburg residierte, die neue Machtelite, aus der sich später der preußische Adel entwickelte.

Die Litauer widersetzten sich am längsten der christlichen Eroberung, was sowohl mit ihrer geostrategischen Lage als auch der generellen Entwicklung zusammenhing. Sie siedelten zwischen Memel und Dnjepr und trennten das pruzzische vom baltischen Ordensland, weshalb der Orden immer wieder versuchte, in verheerenden Kriegszügen das Land niederzuzwingen. Außerdem war seit der Mitte des 13. Jahrhunderts das Gleichgewicht der Kräfte in ganz Osteuropa durch den Einfall der mongolischen Goldenen Horde unter Dschingis Khans Enkel Bātū (†1255) ins

Wanken geraten, so dass auch die heidnischen Litauer als Partner einer antimongolischen Koalition gefragt waren. Sie ließen sich auf die Zusammenarbeit mit den christlichen Mächten ein und Teilfürst Tautvilas (†1263) empfing sogar 1248 vom Bischof von Riga die Taufe. Dem Großfürsten Mindaugas (†1263) wurde für den Fall, dass er die Christianisierung Litauens hinnahm, sogar die Königswürde versprochen. Diesem ehrenvollen Angebot konnte er sich nicht versagen, wurde 1251 getauft und 1253 von Bischof Heidenreich von Kulm zum König der Litauer gekrönt. Papst Innozenz III. richtete daraufhin ein Bistum Litauen ein, was sofort den Widerspruch der Erzbischöfe von Riga und Gnesen provozierte, die sich um ihren kirchlichen Einfluss gebracht sahen. Es half nichts, 1254 wurde mit Christian ein Priester des Deutschen Ordens mit dem Bistum betraut. Mindaugas war es somit gelungen, in kurzer Zeit in den Kreis der christlichen Herrscher Europas aufzusteigen. Sein Hintergedanke bei alldem war, den Rücken freizubekommen, um in das Einflussgebiet der Goldenen Horde eindringen zu können. In Verbindung mit Aufständen gegen den Deutschen Orden kam es jedoch zu einer heidnischen Reaktion in Litauen, der Mindaugas sich wohl oder übel anschließen musste. Die Mission brach zusammen, die Priester wurden des Landes verwiesen und Litauen fiel ins Heidentum zurück. Dabei blieb es, auch wenn sich das litauische Reich nach Mindaugas' Tod 1263 deutlich ausweitete.

Diese Tatsache war ebenso überraschend wie der Umstand, dass sich die litauischen Herrscher dem Christentum widersetzten und trotzdem in der europäischen Diplomatie mitspielten. Sie gingen mit benachbarten Fürstenhäusern christlich geschlossene Ehen ein, korrespondierten mit dem Papst und beschäftigten in ihrer Kanzlei Franziskanermönche und orthodoxe Beamte. Unabhängig von dieser Einbindung drängte der Deutsche Orden jedoch auf die Unterwerfung der heidnischen Litauer und veranlasste Kreuzzüge, die man verschleiernd „Litauerreisen" nannte. Aber auch sie brachten nicht den gewünschten Erfolg. Der trat erst fast 100 Jahre später ein, als der litauische Großfürst Jagiełło (1377–1434) zum polnischen König gekrönt werden sollte. Zuvor hatte er sich nach langen Streitigkeiten mit dem Deutschen Oden verständigt und 1382 zugesagt, sich mit seinen Großen innerhalb der nächsten vier Jahre taufen zu lassen. Getan hat er jedoch das Gegenteil und die Pläne des Ordens zur Christianisierung ins Leere laufen lassen. Aus taktischen Gründen erwog Jagiełło sogar, die orthodoxe Taufe anzunehmen. Dann aber kam das Angebot der Polen, die minderjährige Königin Hedwig (1374–1399) zu heiraten und die polnische Krone anzunehmen. Dafür sollte Jagiełło sich verpflichten, sein Land Polen „auf ewig" anzugliedern, sich taufen zu lassen, das römische Christentum einzuführen und Polen alle jene Gebiete wiederzugewinnen, die es in der letzten Zeit verloren hatte. Beide Seiten dachten dabei an ihren jeweiligen Vorteil, und da von der polnischen Seite am wenigsten Gefahr für die Selbstständigkeit Litauens ausging, wurde am 14. August 1385 in Krewo die geschichtswirksame polnisch-litauische Union geschlossen. Am 15. Februar 1386 ließ sich Jagiełło in Krakau auf den Namen Władysław taufen, am 18. Februar folgte die Hochzeit mit Hedwig und am 4. März schließlich die feierliche Krönung.

Die wohl am 15. Februar 1374 geborene Hedwig, polnisch Jadwiga, musste erst von der politischen Notwendigkeit der Eheschließung mit dem 23 Jahre älteren Jagiełło überzeugt werden. Im christlichen Glauben war Hedwig jedenfalls fest verwurzelt, denn die polnischen Großen sollen sie mit dem Hinweis auf den kommenden Missionserfolg überredet haben. In der Tat hat sie ihren Gatten Jagiełło zur Christianisierung Litauens gedrängt, die mit der Einrichtung des Bistums Wilna 1387 in Angriff genommen wurde, aber weithin oberflächlich blieb, so dass sich heidnisches Brauchtum noch bis weit in die Neuzeit halten konnte. Der politische Ertrag der Union war die Zurückdrängung der deutschen Herrschaft. Dem Deutschen Orden gefiel diese Entwicklung ganz und gar nicht, denn nun gab es keine Heiden mehr zu bekämpfen und damit hatte er seine Existenzberechtigung verloren. Dementsprechend begann sein

Abstieg mit der vernichtenden Niederlage, die Jagiełło den Ordensrittern 1411 in der Schlacht bei Tannenberg beibrachte. In Polen galt er auch deshalb als großer Herrscher, in Litauen aber als Verräter der Nation. Immerhin gebührt ihm das Verdienst, in Litauen als dem letzten heidnischen Land Europas das Christentum eingeführt zu haben, wobei es wie eine Ironie der Geschichte anmutet, dass dem nicht die friedliche Bekehrungsarbeit von Missionaren, sondern das taktierende Machtstreben eines Heiden zugrunde lag.

Mit Litauen war Ende des 14. Jahrhunderts das letzte der europäischen Völker zum Christentum übergetreten. Anders als bei den Elbslaven war das lange Festhalten an der paganen Religion in den baltischen Staaten weniger Ausdruck einer generellen Feindschaft gegen das Christentum als vielmehr die Folge diplomatischen Taktierens und geschickten Lavierens zwischen den europäischen Mächten. Einzelne Missionare haben ungeachtet dieser Beeinträchtigungen versucht, im friedlichen Geiste des Evangeliums den Glauben zu verkündigen. Von ihnen ist jedoch in den Quellen ebenso wie von der eigentlichen Christianisierung der Bevölkerung zugunsten der Haupt- und Staatsaktionen weniger die Rede.

Grabmal Jagiełłos im Krakauer Dom, 1. Viertel 15. Jh.

IX.

Ergebnis:
Das christliche
Europa

Von der Taufe des Frankenherrschers Chlodwig am Weihnachtstag des Jahres 498 bis zu der des litauischen Großfürsten Jagiełło am 15. Februar 1386 war es ein weiter Weg. Rund 900 Jahre hat es gedauert, bis sich das Christentum in ganz Europa durchsetzen konnte. Dann aber, schon im Herbst des Mittelalters, wurde europaweit dasselbe Glaubensbekenntnis gesprochen und dasselbe Vaterunser gebetet. Von Lissabon im Westen bis nach Reval im Osten, von Hólar auf Island im Norden bis nach Monreale auf Sizilien im Süden erstreckten sich die Bistümer der Kirche, die tatsächlich eine „katholische", nämlich eine „allgemeine" war. Eingeebnet und verschüttet war der römische Limes, die spätantike Grenze zwischen Christen und Heiden, vergessen die Kämpfe um den mächtigeren Gott und den nützlicheren Kult auf dem religionsgeographisch lange Zeit zerrissenen Kontinent. Der

Konfrontation zwischen den konkurrierenden Religionen hatte sich längst die Geschichtsschreibung angenommen. Im Europa des späten 14. Jahrhunderts war Mission kein Thema mehr. Die Bedrohung kam nun nicht mehr von außen, von den Heiden jenseits der Grenzen, sondern ging von unterschiedlichen Strömungen innerhalb des Christentums aus. Kaum war die Einheit erreicht, da drohte sie auch schon wieder zu zerbrechen. Noch aber galt der Papst als unumstrittenes Haupt der Christenheit, noch war Rom der Hort der Rechtgläubigkeit. Tausend Jahre zuvor war das nicht absehbar, denn die Anfänge des Christentums waren bescheiden, die Existenz der Christen war oft gefährdet und das Heidentum eine durchaus lebendige Alternative. So gesehen ist die Geschichte von Mission und Christianisierung im mittelalterlichen Europa eine Erfolgsgeschichte. Auch wird man Fundamentierung und Konstituierung Europas im Christentum nicht ernstlich bestreiten können, zumal auch der heute noch vorhandene Wertekanon darauf zurückgeht. Gleichwohl stellt sich die Frage, zu welchem Christentum dieser lange Prozess geführt hat und ob die daran Beteiligten überhaupt in europäischen Kategorien gedacht haben.

Die kraftvolle Entwicklung des Frankenreiches hat den Schwerpunkt der frühmittelalterlichen Geschichte zweifellos vom Mittelmeerraum nach Norden verlegt. Zu dieser Zeit war die Einheit des römischen Imperiums infolge der germanischen Reichsbildungen längst verloren, auch die der lateinischen Christenheit hatte den Gentilreligionen weichen müssen. Nach der Völkerwanderungszeit erhielt das Abendland erstmals festere Konturen, als im karolingischen Zeitalter das *imperium christianum* aufgebaut wurde. Grundlage dafür war die erfolgreiche Kombination von fränkischer Herrschaft und lateinisch geprägtem Christentum, und darin lag die Chance für den Zusammenhalt des karolingischen Vielvölkerstaates. Im Überschwang des Sieges über die Sachsen ist Karl der Große von einem höfischen Lobredner sogar als *pater Europae* gerühmt worden, aber es ist höchst fraglich, ob der am Weihnachtstage des Jahres 800 zum Kaiser gekrönte Karl sich selbst als Europäer verstanden hat. In seinen amtlichen Schriftstücken kommt der Begriff Europa jedenfalls nicht vor und Karls Bezeichnung als erster Europäer ist wohl eher eine Projektion von um Identitätsstiftung bemühten späteren Politikern. Karl dachte nicht in europäischen Kategorien. Vielmehr dehnte er sein Reich mit militärischer Macht aus in dem Bewusstsein, von Gott dazu berufen worden zu sein, schuf er doch dadurch die Möglichkeit zur Mission.

Nicht irgendeine europäische Idee, sondern die durchaus politisch begriffene Umsetzung des Missionsbefehls Christi stand am Anfang der Entwicklung. Das zeigt sich schon an verschiedenen Einschränkungen und Begrenzungen. Für die Karolinger war zumindest in ihrem Einzugsbereich erstens die Vorstellung mehrerer nebeneinander existierender christlicher Staaten undenkbar, denn

der rechte, die Wohlfahrt der Gesellschaft garantierende Gottesdienst konnte nur unter einem Herrscher und einem Papst in einem Reich vollzogen werden. Eine weitere Grenze bildete zweitens die zum Islam. Für die Nachfolger Mohammeds waren „Unterwerfung" und „Bekehrung" deckungsgleich, was sie erfolgreich mit der Eroberung Palästinas, Nordafrikas und von Teilen der Iberischen Halbinsel unter Beweis gestellt haben. Diese Regionen, ehemalige Kernlande des Christentums, gingen an den Islam verloren. Zu den überraschenden Fakten der Missionsgeschichte gehört übrigens der gegenseitige Verzicht auf Bekehrungsversuche. Als dritte Grenze kommt die zu Byzanz und der orthodoxen Kirche hinzu. Gewiss, man unterhielt diplomatische Beziehungen, stand aber auf dem Feld der Mission in Konkurrenz. Dadurch entwickelte sich die grundlegende Aufspaltung Europas in die lateinische Christenheit des Westens und die griechische des Ostens, eine Tatsache von brisanter Fernwirkung.

Der karolingische Vielvölkerstaat war ein auf dem Ideal des *imperium christianum* aufgebautes Konstrukt. Denn die Idee der christlichen Universalität vermochte die Lebendigkeit nationaler Identitäten nur zeitweise in Schach zu halten, und schon unter Karls Nachfolgern erwies sie sich als politisch nicht lebensfähige Ideologie. Die Ausweitung der Mission nach Norden und Osten dehnte den Geltungsbereich des Christentums erheblich aus, ohne jedoch die dortigen Völkerschaften in das Reich integrieren zu können. Im Gegenteil, die die Herrschermacht legitimierende und Identität stiftende Funktion der Kirche wurde etwa in Skandinavien, Polen und Ungarn geschickt zur nationalen Einigung genutzt. Erst die Mission entlang der Ostseeküste verband wie einst bei den Sachsen wieder Christianisierung und Herrschaftsbildung, was auf Kosten von Freiwilligkeit und Friedfertigkeit ging und den Überlebenswillen des Heidentums nur steigerte. Kurzum, die Prägung der Gesellschaften durch das Christentum entwickelte sich fort, bildete wohl auch eine überwölbende Gemeinsamkeit, schuf aber nicht ein national und politisch einheitliches Europa. Solche Vorstellungen sind romantisierende Verklärungen eines unpolitischen Idealkonzeptes späterer Zeiten.

Was bedeutet diese nüchterne Einschätzung nun für die Entwicklung des Christentums in Europa? Auch hier kommt es darauf an, Fragen und Probleme der Gegenwart nicht der Vergangenheit aufzuzwingen, sondern nach Möglichkeiten und Grenzen der damaligen Zeit zu forschen. Die kritische Aufarbeitung der einschlägigen Quellen zeigt die Mission als groß angelegte religiöse Konfrontation, als Kampf der Kulturen und Kulte um den nützlicheren Gott. Nicht dogmatische Feinheiten, sondern lebenspraktische Effizienz stand dabei im Vordergrund. Die Missionare lebten in dem Glauben, die Heiden seien vom Teufel im Dämonendienst gefangen und könnten nur durch die Taufe zum Heil gelangen. Ihr Missionsziel war daher doppelpolig von Entpaganisierung und Christianisierung bestimmt. Dementsprechend verkündigten sie das Evangelium so, wie sie selbst es meist in Klöstern gelernt hatten. Für diese Aufgabe haben sie unendliche Mühen auf sich genommen und viel eingesetzt, manche sogar ihr Leben. Grundsätzlich gingen die Missionare nicht nur in friedlicher Absicht vor, sondern auch mit friedlichen Mitteln. Erst wenn, aus welchen Gründen auch immer, die Verbindung mit den Mächtigen zu eng wurde, konnte es zu Interessenkollisionen und unheiligen Allianzen mit gewalttätigen Folgen kommen. Der rauen Wirklichkeit des Frühmittelalters entsprechend fand das Zusammenspiel von Militärs und Missionaren Zustimmung, was die Kirchenleute jedoch nicht hinderte, scharfe Kritik an den Mächtigen zu üben, wenn sie den Bogen überspannten. Die Quellen berichten von alledem in der Regel begeistert, einerseits zur höheren Ehre des Christentums, dessen Sieg für sie ohnehin feststand, andererseits zur Würdigung ihrer Helden, die für sie aus der Rückschau schon immer ein heiliges Leben geführt hatten. Mögen sie dabei im hagiographischen Überschwang auch manches übertrieben dargestellt haben, so vermitteln sie doch ein eindrucksvolles Bild von der Lebensleistung der Missionare. Sie, die berühmten wie auch die vielen unbekannten Männer und Frauen, wollten nichts anderes tun als dem Missionsbefehl Christi Gehorsam zu leisten.

Natürlich hat sich das Erscheinungsbild des Christentums durch die Mission verändert, was auch gar nicht anders sein konnte. Das zu beschreiben ist die Aufgabe der Kirchengeschichte, aber einige Aspekte seien dennoch angesprochen. Zunächst fällt auf, dass die Durchführung von Mission und Christianisierung im Frühmittelalter als Arbeit der Kirche, genauer der Priester, Mönche und Bischöfe angesehen worden ist. Was wie eine Selbstverständlichkeit klingt, war dennoch keine. Denn in den ersten Jahrhunderten des Christentums waren es vornehmlich die Laien, die mit ihrem persönlichen Einsatz für die Ausbreitung des Glaubens gesorgt haben. Die Trennung der Christen in die Masse der Laien und die Elite der religiösen Spezialisten ist erst im Mittelalter endgültig festgelegt worden. Die bekannten Missionarsgestalten waren deshalb auch Repräsentanten einer neuen kirchlichen Elite, die mit großer Selbstverständlichkeit für sich in Anspruch nahm, den Menschen vorschreiben zu können, was und wie sie zu glauben hatten. Der Preis dafür bestand in einem fest an die Kirchengesetze gebundenen riesigen Laienpublikum, das zwar nicht mehr heidnisch, aber zumindest anfänglich noch längst nicht wirklich christlich war.

Verbunden mit dieser Akzentverschiebung ist weiterhin zu beobachten, dass die fast ausnahmslos von Kirchenleuten geschriebenen Quellen in ihrer Aussagebereitschaft begrenzt sind. Ihren Deutungsmustern entsprechend schreiben sie von den Missionaren als Glaubenshelden und berichten von dem Aufbau kirchlicher Strukturen. Auch hier spielen die einfachen Leute kaum eine Rolle. Diese wurden getauft und versanken dann wieder im Dunkel der Geschichte. Mit der Taufe war eben das Entscheidende geschehen. Deshalb hielt man es kaum für nötig darüber zu berichten, wie im Frühmittelalter die Bauern, jene stummen Zeugen der Epoche, den neuen Glauben aufgenommen haben und wie sich ihr kirchliches Leben gestaltete. Vielmehr drängt sich der Eindruck auf, Mission sei gleichbedeutend gewesen mit der Errichtung neuer Bistümer und dem Aufbau einer funktionierenden Organisation. Das muss nicht verwundern, denn die Kirche hat sich schon in den ersten Jahrhunderten nach Christus von der Gemeinschaft der Gläubigen rasch in eine streng gegliederte Institution verwandelt, wodurch die flächendeckende Erziehung des Volkes zu einem christlichen Leben erst möglich wurde. Dass der eigenverantwortliche Glaube durch das Wuchern der Hierarchie und den Missbrauch kirchlicher Gebote als Herrschaftsinstrument zunehmend bedrängt wurde, war die Kehrseite der Medaille.

Bei aller guten Absicht der Missionare lassen sich Zwangsmaßnahmen und ihre bisweilen unglückliche Allianz mit den Machthabern nicht leugnen. Allerdings wäre es vermessen, ihnen aus der Rückschau manche späteren Fehlentwicklungen anzulasten. Denn vor allem auf sozialem und ethischem Gebiet hat die Christianisierung den Menschen erhebliche Vorteile gebracht, wie etwa Armenfürsorge, Erhöhung der Lebensqualität, kulturellen Ausbau des Landes, Schriftkultur und Maßnahmen zur Friedenssicherung. Manche dieser Errungenschaften sind durch die rasche Verkrustung der Institution Kirche bald wieder gefährdet worden. Gleichwohl ist das Christentum in der Auseinandersetzung mit dem Heidentum siegreich gewesen, was sich mit wissenschaftlichen Kategorien nicht vollkommen erklären lässt. Unübersehbar ist jedoch, dass die Menschen das Christentum meistens freiwillig angenommen haben. Der christliche Glaube war offensichtlich im Gegensatz zu ihrem heidnischen Glauben attraktiver, bot er doch bessere Hilfen zur Bewältigung des Alltags, und man konnte mit und in ihm besser leben und vor allem auch sterben. Trotz aller Veränderungen und Entstellungen blieb offensichtlich der Kern des Evangeliums erhalten.

Daneben haben sich aber auch manche Vorstellungen der Kirche durch die Begegnung mit der Germanenwelt in einem vielschichtigen Prozess gegenseitiger Einflussnahme verändert. Erinnert sei nur an die Entwick-

lung und Ausbreitung der irischen Tarifbuße sowie die Etablierung des Heiligen- und Reliquienkultes. Das Sakrament der Taufe wurde so sehr aus sich selbst wirkend verstanden, dass es allein auf die richtige Anwendung ankam und der Glaube des Betroffenen zweitrangig werden konnte. Die Fähigkeit zur Abstraktion ging verloren, die Bilder der Bibel wurden ganz handfest ausgemalt und verstanden. Petrus, so dachte der frühmittelalterliche Mensch, stand vor der Himmelstür und entschied höchstpersönlich über Einlass oder Abweisung. Um Unwürdige zu verjagen, konnte er schon einmal mit seinen Schlüsseln kräftig zuschlagen. Vieles von dem, was man im Mittelalter glaubte, hatte mit der biblischen Botschaft nur noch wenig zu tun. So konnten, zum Teil als Echo auf die heidnische Vergangenheit, neben die kirchlichen Riten auch magische Praktiken treten. All das ist Ausdruck einer Entwicklung des Christentums zur Kultreligion. Mehr und mehr meinte man, mit Maßnahmen der Heilsversicherung einen gnädigen Gott zu bekommen und dem drohenden Gericht, das von den Predigern ständig in den düstersten Farben ausgemalt worden ist, zu entkommen. Betrachtet man, was beispielsweise Karl der Große den Sachsen im späten 8. Jahrhundert und Otto von Bamberg den Stettinern im frühen 12. Jahrhundert an Geboten und Verboten auferlegt haben, so drohte in der Tat die Freiheit eines Christenmenschen verloren zu gehen. Daraus entstand im 14. und 15. Jahrhundert eine unruhige Frömmigkeit, die im Spätmittelalter zunächst merkwürdige Formen annahm, dann den Menschen bewusst wurde und schließlich den Erfolg der Reformation begründete. Als sie die Einheit der Kirche zerbrach, war die mittelalterliche Leitvorstellung des einen Glaubens in dem einen europäischen Reich schon längst Geschichte.

Das christliche Europa als Idealvorstellung ist ein unpolitisches und ahistorisches Gebilde, das je nach Wunsch mit ganz unterschiedlichen Visionen gefüllt werden kann. Die Wirklichkeit des Mittelalters sah anders aus. Dessen Herrscher waren als Angehörige einer zu Teilen noch immer barbarischen Gesellschaft Machtmenschen. Sie wollten nicht Europa bauen, sondern ihre Herrschaftsgebiete sichern und ausdehnen, wozu ihnen die einheitsstiftende Kraft der Kirche überaus willkommen war. Zugleich, und diese widersprüchlich erscheinende Dialektik lässt sich nicht auflösen, hatten sie den ernsthaften Willen, sich für die Festigung und Ausbreitung des Glaubens einzusetzen. In Fortsetzung ihrer aus archaischen Zeiten überkommenen sakralen Verantwortung sahen sie diese Aufgabe als eine Herrscherpflicht an, welche ihnen die Kirche auch unbekümmert zuwies. Hierdurch gewann die Mission Rückende-ckung, und so ist Europa christlich geworden. Das Ziel, allen Menschen das Evangelium verkündigen zu wollen, hat die Kirche nie aus den Augen verloren, weder in den Stürmen der Völkerwanderungszeit noch bei der Entstehung der Nationen. Sie bewahrte die christliche Kultur der Spätantike und ihre Missionare haben diese im europäischen Raum verbreitet. Weil das Erscheinungsbild des mittelalterlichen Europas eng mit den Folgen seiner Missionierung verbunden ist, hat Europa ein christliches Fundament, allen Auflösungserscheinungen der Institution Kirche zum Trotz.

Anhang

Anmerkungen

I. Kapitel
1 Gregor von Tours II 29–31, S. 114–121.
2 Avitus episcopus Clodovecho regi, S. 65.

II. Kapitel
1 Prosper von Aquitanien, a. 429, S. 472 und a. 431, S. 473.
2 Patricius c. 23, S. 17.
3 Patricius c. 51, S. 23.

III. Kapitel
1 Vita Gregorii auctore anonymo c. 9, S. 90.
2 Beda, Historia ecclesiastica I 23, S. 77.
3 Beda, Historia ecclesiastica I 25, S. 81.
4 Beda, Historia ecclesiastica I 25, S. 81.
5 Beda, Historia ecclesiastica I 26, S. 83.
6 Beda, Historia ecclesiastica I 26, S. 83.
7 Beda, Historia ecclesiastica I 30, S. 113.
8 Beda, Historia ecclesiastica II 15, S. 189.
9 Beda, Historia ecclesiastica II 5, S. 151.
10 Beda, Historia ecclesiastica II 5, S. 151.
11 Beda, Historia ecclesiastica II 5, S. 151.
12 Beda, Historia ecclesiastica II 6, S. 153, 155.
13 Beda, Historia ecclesiastica III 8, S. 229.
14 Beda, Historia ecclesiastica III 30, S. 309.
15 Beda, Historia ecclesiastica II 9, S. 161.
16 Beda, Historia ecclesiastica II 9, S. 165.
17 Beda, Historia ecclesiastica II 9, S. 165.
18 Beda, Historia ecclesiastica II 13, S. 181.
19 Beda, Historia ecclesiastica II 13, S. 183.
20 Beda, Historia ecclesiastica II 13, S. 183.
21 Beda, Historia ecclesiastica II 14, S. 187.
22 Beda, Historia ecclesiastica II 20, S. 201.
23 Beda, Historia ecclesiastica I 29, S. 109.
24 Beda, Historia ecclesiastica I 27, S. 87.
25 Beda, Historia ecclesiastica I 27, S. 91.
26 Beda, Historia ecclesiastica III 25, S. 283.
27 Beda, Historia ecclesiastica III 25, S. 295.
28 Beda, Historia ecclesiastica IV 5, S. 335.
29 Beda, Historia ecclesiastica IV 17, S. 366–371.

IV. Kapitel
1 Vita Columbani c. 3, S. 413.
2 Vita Columbani c. 19, S. 453.
3 Vita Galli c. 11, S. 27f.
4 Vita Haimhrammi c. 9, S. 15f.
5 Vita Haimhrammi c. 12, S. 18.
6 Vita Haimhrammi c. 18, S. 22.
7 Passio Kiliani c. 6–15, S. 19f.
8 Hrabanus Maurus, Carmina Nr. 68, S. 224f.
9 Vita Pirmini, S. 254.
10 Scarapsus c. 22–25, S. 52–61.
11 Beda, Historia ecclesiastica V 19, S. 497.
12 Beda, Historia ecclesiastica V 9, S. 453.
13 Beda, Historia ecclesiastica V 11, S. 463.
14 Vita Willibrordi c. 11, S. 15f.
15 Vita Vulframni c. 9, S. 668.
16 Vita Bonifatii c. 3, S. 471.
17 Vita Bonifatii c. 5, S. 483.
18 Vita Bonifatii c. 6, S. 489.
19 Vita Bonifatii c. 6, S. 495.
20 Vita Willibaldi c. 4, S. 73.
21 Concilium Germanicum can. Ic und IIb, S. 379.
22 Bonifatii epistolae Nr. 78, S. 215.
23 Annales regni Francorum a. 749, S. 15.
24 Bonifatii epistolae Nr. 87, S. 301.

V. Kapitel
1 Vita Liudgeri c. 25, S. 38 und 40.
2 Beda, Historia ecclesiastica V 10, S. 459.
3 Beda, Historia ecclesiastica V 10, S. 459.
4 Vita Lebuini c. 6, S. 389.
5 Vita Lebuini c. 6, S. 389.
6 Annales regni Francorum a. 775, S. 31.
7 De conversione Saxonum carmen, S. 66.
8 Altsächsisches Taufgelöbnis, S. 448f.
9 Annales regni Francorum a. 782, S. 45.
10 Capitulatio de partibus Saxoniae can. 1, S. 42.
11 Capitulatio de partibus Saxoniae can. 14, S. 44.
12 Translatio S. Alexandri c. 2, S. 424.
13 Lulli epistolae Nr. 120, S. 256.
14 Ex vetustis annalibus Nordhambransis a. 775, S. 155.
15 Vita Gregorii c. 13, S. 73.
16 Vita Gregorii c. 2, S. 54.
17 Vita Gregorii c. 8, S. 63.
18 Alcvini epistolae Nr. 7, S. 32.
19 Alcvini epistolae Nr. 290, S. 448.
20 Admonitio generalis can. 61, S. 58.
21 Alcvini epistolae Nr. 110, S. 158.
22 Alcvini epistolae Nr. 111, S. 160
23 Alcvini epistolae Nr. 113, S. 164.
24 Alcvini epistolae Nr. 110, S. 158f.
25 Conventus episcoporum, S. 172–176.
26 Alcvini epistolae Nr. 93, S. 137f.

VI. Kapitel
1 Vita Willibrordi c. 9, S. 14.
2 Vita Liudgeri c. 30, S. 43.
3 Alcvini epistolae Nr. 6, S. 31.
4 Annales regni Francorum a. 809, S. 93.
5 Notkeri gesta Karoli II 19, S. 423.
6 Vita Anskarii c. 9, S. 39.
7 Vita Anskarii c. 13, S. 47.
8 Vita Anskarii c. 15, S. 51.
9 Vita Anskarii c. 17, S. 53.
10 Vita Liudgeri c. 27, S. 41.
11 Alcvini epistolae Nr. 19, S. 55.
12 Adam von Bremen IV 31, S. 477.
13 Vita Anskarii c. 26, S. 87 und 89.
14 Vita Anskarii c. 26, S. 89.
15 Vita Anskarii c. 27, S. 91 und 93.
16 Widukind III 65, S. 169.
17 Thietmar von Merseburg I 17, S. 21.
18 Adam von Bremen I 58, S. 229.
19 Widukind III 65, S. 169.
20 Widukind III 65, S. 169 und 171; Thietmar von Merseburg II 14, S. 49; Adam von Bremen II 25 schol. 20, S. 257 und II 35, S. 271 und 273.
21 Adam von Bremen II 27, S. 263.
22 Adam von Bremen III 24, S. 359.
23 Adam von Bremen IV 34 schol. 147, S. 481.
24 Adam von Bremen IV 31, S. 477.
25 Óláfs saga Tryggvasonar c. 76, S. 280.
26 Fornmanna sögur 2, c. 204.
27 Alle Zitate in Óláfs saga hins helga c. 112, S. 185–189.
28 Óláfs saga hins helga c. 113, S. 191.
29 Landnámabók c. 4, S. 117.
30 Óláfs saga Tryggvasonar c. 73, S. 277.
31 Kristnisaga c. 8, S. 171.
32 Kristnisaga c. 10, S. 175.
33 Alle Zitate in Íslendingabók c. 7, S. 51f.
34 Adam von Bremen IV 26, S. 471.
35 Adam von Bremen IV 27, S. 473.
36 Adam von Bremen II 58, S. 299.
37 Adam von Bremen IV 30, S. 475.
38 Adam von Bremen IV 44, S. 495.

VII. Kapitel
1 Vita Constantini c. 14, S. 66.
2 Vita Methodii c. 5, S. 92.
3 Vita Constantini c. 15, S. 69.
4 Vita Methodii c. 8, S. 94.
5 Iohannis VIII. Papae registrum Nr. 255, S. 223 f.

6   Responsa Nicolai c. 13, S. 417.
7   Responsa Nicolai c. 4, S. 405.
8   Responsa Nicolai c. 41, S. 438f.
9   Responsa Nicolai c. 92, S. 477f.
10   Responsa Nicolai c. 72, S. 465.
11   Photios Enzyklika Nr. 497, S. 119f.
12   Reginonis chronica a. 868, S. 223.
13   Nestorchronik a. 945, 127–142, S. 69f.
14   Adalberti continuatio Reginonis a. 961, S. 217.
15   Adalberti continuatio Reginonis a. 962, S. 219.
16   Nestorchronik a. 969, 16, S. 83.
17   Nestorchronik a. 980, 71, S. 96.
18   Nestorchronik a. 986, 14, S. 103.

19   Thietmar von Merseburg VIII 32, S. 475.
20   Ilarion S. 99–129, bes. S. 99f.

VIII. Kapitel
1   Vita Adalberti auctore Brunone c. 26, S. 107.
2   Thietmar von Merseburg IV 55-56, S. 171 und 173.
3   Chronica Polonorum c. 16, S. 38f.
4   Thietmar von Merseburg V 31, S. 227.
5   Brunonis epistola ad Henricum II. regem, S. 440.
6   Brunonis epistola ad Henricum II. regem, S. 441.

7   Thietmar von Merseburg VI 23, S. 267 und 269.
8   Thietmar von Merseburg VI 25, S. 269.
9   Helmold von Bosau c. 20, S. 101.
10   Adam von Bremen III 51, S. 391 und 393.
11   Helmold von Bosau c. 84, S. 289, 291 und 293.
12   Helmold von Bosau c. 108, S. 373.
13   Vita Ottonis I 2, S. 123.
14   Vita Ottonis II 12, S. 159.
15   Vita Ottonis III 5, S. 177.
16   Vita Ottonis II 21, S. 169.
17   Heinrich von Lettland IX 14, S. 44.
18   Heinrich von Lettland XIV 11, S. 127.

Quellenverzeichnis

Das Verzeichnis berücksichtigt nur die im Text direkt zitierten Quellen. Angegeben werden immer der lateinische Originaltitel, eine kritische Edition und, falls vorhanden, eine bisweilen in den Zitaten verbesserte deutsche Übersetzung. Abgekürzt zitiert sind die Monumenta Germaniae historica (= MGH) und die Ausgewählten Quellen zur deutschen Geschichte des Mittelalters. Freiherr-vom-Stein-Gedächtnisausgabe (= FSGA). Die Anmerkungen, die allein dem Zitatnachweis dienen, verwenden leicht erkennbare Kurztitel und geben in der Regel die Ausgabe mit deutscher Übersetzung an.

[Adalberti continuatio Reginonis] Adalberts Fortsetzung der Chronik Reginos, in: Quellen zur Geschichte der sächsischen Kaiserzeit, Hrsg. Albert Bauer – Reinhold Rau (FSGA 8), Darmstadt ⁵2002 (¹1971), S. 185–231

[Adami Bremensis gesta Hammaburgensis ecclesiae pontificum] Adam von Bremen, Bischofsgeschichte der Hamburger Kirche, in: Quellen des 9. und 11. Jahrhunderts zur Geschichte der Hamburgischen Kirche und des Reiches, Hrsg. Werner Trillmich (FSGA 11), Darmstadt ⁷2000 (¹1961), S. 135–499

Admonitio generalis, in: Capitularia regum Francorum, ed. Alfred Boretius (MGH Capitularia regum Francorum 1), Hannover 1883, Nachdruck 1984, Nr. 22, S. 52–62

Alcvini sive Albini epistolae, ed. Ernst Dümmler (MGH Epistolae 4), Berlin 1895, Nachdruck 1994, S. 1–493 und 614–616

Altsächsisches Taufgelöbnis, in: Briefe des Bonifatius, Hrsg. Reinhold Rau (FSGA 4b), Darmstadt ³1994 (¹1968), S. 448f.

Ex vetustis annalibus Nordhambransis, ed. Reinhold Pauli (MGH Scriptores 13), Hannover 1881, Nachdruck 1985, S. 154–156

[Annales regni Francorum] Die Reichsannalen mit Zusätzen aus den sog. Einhardsannalen, in: Quellen zur karolingischen Reichsgeschichte 1, Hrsg. Reinhold Rau (FSGA 5), Darmstadt ²1993 (¹1974), S. 1–155

Avitus episcopus Clodovecho regi, in: Alcimi Ecdicii Aviti Viennensis episcopi opera quae supersunt, ed. Rudolf Peiper (MGH Auctores antiquissimi 6,2), Berlin 1883, Nachdruck 1985, S. 75f.; deutsche Übersetzung: Wolfram von den Steinen, Chlodwigs Übergang zum Christentum, Darmstadt 1963, S. 64–68

[Venerabilis Bedae historia ecclesiastica gentis Anglorum] Beda der Ehrwürdige, Kirchengeschichte des englischen Volkes, übersetzt von Günter Spitzbart (Texte zur Forschung 34), Darmstadt ²1997 (¹1982)

[Bonifatii epistolae] Briefe des Bonifatius, Hrsg. Reinhold Rau (FSGA 4b), Darmstadt ³1994 (¹1968), S. 1–356

Brunonis epistola ad Henricum II. regem, ed. Jadwiga Karwasińska (Monumenta Poloniae historica, series nova 4,3), Warschau 1973, S. 97–106; deutsche Übersetzung: Heinrich Gisbert Voigt, Brun von Querfurt, Mönch, Eremit, Erzbischof der Heiden und Märtyrer, Stuttgart 1907, S. 436–443

Capitulatio de partibus Saxoniae, in: Capitularia regum Francorum, ed. Alfred Boretius (MGH Capitularia regum Francorum 1), Hannover 1883, Nachdruck 1984, Nr. 26, S. 68–70; deutsche Übersetzung: Deutsche Geschichte in Quellen und Darstellung 1: Frühes und hohes Mittelalter 750–1250, Hrsg. Wilfried Hartmann (Reclam Universal-Bibliothek 17001), Stuttgart 1995, S. 42–45

Capitulare Saxonicum, in: Die Gesetze des Karolingerreiches 714–911, Hrsg. Karl August Eckhardt (Germanenrechte II,3), Weimar 1934, S. 10–17

Concilium Germanicum, in: Briefe des Bonifatius, Hrsg. Reinhold Rau (FSGA 4b), Darmstadt ³1994 (¹1968), S. 378–381

Conventus episcoporum ad Ripas Danubii, in: Concilia aevi Karolini, ed. Albert Werminghoff (MGH Concilia 2/1), Hannover – Leipzig 1906, Nachdruck 1997, Nr. 20, S. 172–176

Chronica Polonorum, ed. Vincentius Kadłubek (Monumenta Poloniae historica, nova series 11), Krakau 1994

De conversione Saxonum carmen, in: Karl Hauck, Karolingische Taufpfalzen im Spiegel hofnaher Dichtung. Überlegungen zur Ausmalung von Pfalzkirchen, Pfalzen und Reichsklöstern (Nachrichten der Akademie der Wissenschaften in Göttingen, I. Philologisch-Historische Klasse 1985,1), Göttingen 1985, S. 62–65

Fornmanna sögur, in: Flateyjarbók. En samling af Norske Konge-Sagaer, ed. Guðbrandr Vigfusson – C. R. Unger, Kristiania 1860

[Gregorii episcopi Turonensis historiarum libri decem] Gregor von Tours, Zehn Bücher Geschichte, Hrsg. Rudolf Buchner (FSGA 2), Darmstadt ⁸2000 (¹1955)

[Heinrici chronicon Livoniae] Heinrich von Lettland, Livländische Chronik, Hrsg. Albert Bauer (FSGA 24), Darmstadt ²1975 (¹1959)

[Helmoldi presbyteri Bozoviensis chronica Slavorum] Helmold von Bosau, Slawenchronik, Hrsg. Heinz Stoob (FSGA 19), Darmstadt ⁶2002 (¹1963)

Hrabanus Maurus, Carmina, in: Poetae latini aevi Carolini, ed. Ernst Dümmler (MGH Poetae latini medii aevi 2), Berlin 1884, Nachdruck 1999, S. 154–258

[Ilarion] Des Metropoliten Ilarion Lobrede auf Vladimir den Heiligen und Glaubensbekenntnis, Hrsg. Ludolf Müller (Slavistische Studienbücher 2), Wiesbaden 1962

Iohannis VIII. Papae registrum, in: Epistolae Karolini aevi 5, ed. Erich Caspar (MGH Epistolae 7/1), Berlin 1912, Nachdruck 1993, S. 1–333

Íslendingabók, ed. Jakob Benediktsson (Íslenzk Fornrit 1,1), Reykjavík 1968, S. 1–28; deutsche Übersetzung: Aris Isländerbuch, in: Islands Besiedlung und älteste Geschichte, Hrsg. Walter Baetke (Thule 23), Jena 1928, Neuausgabe Düsseldorf – Köln 1967, S. 43–57

Kristnisaga, ed. Bernhard Kahle (Altnordische Saga-Bibliothek 11), Halle 1905, S. 1–57; deutsche Übersetzung: Das Buch von der Einführung des Christentums, in: Islands Besiedlung und älteste Geschichte, Hrsg. Walter Baetke (Thule 23), Jena 1928, Neuausgabe Düsseldorf – Köln 1967, S. 159–185

Landnámabók, ed. Jakob Benediktsson (Íslenzk Fornrit 1,1–2), Reykjavík 1968, S. 31–397; deutsche Übersetzung: Das Besiedlungsbuch, in: Islands Besiedlung und älteste Geschichte, Hrsg. Walter Baetke (Thule 23), Jena 1928, Neuausgabe Düsseldorf – Köln 1967, S. 61–157

Lulli epistolae, in: S. Bonifatii et Lulli epistolae, ed. Michael Tangl (MGH Epistolae selectae in usum scholarum 1), Berlin 1916, Nachdruck 1989, S. 236–289

Die Nestorchronik. Die altrussische Chronik, zugeschrieben dem Mönch des Kiever Höhlenklosters Nestor, Hrsg. Ludolf Müller (Forum Slavicum 56 = Handbuch zur Nestorchronik 4), München 1971

[Notkeri gesta Karoli] Notker, Taten Karls, in: Quellen zur karolingischen Reichsgeschichte 3 Hrsg. Reinhold Rau (FSGA 5), Darmstadt ⁴2002 (¹1960), S. 321–427

Óláfs saga hins helga, in: Snorri Sturluson, Heimskringla II, ed. Bjarni Aðalbjarnarson (Íslenzk Fornrit 27), Reykjavík 1945, S. 3–415; deutsche Übersetzung: Die Geschichte von König Olaf dem Heiligen, in: Snorris Königsbuch 2, Hrsg. Felix Niedner (Thule 15), Neuausgabe Düsseldorf – Köln 1965

Óláfs saga Tryggvasonar, in: Snorri Sturluson, Heimskringla I, ed. Bjarni Aðalbjarnarson (Íslenzk Fornrit 26), Reykjavík 1941, S. 225–372; deutsche Übersetzung: Die Geschichte von König Olaf Tryggvissohn, in: Snorris Königsbuch 1, Hrsg. Felix Niedner (Thule 14), Neuausgabe Düsseldorf – Köln 1965, S. 199–319

Passio minor: Passio Kiliani martyris Wirziburgensis, ed. Walter Levison (MGH Scriptores rerum Merovingicarum 5), Berlin 1910, Nachdruck 1997, S. 722–728; deutsche Übersetzung: Passio minor, Hrsg. Andreas Bigelmaier, in: Kilian. Mönch aus Irland – aller Franken Patron 689–1989, Ausstellungskatalog, Würzburg 1989, S. 18–20

Liber epistolarum Sancti Patricii episcopi, ed. David R. Howlett, Dublin 1994; deutsche Übersetzung: Walter Berschin, Ich Patricius... Die Autobiographie des Apostels der Iren, in: Die Iren und Europa im früheren Mittelalter 1, Hrsg. Heinz Löwe, Stuttgart 1982, S. 9–25

Photios Enzyklika, in: Les regestes des actes du patriarcat de Constantinople I 2–3, ed. Venance Grumel – Jean Darrouzès, Paris ²1989 (¹1936), Nr. 497, S. 119f.

Prosper von Aquitanien, Epitome chronicae, in: Chronica minora, ed. Theodor Mommsen (MGH Auctores antiquissimi 9), Berlin 1892, Nachdruck 1981, S. 341–499

[Reginonis chronica] Regino, Chronik, in: Quellen zur karolingischen Reichsgeschichte 3, Hrsg. Reinhold Rau (FSGA 5), Darmstadt ⁴2002 (¹1960), S. 179–319

Responsa Nicolai I. papae ad consulta Bulgarorum, in: Nicolai I. papae epistolae, ed. Ernst Perels (MGH Epistlae 6), Berlin 1925, Nachdruck 1995, Nr. 99, S. 568–600; deutsche Übersetzung: Lothar Heiser, Die Responsa ad consulta Bulgarorum des Papstes Nikolaus I. (858–867) (Trierer Theologische Studien 36), Trier 1979, S. 400–488

[Scarapsus (Dicta Pirminii)] Der heilige Pirmin und sein Pastoralbüchlein. Eingeleitet und ins Deutsche übertragen von Ursmar Engelmann, Sigmaringen ²1976 (¹1959)

[Thietmari Merseburgensis episcopi chronicon] Thietmar von Merseburg, Chronik, Hrsg. Werner Trillmich (FSGA 9), Darmstadt ⁸2002 (¹1957)

Rudolf von Fulda, Translatio S. Alexandri, in: Die Übertragung des H. Alexander von Rom nach Wildeshausen durch den Enkel Widukinds 851. Das älteste niedersächsische Geschichtsdenkmal, Hrsg. Bruno Krusch (Nachrichten von der Gesellschaft der Wissenschaften zu Göttingen, Philologisch-Historische Klasse II,13), Göttingen 1930, S. 405–436

Sancti Adalberti Pragensis episcopi et martyrs vita prior, ed. Jadwiga Karwasińska (Monumenta Poloniae historica, series nova 4,1), Warschau 1962; deutsche Übersetzung: Leben und Leiden des hl. Adalbert, des Märtyrers und Bischofs, in: Heiligenleben zur deutsch-slawischen Geschichte, Hrsg. Lorenz Weinrich (FSGA 23), Darmstadt 2005, S. 28-69

Sancti Adalberti Pragensis vita altera auctore Brunone Querfurt, ed. Jadwiga Karwasińska (Monumenta Poloniae historica, series nova 4,2), Warschau 1969; deutsche Übersetzung: Brun von Querfurt, Leidensgeschichte des heiligen Bischofs und Märtyrers Adalbert, in: Heiligenleben zur deutsch-slawischen Geschichte, Hrsg. Lorenz Weinrich (FSGA 23), Darmstadt 2005, S. 70-117

[Vita Anskarii auctore Rimberto] Rimbert, Leben Ansgars, in: Quellen des 9. und 11. Jahrhunderts zur Geschichte der Hamburgischen Kirche und des Reiches, Hrsg. Werner Trillmich (FSGA 11), Darmstadt ⁷2000 (¹1961), S. 3–133

[Willibaldi Vita Bonifatii] Willibalds Leben des Bonifatius, Hrsg. Reinhold Rau (FSGA 4b), Darmstadt ³1994 (¹1968), S. 451–525

[Vitae Columbani abbatis discipulorumque eius libri duo auctore Iona] Jonas erstes Buch vom Leben Columbans, in: Quellen zur Geschichte des 7. und 8. Jahrhunderts, Hrsg. Herbert Haupt (FSGA 4a), Darmstadt ²1994 (¹1982), S. 395–497

[Vita Constantini] Constantius et Methodius Thessalonicenses: Fontes, ed. Fran Grivec – Fran Tomšič (Radovi staroslavenskog instituta 4), Zagreb 1960; deutsche Übersetzung: Die Lehrer der Slawen Kyrill und Method. Die Lebensbeschreibungen zweier Missionare, Hrsg. Joseph Schütz, St. Ottilien 1985, S. 23–81

Vita Corbiniani, in: Arbeonis episcopi Frisingensis vitae sanctorum Haimhrammi et Corbiniani, ed. Bruno Krusch (MGH Scriptores rerum Germanicarum in usum scholarum 13), Hannover 1920, S. 100–234; deutsche Übersetzung: Vita Corbiniani. Bischof Arbeo von Freising und die Lebensgeschichte des hl. Korbinian, Hrsg. Hubert Glaser – Franz Brunhölzl – Sigmund Benker (Schriften des Historischen Vereins für Freising 30), München – Zürich 1983, S. 86–156

Vita S. Galli auctore Wettino, ed. Bruno Krusch (MGH Scriptores rerum Merovingicarum 4), Hannover 1902, Nachdruck 1997, S. 256–280; deutsche Übersetzung: Die Lebensgeschichten der Heiligen Gallus und Otmar, Hrsg. Johannes Duft, St. Gallen – Sigmaringen ²1990 (¹1988), S. 15–48

[Vita Gregorii auctore anonymo] The Earliest Life of Gregory the Great by an Anonymus Monk of Whitby, Text, Translation and Notes, ed. Bertram Colgrave, Kansas 1968

Vita Gregorii abbatis Traiectensis auctore Liudgero, ed. Oswald Holder-Egger (MGH Scriptores 15,1), Hannover 1887, Nachdruck 1992, S. 63–79; deutsche Übersetzung: Liudger in seiner Zeit. Altfrid über Liudger. Liudgers Erinnerungen, Hrsg. Basilius Senger, Münster ⁶1993 (¹1982), S. 49–76

Vita Haimhrammi, in: Arbeonis episcopi Frisingensis vitae sanctorum Haimhrammi et Corbiniani, ed. Bruno Krusch (MGH Scriptores rerum Germanicarum in usum scholarum 13), Hannover 1920, S. 1–99; deutsche Übersetzung: Arbeo von Freising, Leben und Leiden des heiligen Emmeram, Hrsg. Bernhard Bischoff, München 1953, Nachdruck Regensburg 1985

[Vita Lebuini antiqua] Das alte Leben Lebuins, in: Quellen zur Geschichte des 7. und 8. Jahrhunderts, Hrsg. Herbert Haupt (FSGA 4a), Darmstadt ²1994 (¹1982), S. 383–391

Vita Liudgeri auctore Altfrido, in: Die Vitae Sancti Liudgeri, ed. Wilhelm Diekamp (Die Geschichtsquellen des Bisthums Münster 4), Münster 1881, S. 3–53; deutsche Übersetzung: Liudger in seiner Zeit. Altfrid über Liudger. Liudgers Erinnerungen, Hrsg. Basilius Senger, Münster ⁶1993 (¹1982), S. 21–45

[Vita Methodii] Constantius et Methodius Thessalonicenses: Fontes, ed. Fran Grivec – Fran Tomšič (Radovi staroslavenskog instituta 4), Zagreb 1960; deutsche Übersetzung: Die Lehrer der Slawen Kyrill und Method. Die Lebensbeschreibungen zweier Missionare, Hrsg. Joseph Schütz, St. Ottilien 1985, S. 83–109

[Vita Ottonis] Die Prüfeninger Vita Bischof Ottos I. von Bamberg nach der Fassung des Großen Österreichischen Legendars, ed. Jürgen Petersohn (MGH Scriptores rerum Germanicarum in usum scholarum 71), Hannover 1999; deutsche Übersetzung: Wolfger von Prüfening, Das Leben des Bischofs Otto von Bamberg, in: Heiligenleben zur deutsch-slawischen Geschichte, Hrsg. Lorenz Weinrich (FSGA 23), Darmstadt 2005, S. 120-191

Vita Pirmini auctore monacho Hornbacensi, ed. Oswald Holder-Egger (MGH Scriptores 15,1), Hannover 1887, Nachdruck 1992, S. 21–31; deutsche Übersetzung: Pirmin, in: Die christliche Frühzeit Deutschlands in den Berichten über die Bekehrer 1: Die irisch-fränkische Mission, Hrsg. Heinrich Timerding, Jena 1929, S. 248–258

Vita Vulframni episcopi Senonici auctore Pseudo-Iona, in: Passiones vitaeque sanctorum aevi Merovingici, ed. Wilhelm Levison (MGH Scriptores rerum Merovingicarum 5), Hannover – Leipzig 1910, Nachdruck 1997, S. 657–673

Vita Willehadi, ed. Albert Poncelet (Acta Sanctorum Nov. 3), Paris ³1910, S. 835–851; deutsche Übersetzung: Willehad, Das Leben des hl. Willehad Bischof von Bremen und die Beschreibung der Wunder an seinem Grabe, Hrsg. Andreas Röpcke, Bremen 1982, S. 51–73

[Vitae Willibaldi et Wynnebaldi auctore sanctimoniali Heidenheimensi] Das Leben des hl. Willibald; Das Leben des hl. Wynnebald, in: Quellen zur Geschichte der Diözese Eichstätt 1: Biographien der Gründungszeit, Hrsg Andreas Bauch (Eichstätter Studien 8), Eichstätt ²1984 (¹1962), S. 13–246

Vita sancti Willibrordi archiepiscopi Traiectensis auctore Alcuini, ed. Wilhelm Levison (MGH Scriptores rerum Merovingicarum 7), Hannover 1920, Nachdruck 1997, S. 81–141; deutsche Übersetzung: Wilhelm Wattenbach, Das Leben des heiligen Willibrord (Die Geschichtsschreiber der deutschen Vorzeit 14), Leipzig ³1941, S. 5–26

[Widukindi monachi Corbeiensis Rerum gestarum Saxonicarum] Widukinds Sachsengeschichte, in: Quellen zur Geschichte der sächsischen Kaiserzeit, Hrsg. Albert Bauer – Reinhold Rau (FSGA 8), Darmstadt ⁵2002 (¹1971), S. 1–183

Literaturhinweise

Allgemein

Angenendt, Arnold: Das Frühmittelalter. Die abendländische Christenheit von 400 bis 900. Stuttgart u.a. ³2001 (¹1990)

Bischöfe, Mönche und Kaiser (642–1054). Hrsg. Gilbert Dagron u.a., deutsche Ausgabe Hrsg. Egon Boshof (Die Geschichte des Christentums 4). Freiburg u.a. 1994 (zuerst Paris 1993)

Brown, Peter: Die Entstehung des christlichen Europa. München 1996 (zuerst Oxford 1995)

The New Cambridge Medieval History 2: c. 700–c. 900. Hrsg. Rosamond McKitterick. Cambridge 1995

The New Cambridge Medieval History 3: c. 900–c. 1024. Hrsg. Timothy Reuter. Cambridge 1999

Conversion and Christianity in the North Sea World. Hrsg. Barbara E. Crawford (St John's House Papers 8). St Andrews 1998

La conversione al christianesimo nell'Europa dell'alto medioevo (Settimane di studio del centro Italiano di studi sull'alto medioevo 14). Spoleto 1967

Cristianizzazione ed organizzazione ecclesiastica delle campagne nell'alto medioevo: espansione e resistenze (Settimane di studi del centro Italiano di studi sull'alto medioevo 28). Spoleto 1982

The Cross goes North. Processes of Conversion in Northern Europe, AD 300–1300. Hrsg. Martin Carver. York 2003

Early Christianity in Central and East Europe. Hrsg. Przemysław Urbańczyk. Warschau 1997

Fletcher, Richard: The Conversion of Europe. From Paganism to Christianity 371–1386 AD. London 1997

Fried, Johannes: Der Weg in die Geschichte. Die Ursprünge Deutschlands bis 1024 (Propyläen Geschichte Deutschlands 1). Berlin 1994

Germanische Religionsgeschichte. Quellen und Quellenprobleme. Hrsg. Heinrich Beck u.a. (Ergänzungsbände zum Reallexikon der Germanischen Altertumskunde 5). Berlin – New York 1992

Hamilton, Bernhard: Die christliche Welt des Mittelalters. Der Westen und der Osten. Düsseldorf – Zürich 2004 (zuerst Stroud 2003)

Hauck, Albert: Kirchengeschichte Deutschlands. 5 Bände. Leipzig ⁹1958 (¹1887)

Die Kirche des früheren Mittelalters. Hrsg. Knut Schäferdiek (Kirchengeschichte als Missionsgeschichte 2/1). München 1978

Padberg, Lutz E. v.: Die Christianisierung Europas im Mittelalter (Universal-Bibliothek 17015). Stuttgart 1998

Padberg, Lutz E. v.: Die Inszenierung religiöser Konfrontationen. Theorie und Praxis der Missionspredigt im frühen Mittelalter (Monographien zur Geschichte des Mittelalters 51). Stuttgart 2003

Pagans and Christians. The Interplay between Christian Latin and Traditional Germanic Cultures in Early Medieval Europe. Hrsg. Tette Hofstra u.a. (Germania Latina 2 = Mediaevalia Groningana 16). Groningen 1995

Prinz, Friedrich: Von Konstantin zu Karl dem Großen. Entfaltung und Wandel Europas. Düsseldorf – Zürich 2000

Propagande et contre-propagande religieuses. Hrsg. Jacques Marx (Problèmes d'Histoire du Christianisme 17). Brüssel 1987

Rom und Byzanz im Norden. Mission und Glaubenswechsel im Ostseeraum während des 8.–14. Jahrhunderts 1. Hrsg. Michael Müller-Wille (Akademie der Wissenschaften und der Literatur. Abhandlungen der Geistes- und Sozialwissenschaftlichen Klasse 1997 Nr. 3,I). Mainz – Stuttgart 1997

Ström, Åke V. – Haralds Biezais: Germanische und Baltische Religion (Die Religionen der Menschheit 19,1). Stuttgart u.a. 1975

Varieties of Religious Conversion in the Middle Ages. Hrsg. James Muldoon. Florida 1997

Wood, Ian: The Missionary Life. Saints and the Evangelisation of Europe 400–1050. London 2001

Kap. I. Anfänge

Clovis: histoire & mémoire 1: Le baptême de Clovis, l'événement; 2: Le baptême de Clovis, son écho à travers l'histoire. Hrsg. Michel Rouche. Paris 1997

Die Franken. Wegbereiter Europas. Vor 1500 Jahren: König Chlodwig und seine Erben. Ausstellungskatalog. Mainz 1996

Die Franken und die Alemannen bis zur „Schlacht bei Zülpich" (496/97). Hrsg. Dieter Geuenich (Ergänzungsbände zum Reallexikon der Germanischen Altertumskunde 19). Berlin – New York 1998

Geary, Patrick J.: Die Merowinger. Europa vor Karl dem Großen. München 1996 (zuerst Oxford 1988)

Kaiser, Reinhold: Das römische Erbe und das Merowingerreich (Enzyklopädie deutscher Geschichte 26). München ³2004 (¹1993)

Schäferdiek, Kurt: Schwellenzeit. Beiträge zur Geschichte des Christentums in Spätantike und Frühmittelalter (Arbeiten zur Kirchengeschichte 64). Berlin – New York 1996

Schulze, Hans K.: Vom Reich der Franken zum Land der Deutschen. Merowinger und Karolinger. Berlin 1987

Steinen, Wolfram von den: Chlodwigs Übergang zum Christentum. Eine quellenkritische Studie (Libelli 103). Darmstadt 1963 (zuerst 1932)

Thiede, Carsten Peter: Funde – Fakten – Fährtensuche. Spuren des frühen Christentums in Europa. Wuppertal 1992

Wolfram, Herwig: Das Reich und die Germanen. Zwischen Antike und Mittelalter. Berlin ²1992 (¹1990)

Wood, Ian N.: The Merovingian Kingdoms 450–751. London – New York 1994

Kap. II. Irland

Cultural Identity and Cultural Integration. Ireland and Europe in the Early Middle Ages. Hrsg. Doris Edel. Dublin 1995

Doherty, Charles: Zur Struktur der frühen Kirchen in Irland, in: Kilian. Mönch aus Irland – aller Franken Patron. Aufsätze. Hrsg. Johannes Erichsen. München 1989, S. 29–37

Herren, Michael W. – Shirley Ann Brown: Christ in Celtic Christianity. Britain and Ireland from the fifth to the tenth Century (Studies in Celtic History 20). Woodbridge 2002

Die Iren und Europa im früheren Mittelalter. Hrsg. Heinz Löwe. Stuttgart 1982

Irische Kunst aus drei Jahrtausenden. Ausstellungskatalog. Mainz 1983

Irland und die Christenheit. Bibelstudien und Mission. Hrsg. Próinséas Ní Chatháin – Michael Richter. Stuttgart 1987

Irland und Europa. Die Kirche im Frühmittelalter. Hrsg. Próinséas Ní Chatháin – Michael Richter. Stuttgart 1984

Ó Cróinín, Dáibhí: Early Medieval Ireland 400–1200. London 1995

Richter, Michael: Irland im Mittelalter. Kultur und Geschichte. München 1996

Saint Patrick AD 493–1993. Hrsg. David N. Dumville. Woodbridge 1993

Kap. III. Angelsachsen

The Age of Sutton Hoo. The Seventh Century in North-Western Europe. Hrsg. Martin Carver. Woodbridge 1992; Nachdruck 1995

The Anglo-Saxons. Hrsg. James Campbell. Oxford 1982

St Augustine and the Conversion of England. Hrsg. Richard Gameson. Stroud 1999

Fritze, Wolfgang H.: Zur Entstehungsgeschichte des Bistums Utrecht. Franken und Friesen 690–734, in: Rheinische Vierteljahrsblätter 35, 1971, S. 107–151

Jenal, Georg: Gregor d. Große und die Anfänge der Angelsachsenmission (596–604), in: Angli e sassoni al di qua e al di là del mare (Settimane di studio del centro Italiano di studi sull'alto medioevo 32). Spoleto 1986, S. 793–849

Kirby, David Peter: The Earliest English Kings. London – New York ²2000 (¹1991)

Levison, Wilhelm: England and the Continent in the Eighth Century. Oxford 1946; Nachdruck 1966

The Making of England. Anglo-Saxon Art and Culture AD 600–900. London 1991

Mayr-Harting, Henry: The Coming of Christianity to Anglo-Saxon England. London ³1991 (¹1972)

Padberg, Lutz E. v.: Mission und Christianisierung. Formen und Folgen bei Angelsachsen und Franken im 7. und 8. Jahrhundert. Stuttgart 1995

Yorke, Barbara: Kings and Kingdoms of Early Anglo-Saxon England. London 1990; Nachdruck 1997

Kap. IV. Frankenreich

Die Alemannen und das Christentum. Zeugnisse eines kulturellen Umbruchs. Hrsg. Sönke Lorenz – Barbara Scholkmann (Schriften zur südwestdeutschen Landeskunde 48). Leinfelden-Echterdingen 2003

Böhme, Horst W.: Adel und Kirche bei den Alamannen der Merowingerzeit, in: Germania 74, 1996, S. 477–507

Das Christentum im baierischen Raum. Von den Anfängen bis ins 11. Jahrhundert. Hrsg. Egon Boshof – Hartmut Wolff (Passauer Historische Forschungen 8). Köln u.a. 1994

Der Dynastiewechsel von 751. Vorgeschichte, Legitimationsstrategien und Erinnerung. Hrsg. Matthias Becher – Jörg Jarnut. Münster 2004

Fritze, Wolfgang H.: Universalis gentium confessio. Formeln, Träger und Wege universalmissionarischen Denkens im 7. Jahrhundert, in: Frühmittelalterliche Studien 3, 1969, S. 78–130

Hauck, Karl: Von einer spätantiken Randkultur zum karolingischen Europa, in: Frühmittelalterliche Studien 1, 1967, S. 3–93

Kilian. Mönch aus Irland – aller Franken Patron. Ausstellungskatalog und Aufsätze. Hrsg. Johannes Erichson. München 1989

Mission und Christianisierung am Hoch- und Oberrhein (6.–8. Jahrhundert). Hrsg. Walter Berschin u.a. (Archäologie und Geschichte. Freiburger Forschungen zum ersten Jahrtausend in Südwestdeutschland 10). Stuttgart 2000

Padberg, Lutz E. v.: Heilige und Familie. Studien zur Bedeutung familiengebundener Aspekte in den Viten des Verwandten- und Schülerkreises um Willibrord, Bonifatius und Liudger (Quellen und Abhandlungen zur mittelrheinischen Kirchengeschichte 83). Mainz 1997

Padberg, Lutz E. v.: Bonifatius – Missionar und Reformer. München 2003

Prinz, Friedrich: Frühes Mönchtum im Frankenreich. Kultur und Gesellschaft in Gallien, den Rheinlanden und Bayern am Beispiel der monastischen Entwicklung (4. bis 8. Jahrhundert). Darmstadt ²1988; Nachdruck 1995 (¹1965)

Schieffer, Theodor: Winfrid-Bonifatius und die christliche Grundlegung Europas. Freiburg 1954; Nachdruck mit einem Nachwort Darmstadt 1980

Willibrord, zijn wereld en zijn werk. Hrsg. P. Bange – Anton G. Weiler (Middeleeuwse Studies 6). Nijmegen 1990

Kap. V. Karolinger

799 – Kunst und Kultur der Karolingerzeit. Karl der Große und Papst Leo III. in Paderborn. Ausstellungskatalog und Beiträge. Hrsg. Christoph Stiegemann – Matthias Wemhoff. Mainz 1999

Angenendt, Arnold: Liudger. Missionar – Abt – Bischof im frühen Mittelalter. Münster 2005

Bullough, Donald A.: Alcuin. Achievement and Reputation (Education and Society in the Middle Ages and Renaissance 16). Leiden – Boston 2004

Deér, Josef: Karl der Große und der Untergang des Awarenreiches, in: Karl der Große. Lebenswerk und Nachleben 1: Persönlichkeit und Geschichte. Hrsg. Helmut Beumann. Düsseldorf 1965, S. 719–791

Die Eingliederung der Sachsen in das Frankenreich. Hrsg. Walther Lammers (Wege der Forschung 185). Darmstadt 1970

Freise, Eckhard: Die Sachsenmission Karls des Großen und die Anfänge des Bistums Minden, in: An Weser und Wiehen. Beiträge zur Geschichte und Kultur einer Landschaft (Mindener Beiträge 20). Minden 1983, S. 57–100

Hägermann, Dieter: Karl der Große. Herrscher des Abendlandes. Berlin 2000

Hauck, Karl: Der Missionsauftrag Christi und das Kaisertum Ludwigs des Frommen, in: Charlemagne's Heir. New Perspectives on the Reign of Louis the Pious (814–840). Hrsg. Peter Godman – Roger Collins. Oxford 1990, S. 275–296

Padberg, Lutz E. v.: Das Paderborner Treffen von 799 im Kontext der Geschichte Karls des Großen, in: De Karolo rege et Leone papa. Der Bericht über die Zusammenkunft Karls des Großen mit Papst Leo III. in Paderborn 799 in einem Epos für Karl den Kaiser. Hrsg. Wilhelm Hentze (Studien und Quellen zur westfälischen Geschichte 36). Paderborn 1999, S. 9–104

Schieffer, Rudolf: Die Karolinger (Urban-Taschenbücher 411). Stuttgart u.a. ³2000 (¹1992)

Schneider, Reinhard: Das Frankenreich (Oldenbourg Grundriß der Geschichte 5). München ⁴2001 (¹1990)

Wallace-Hadrill, John Michael: The Frankish Church. Oxford 1983; Nachdruck 1985

Wolfram, Herwig: Salzburg, Bayern, Österreich. Die Conversio Bagoariorum et Carantanorum und die Quellen ihrer Zeit (Mitteilungen des Österreichischen Instituts für Geschichtsforschung Ergänzungsband 31). Wien u.a. 1995

Kap. VI. Skandinavien

The Cambridge History of Scandinavia 1: Prehistory to 1520. Hrsg. Knut Helle. Cambridge 2003

Capelle, Torsten: Heidenchristen im Norden. Sigmaringen 2005

The Christianization of Scandinavia. Hrsg. Birgit und Peter Sawyer – Ian Wood. Alingsås 1987

Düwel, Klaus: Die Bekehrung auf Island. Vorgeschichte und Verlauf, in: Die Kirche des früheren Mittelalters. Hrsg. Knut Schäferdiek (Kirchengeschichte als Missionsgeschichte 2/1). München 1978, S. 249–275

Hoffmann, Erich: Die heiligen Könige bei den Angelsachsen und den skandinavischen Völkern. Königsheiliger und Königshaus (Quellen und Forschungen zur Geschichte Schleswig-Holsteins 69). Neumünster 1975

Johanek, Peter: Die Erzbischöfe von Hamburg-Bremen und ihre Kirche im Reich der Salierzeit, in: Die Salier und das Reich 2: Die Reichskirche in der Salierzeit. Hrsg. Stefan Weinfurter. Sigmaringen ²1992 (¹1991), S. 79–112

Jochens, Jenny: Late and Peaceful. Iceland's Conversion through Arbitration in 1000, in: Speculum 74, 1999, S. 621–655

Kaufhold, Martin: Europas Norden im Mittelalter. Die Integration Skandinaviens in das christliche Europa (9.–13. Jh.). Darmstadt 2001

Kristendommen i Danmark før 1050. Hrsg. Niels Lund. Roskilde 2004

Kristnandet i Sverige. Gamla källör och nya perspektiv. Hrsg. Bertil Nilsson (Projektet Sveriges kristnande. Publikationer 5). Uppsala 1996

Ljungberg, Helge: Die nordische Religion und das Christentum. Studien über den nordischen Religionswechsel zur Wikingerzeit. Gütersloh 1940 (zuerst Uppsala 1938)

Nilsson, Bertil: Sveriges kyrkohistoria 1: Missionstid och tidig medeltid. Stockholm 1998

Nordens Kristnande i europeiskt perspektiv. Hrsg. P. Beskow – Reinhart Staats (Occasional Papers Medieval Topics 7). Skara 1994

Petersohn, Jürgen: Der südliche Ostseeraum im kirchlich-politischen Kräftespiel des Reiches, Polens und Dänemarks vom 10.–13.

Jahrhundert. Mission – Kirchenorganisation – Kultpolitik (Ostmitteleuropa in Vergangenheit und Gegenwart 17). Köln – Wien 1979

Sawyer, Birgit: The Viking-Age Rune-Stones. Oxford 2000

Sawyer, Birgit – Peter Sawyer: Die Welt der Wikinger (Die Deutschen und das europäische Mittelalter). Berlin 2002

Sawyer, Peter: Kings and Vikings. Scandinavia and Europe AD 700–1100. London 1982

Seegrün, Wolfgang: Das Papsttum und Skandinavien bis zur Vollendung der nordischen Kirchenorganisation (1164) (Quellen und Forschungen zur Geschichte Schleswig-Holsteins 51). Neumünster 1967

Tveito, Olav: Ad fines orbis terrae. En studie i primær trosformidling i nordisk kristningskontekst (Acta Humaniora 209). Oslo 2005

Vésteinsson, Orri: The Christianization of Iceland. Priests, Power, and Social Change 1000–1300. Oxford 2000

Die Wikinger. Geschichte und Kultur eines Seefahrervolkes. Hrsg. Peter Sawyer. Stuttgart 2000

Wikinger – Waräger – Normannen. Die Skandinavier und Europa 800–1200. Ausstellungskatalog. Berlin 1992

Willemsen, Annemarieke: Wikinger am Rhein 800–1000. Darmstadt 2004

Kap. VII. Südosteuropa

Das Christentum in Bulgarien und auf der übrigen Balkanhalbinsel in der Spätantike und im frühen Mittelalter. Hrsg. V. Gjuzelev – R. Pillinger (Miscellanea bulgarica 5). Wien 1987

Cyrillo-Methodiana. Zur Frühgeschichte des Christentums bei den Slaven (863–1963). Hrsg. Manfred Hellmann u.a. (Slavistische Forschungen 6). Köln – Graz 1964

Döpmann, Hans-Dieter: Die Ostkirchen vom Bilderstreit bis zur Kirchenspaltung von 1054 (Kirchengeschichte in Einzeldarstellungen I/8). Leipzig 1991

Europas Mitte um 1000. Ausstellungskatalog und Beiträge zur Geschichte, Kunst und Archäologie. Hrsg. Alfried Wieczorek – Hans-Martin Hinz. Stuttgart 2000

Franklin, Simon – Jonathan Shepard: The Emergence of Rus 750–1200. London 1996

Heiser, Lothar: Die Responsa ad consulta Bulgarorum des Papstes Nikolaus I. (858–867): Ein Zeugnis päpstlicher Hirtensorge und ein Dokument unterschiedlicher Entwicklungen in den Kirchen von Rom und Konstantinopel (Trierer theologische Studien 36). Trier 1979

Mayr-Harting, Henry: Two Conversions to Christianity: the Bulgarians and the Anglo-Saxons. Reading 1994

Der heilige Method. Salzburg und die Slawenmission. Hrsg. T. Piffl-Percevic – A. Stirnemann (Pro Oriente 11). Innsbruck – Wien 1987

Methodios und Kyrillos in ihrer europäischen Dimension. Hrsg. Evangelos Konstantinou (Philhellenische Studien 10). Frankfurt u.a. 2005

Ostrogorsky, Georg: Byzanz und die Welt der Slawen. Beiträge zur Geschichte der byzantinisch-slawischen Beziehungen. Darmstadt 1974

Stökl, Günther: Geschichte der Slavenmission (Die Kirche in ihrer Geschichte 2E). Göttingen ²1976 (¹1961), S. 75–91

Vlasto, Alexis P.: The Entry of the Slavs into Christendom. An Introduction to the Medieval History of the Slavs. Cambridge 1970

Welt der Slawen. Hrsg. Joachim Herrmann. Leipzig u.a. 1986

Kap. VIII. Nordosteuropa

Adalbert von Prag (956–997). Brückenbauer zwischen dem Westen und dem Osten Europas. Krefeld 1995

Baltische Länder. Hrsg. Gert von Pistohlkors. Berlin 1994

Boockmann, Hartmut: Der Deutsche Orden. Zwölf Kapitel aus seiner Geschichte. München 1981

Brüske, Wolfgang: Untersuchungen zur Geschichte des Liutizenbundes. Deutsch-wendische Beziehungen des 10.–12. Jahrhunderts (Mitteldeutsche Forschungen 3). Münster – Köln ²1986 (¹1955)

Christiansen, Eric: The Northern Crusades. The Baltic and the Catholic Frontier 1100–1525. London ²1997 (¹1980)

Heiden und Christen. Slawenmission im Mittelalter. Hrsg. Manfred Gläser u.a. (Ausstellungen zur Archäologie in Lübeck 5). Lübeck 2002

Heidenmission und Kreuzzugsgedanke in der deutschen Ostpolitik des Mittelalters. Hrsg. Helmut Beumann (Wege der Forschung 7). Darmstadt 1963

Hein, Lorenz: Anfang und Fortgang der Slawenmission, in: Schleswig-Holsteinische Kirchengeschichte 1: Anfänge und Ausbau, Teil I (Schriften des Vereins für Schleswig-Holsteinische Kirchengeschichte, Reihe I, 26). Neumünster 1977, S. 105–145

Ludat, Herbert: An Elbe und Oder um das Jahr 1000. Skizzen zur Politik des Ottonenreiches und der slawischen Mächte in Mitteleuropa. Köln 1971

Lübke, Christian: Das östliche Europa (Die Deutschen und das europäische Mittelalter), München 2004

Padberg, Lutz E. v.: Geschichtsschreibung und kulturelles Gedächtnis. Formen der Vergangenheitswahrnehmung in der hochmittelalterlichen Historiographie am Beispiel von Thietmar von Merseburg, Adam von Bremen und Helmold von Bosau, in: Zeitschrift für Kirchengeschichte 105, 1994, S. 156–177

Piskorski, Jan M.: Die deutsche Ostsiedlung des Mittelalters in der Entwicklung des östlichen Mitteleuropa, in: Jahrbuch für die Geschichte Mittel- und Ostdeutschlands 40, 1991, S. 27–84

Studien über die Anfänge der Mission in Livland. Hrsg. Manfred Hellmann (Vorträge und Forschungen, Sonderband 37). Sigmaringen 1989

Personenregister

Die Funktionsbezeichnungen beziehen sich in der Regel auf die letzte Position, die die betreffende Person innehatte. Dabei werden die folgenden Abkürzungen benutzt: Bf. = Bischof, Ebf. = Erzbischof, Kg. = König, Kgn. = Königin, Ks. = Kaiser. Jahreszahlen geben dann, soweit ermittelbar, Amtszeiten an. Die Verweise auf die Kurzbiographien sind fett gesetzt.

Abbildungsnachweis